高等职业教育**通识类课程新形态**系列教材

高职美育

主　编 ◆ 王　敦
副主编 ◆ 张　鸣　　陈秀泉

中国水利水电出版社
www.waterpub.com.cn
·北京·

内 容 提 要

本教材是根据党的十八大以来，党和国家对学校美育工作提出的系列新要求而组织编写的高等职业教育通识类课程新形态系列教材之一。教材编写坚持把立德树人作为根本任务，以完善感性认识、健全理想人格的原则和理实一体的教学理念把审美案例赏析与审美项目实践相结合，注重数字教育意识，主动适应职业院校素质教育类课程、公共艺术类课程教材开发建设的新形势。

教材在课程内容建构方面，以审美导入、原理解读、审美赏析、审美创造为主要架构，分为11个项目模块，涵盖了社会美、艺术美和自然美等审美事象；在体例设计上，注重学生主体性、实践性和创新性的编撰思路，按项目任务模块化设计，每个项目模块按审美导入、原理解读、审美赏析、审美创造四步进阶体例进行编写，从对美的认识到美学美育原理，再到形式、文化、情感等层次的审美体验，循序渐进、由浅入深，内化于心、外化于行，让学生对美进行全方位体验和感悟；在数字化方面，本教材在原理解读中提炼出原理导图，在审美导入、审美赏析中匹配有二维码链接的数字化资源，供读者扫码学习。每个项目均从认识美、欣赏美、创造美三个层面设计项目实操活页，以增强职业教育适应性，旨在让学生在情景化美育实践中提高审美能力和人文素养，形成健康向善的正确审美观，推动其饱含美好心灵的健全人格完成定型，为其终身教育和个人自由而全面的发展奠定基础。

本教材可作为职业本专科院校的美育教材，也可供美育爱好者参考使用。

图书在版编目（CIP）数据

高职美育 / 王敦主编. -- 北京 : 中国水利水电出版社, 2025. 8. -- （高等职业教育通识类课程新形态系列教材）. -- ISBN 978-7-5226-3470-8

Ⅰ. G40-014

中国国家版本馆CIP数据核字第20256NZ117号

策划编辑：周益丹　　　　责任编辑：张玉玲　　　　封面设计：苏敏

书　　名	高等职业教育通识类课程新形态系列教材 **高职美育** GAOZHI MEIYU
作　　者	主　编　王　敦 副主编　张　鸣　陈秀泉
出版发行	中国水利水电出版社 （北京市海淀区玉渊潭南路1号D座 100038） 网址：www.waterpub.com.cn E-mail：mchannel@263.net（答疑） 　　　　sales@mwr.gov.cn 电话：（010）68545888（营销中心）、82562819（组稿）
经　　售	北京科水图书销售有限公司 电话：（010）68545874、63202643 全国各地新华书店和相关出版物销售网点
排　　版	北京万水电子信息有限公司
印　　刷	三河市德贤弘印务有限公司
规　　格	184mm×260mm　16开本　17.25印张　353千字
版　　次	2025年8月第1版　2025年8月第1次印刷
印　　数	0001—6000册
定　　价	48.00元

凡购买我社图书，如有缺页、倒页、脱页的，本社营销中心负责调换

版权所有·侵权必究

前言

  只要我们初初翻阅中外美学家的经典著作，便会发现，关于"美是什么？"和"什么是美？"等美的本质问题，答案众说纷纭，莫衷一是，千百年来，苏格拉底还落下一句"美是难的"的无限感慨。比如，西方毕达哥拉斯学派认为美就是"数的和谐"，狄德罗认为"美是关系"，黑格尔认为"美是理念的感性显现"，车尔尼雪夫斯基认为"美是生活"，等等，但是都没有达到唯物辩证法所希望的哲学高度。自从马克思的《1844年经济学哲学手稿》出版以后，"劳动实践产生美""美是人的本质力量对象化"等观点，才为人们继续探寻美的本质开拓了新的视野。

  关于美学与美育的关系问题。现代美学，自从 20 世纪初一批先贤将它引入中国以来，它的发展过程一直与审美教育相辅相成。蔡元培先生认为："美育者，应用美学之理论于教育"。美育作为美学理论的实践形态，一方面受美学理论的规约和指导，另一方面也反向检验着美学理论的实践价值。当代中国美学可以为美育洞穿日益严苛的自然人文科学壁垒，为学生带来具有解放感的"美学时间"；为美育实践展开多元向度，使自然、艺术和社会生活均成为其中不可或缺的环节；为重新发现中国美育传统开启自由、秩序与和谐三者并举的美育目标，从而建构起既遵循美学理论的一般性，又兼顾古今通例、中西互鉴的当代中国美育框架。

  20 世纪，在西方对美学最具摧毁性的观点莫过于维特根斯坦的美学取消主义。在他看来，美不过是一个形容词，说一个东西美，就如同发出"呵！"的一声感叹一样，本身并无实际意义。正如刘成纪所指出的那样，美和艺术的价值可能正是从这一声感叹中被生发出来的。这是因为，"呵！"作为一个赞词，它天然地传递出人对世界的赞美和肯定。而一个人赞美、肯定世界，就必然会乐观地看待世界，并对人类未来怀抱期待和理想。就此而言，美学天然地传达着人对世界的肯定态度和乐观看法，它是积极有为的，天然具有理想主义气质。而美育正是依托美学的这种珍贵特质在人类历史上获得了永远无法动摇的价值基础。

在中华传统美学精神里，这种美育价值与审美智慧比比皆是。比如，在唐代诗人柳宗元的《渔翁》中"烟销日出不见人，欸乃一声山水绿"这样优美的意境里，人被带入了一种精神舒展的境地，人通过这"欸乃一声"接触美的感性世界，一个"绿"字使人进入审美心境的"零状态"，人内在的自由被一点点打开，各个方面的冲突走向平和冲淡，走向平衡与和谐。正是在这个意义上，美育能使人比平时更能看懂自己、懂得周遭，从而与人类共情，与自然共情。

不管美学家怎样争论，对于只有人才能感觉美、欣赏美，美对于人才有其存在的意义这一看法已达成了共识。可以说，美是在人类社会的实践中产生的，有了人类才有了美。美可以陶冶人的心灵，培养道德情操；美可以开发智力，增长智慧；美可以训练思维，发挥想象力和创造力；美可以调剂人的精神生活，有益于身心健康；美可以通过潜移默化促进各个方面的教育。总之，美育服务于人的全面发展教育全过程。美育在我国的社会主义精神文明建设和物质文明建设中有着特殊的作用和意义。

基于以上认识，在编写这本专门为高职院校开设公共艺术类课程的新形态教材过程中，我们特意从职业教育专业大类和"Z世代"日常生活中选取审美对象（事象）设置若干学习项目模块，并按"审美导入、原理解读、审美赏析、审美创造"四步进阶体例进行编写。特别是"审美创造"环节的设计，是以项目任务式布置学生（比如开展研学旅行等）去找寻、发现、挖掘与学习模块对应的审美对象（事象）案例，并自由（随机）组合小组开展探究式学习，尝试"审美发现""原理解读"与"审美赏析"，以实现"审美创造"的教学目标。教材编写既注重美学与美育基础理论介绍、审美对象阐释与审美实践相融合，也注重引导和鼓励学生深入社会生活、参与艺术创造，提升审美感受、审美体验与审美创造的能力，把审美凝视与审美体验结合起来，旨在帮助学生掌握一定的美学与美育理论知识，确立科学的审美理念和审美价值观，树立精神之魂。坚持马克思主义美学观，将感性认识、情感教育与文化传承、健全人格作为美育的主体，以美育人、以文化人、以美培元，帮助学生在汲取自然美、艺术美、社会美与生活美的营养过程中，提高审美能力，增强弘扬中华美育精神的使命感、责任感，使高职美育更加符合新时代"五育融合"的要求。

本教材为广西职业教育教学改革研究项目（GXGZJG2024A046）《高职院校"美育浸润"协同创新育人体系探索与实践》研究成果。

本教材由主编王敦确定全书框架、编写思路和体例并统稿，副主编张鸣、陈秀泉审稿。其中，前言和绪论由王敦编写；"科技之美"项目模块由张鸣编写；"体育之美"

项目模块由孙亚楠、张鸣编写;"建筑之美"项目模块由王敦、张鸣编写;"园林之美"项目模块由黄霞、张鸣编写;"服饰之美"项目模块由容婷编写;"旅游之美"项目模块由黄欣卉编写;"音乐之美"项目模块由周蒙婷、孙雅婧编写;"绘画之美"项目模块由曹现果编写;"书法之美"项目模块由王丽芳、王敦编写;"动画之美"项目模块由陈鹏、王敦编写;"自然之美"项目模块由张鸣编写。此外,编写组还邀请了广西美学学会、广西美育学会、广西广播电视台都市频道"新民歌大赛"栏目、广西南宁四叶草文化传播有限公司、广西研学旅行网的专家参与指导编写,与行业企业合作共同探索学生审美创造实践。

  在教材编写过程中,还得到了学校领导和相关部门领导的大力支持;在美的森林里,我们寻寻觅觅,一路采撷下来,借鉴了不少学界专家的研究成果;由于能力所限,书中的不当、纰漏等在所难免,惟愿我们的实践探索能得到方家的支持理解和批评指正,在此一并致谢。

王敦

乙巳孟春于沁竹舍

目录

前言

绪论 1

项目一　科技之美：理性与感性、实用与艺术的结合 13
  审美导入：太空科普"天宫课堂" 15
  原理解读：科学与技术之美 15
  审美赏析：领略科技美学设计 21
  审美创造：走进实验实训室与生活，感知科技美 33

项目二　体育之美：力量、优雅与智慧的完美融合 37
  审美导入：甲天下山水间的神"骑" 39
  原理解读：体育美的多层次呈现 39
  审美赏析：运动场上激情与梦想的交汇 46
  审美创造：相聚运动会，沉浸体育美 60

项目三　建筑之美：真善美的"和声" 63
  审美导入：天下宫殿巍巍紫禁城 65
  原理解读：空间的艺术与凝神观照 66
  审美赏析：凝固的音乐与人类文明的见证 71
  审美创造：邂逅城市、村落与校园建筑之美 83

项目四　园林之美：游乐赏玩的艺术典范与生存智慧 87
  审美导入：走进"皇家园林博物馆" 89
  原理解读：园林审美意境的整体生成 89
  审美赏析：气韵生动与规整谨严 93
  审美创造：园林品赏，澄怀观道 104

项目五　服饰之美：华服璀璨映日辉 **107**
　　审美导入：衣袂翩翩尽显舞裙魅力 109
　　原理解读：服饰美的"内外兼修" 109
　　审美赏析：把美丽穿在身上，让美感灌溉心田 116
　　审美创造："绣"美民族风，闪亮服饰秀 123

项目六　旅游之美：不止有诗与远方 **127**
　　审美导入：用脚步丈量世界，用心灵感受生活 129
　　原理解读：旅游主体与客体的多维度互动 129
　　审美赏析：有趣的人生，既有人间烟火，又有山川湖海 137
　　审美创造：世界那么大，我想去看看 149

项目七　音乐之美：音符编织文化与情感的融合 **153**
　　审美导入：奏响万物和谐共生的天籁之音 155
　　原理解读：音乐美的感官与内涵统一 156
　　审美赏析：在经典永流传中体会音乐之美 161
　　审美创造：音律冶情，以美启美 170

项目八　绘画之美：传承文化与治愈心灵的契合 **173**
　　审美导入：解码惊艳绝美的《只此青绿》 175
　　原理解读：绘画美之线、色、神 176
　　审美赏析：绘画之心灵的宁静和启迪 182
　　审美创造：用一根线条去散步 192

项目九　书法之美："东方艺术之源" **195**
　　审美导入：一起走近"中国书法大会" 197

原理解读：中国书法之形、情、气 197
　　审美赏析："篆隶楷行草"艺术哲学之璀璨明珠 205
　　审美创造：感悟中国书法的形、情、气 219

项目十　动画之美：技术与艺术的完美结合 **223**
　　审美导入：难以忘怀的动画片 225
　　原理解读：动画技术艺术的多样与统一 226
　　审美赏析：何以解忧　唯有动画 232
　　审美创造：找一部动画片，回答有谁共鸣 242

项目十一　自然之美：诗意地栖居在大地上 **245**
　　审美导入：雄伟壮观的"天下黄河第一湾" 247
　　原理解读：自然审美"三部曲" 247
　　审美赏析：涤除玄鉴"大自然的鬼斧神工" 254
　　审美创造：探寻心中的诗意栖息之地 265

绪 论

美育是富想象力和培养创新意识的教育，也是培养人形成正确的审美观点和具有敏锐、丰富、细腻的审美感受力、创造力的教育。"美育"是审美教育的简称，由席勒在《关于人的审美教育的书信》中所首创。1901年，蔡元培在《哲学总论》中首提"美育"一词，并一直沿用至今。尽管这个概念是由德国人在18世纪提出来的，但是人类关于美育的思想却源远流长，王国维的《孔子之美育主义》就是以席勒的美育理论阐发中国孔子美育思想的典范之作。而且，席勒之后，欧美国家论述美育的论著并不多见，远不如研究艺术教育的多，但是在中国，美育研究方兴未艾。美育作为一种独特的人格教育伴随着儒学传统延续至今。中国的美育思想最为丰富，而且这种思想在很大程度上就是中国美学最独特的精神传统。❶ 进入21世纪，美育回应时代需求，又具有了新的意义。弘扬中华美育精神，以美育人、以美化人、以美培元，已成为新时代中国美育的重要课题。

学界一般将美育视为美学的一个分支，是运用美学的知识进行教育，认为美学是研究性的，美育是运用性的。事实上，美育的内涵和外延深奥又宽广。美育作为广义的人性教育的一部分，在世界各地各国普遍存在，且都是与文明的兴起联系在一起的。只是所依靠或通过的艺术手段各不相同。传统社会的美育，有的依靠礼乐教化，有的通过史诗、宗教等教化，本质上是利用文艺来教化。

我们今天所谈论的美育，具有在现代美学基础上建立美育的含义，已经与古代社会的美育有了巨大差别。古代美育具有两面性：一方面是推广文艺，提高民众的审美水平；另一方面是以教化为主，使社会趋于同质化，且不鼓励艺术的创新。现代美育则将重心放在受教育者一边，关注受教育者的个性特征与成长过程，关注教育内容与生活实践的结合，关注艺术创造力和接受过程中的创新。显然，现代美育是建立在现代美学和现代教育学等学科基础之上，以造就全面而自由发展的人。从实践意义上讲，在建设面向21世纪中国新文化的今天，提出"人的审美生成"和"人的全面发展"问题，其意义不仅十分深远也是十分及时的。

一、美育与人的全面发展

2021年，全国职业教育大会在北京召开，习近平总书记对职业教育工作作出重要指示强调，在全面建设社会主义现代化国家新征程中，职业教育前途广阔、大有

---

❶ 杜卫. 美育三论[J]. 文艺研究，2016（11）：9.

可为。要坚持党的领导，坚持正确的办学方向，坚持立德树人，优化职业教育类型定位，深化产教融合、校企合作，深入推进育人方式、办学模式、管理体制、保障机制改革，稳步发展职业本科教育，建设一批高水平职业院校和专业，推动职普融通，增强职业教育适应性，加快构建现代职业教育体系，培养更多高素质技术技能人才、能工巧匠、大国工匠。❶ 2022年，党的二十大对职业教育提出了更高的要求，"要统筹职业教育、高等教育、继续教育协同创新，推进职普融通、产教融合、科教融汇，优化职业教育类型定位"，对职业教育的战略定位越来越突出、实践要求越来越明确、规律认识越来越深入，这是新时代新征程上深化现代职业教育体系建设改革的重大战略举措。职业教育要肩负起这些历史重任，完成培养高素质技术技能人才、能工巧匠、大国工匠的使命，必须坚持立德树人根本任务，促进人的全面发展。

在马克思主义的经典著述中，与现代美育理论关系最密切、对现代美育理论研究与实践具有直接指导意义的是关于人的全面发展学说。马克思主义的创始人在论述美学和教育学基本问题时，常常是从人的全面发展观出发的。例如，马克思关于审美活动是人通过感觉对其本质力量的直接而全面占有的论述，关于从人类生产生活的整体性质引出"人也按照美的规律来塑造"的思想，关于人类以思维、艺术、宗教和精神实践的方式把握世界的论述，恩格斯关于在共产主义社会，通过教育使年轻人摆脱现代这种分工给每个人造成的片面性的思想等，都贯穿着人的全面发展的红线，这些都为现代美育学的研究提供了直接的指导思想和方法论。❷ 马克思主义关于人的全面发展学说也为我们批判继承前人的美育理论提供了理论指导。纵观人类思想史与教育实践，美育总是同各种关于人的全面发展的理想息息相关、紧密联系的。任何思考人类自身生存与发展问题的理论，总是不同程度地涉及人的感性方面的发展，涉及审美（或艺术）的人生价值，涉及美育的哲学问题；一切旨在全面开发受教育者各种潜能的教育思想，总是把美育置于相当重要的地位。

我国职业教育先驱黄炎培先生认为："凡用教育方法，使人人获得生活的供给及乐趣，一面尽其对群众之义务，此教育名曰职业教育。"其目的在于"谋个性之发展；为个人谋生之准备；为个人服务社会之准备；为国家及世界增进生产力之准备"。❸ 归纳起来，职业教育有两个目的：一是满足谋业者自身的需求，这种需求既有物质的，又有精神的；二是推动社会的发展，这种发展既要极大地丰富生产关系，又要满足生产力水平的提升。由此可见，黄炎培先生的职业教育目标，核心就是满足人的全面发展，体现了马克思主义关于人的自由而全面发展观。

审美是人类社会生活中的经常性的活动内容，而审美教育则是人的全面发展教

---

❶ 参见《习近平对职业教育工作作出重要指示强调 加快构建现代职业教育体系 培养更多高素质技术技能人才能工巧匠大国工匠》新闻频道_央视网（cctv.com）.
❷ 杜卫. 审美论[M]. 北京：教育科学出版社，2014：6-7.
❸ 郭腾月. 大力发展高职教育 满足人的全面发展——黄炎培核心职业教育思想对高等职业教育发展的启示[J]. 天津职业院校联合学报，2018（9）：18-21.

育中一个难以替代的组成部分。当今,人类已经进入21世纪20年代,我国已经进入全面建设社会主义现代化国家的新时代,正面迎"中华民族伟大复兴战略全局"和"世界百年未有之大变局",人类社会已经并正在发生深刻的变化。新时代我国社会的主要矛盾是人民日益增长的美好生活需要和不平衡不充分的发展之间的矛盾。艺术、环境与生活作为"美"的三大领域,已为国际学界公认。进入21世纪以来,"生活"更成为"美"的主要发生地,特别是随着中国社会主要矛盾的转变,"美好生活"成了人们的向往。一种新的、更为深刻的"美育"认知范式也应运而生,它是"美好生活教育"的简称❶。因此,新一轮美育复兴必将面临着适应并服务于中国式现代化的重任。

为深入贯彻落实党中央关于职业教育工作的决策部署和习近平总书记有关重要指示批示精神,持续推进现代职业教育体系建设改革,优化职业教育类型定位,2022年,中办、国办印发了《关于深化现代职业教育体系建设改革的意见》,明确提出,职业教育要"坚持服务学生全面发展和经济社会发展",要"坚持以人为本、能力为重、质量为要、守正创新,建立健全多形式衔接、多通道成长、可持续发展的梯度职业教育和培训体系,推动职普协调发展、相互融通,让不同禀赋和需要的学生能够多次选择、多样化成才"。也就是说,职业教育功能定位已明确由"谋业"转向"人本",更加注重服务人的全面发展。美育即终身的审美和情感教育,其目标就是发展完满的人性,培养高尚的人格。美育对于促进职业学校学生全面发展同样具有不可替代的作用。

第一,美育不是具体的艺术技能的培养,而是一种审美的世界观的培养。❷美育的主要目的不是培养掌握艺术技能的具体艺术家,而是培养具有健康的审美态度的"生活艺术家"。所谓态度就是一种世界观、人生观、价值观,是人的综合素质中最基本、最主要的方面。而"审美态度"就是正确对待自己,对待他人、社会、国家乃至全人类,以及自然和环境,具备对群体、社会、国家和世界的责任感。确立健康的审美的世界观是当下素质教育非常重要的一项任务。不同经济社会形态有不同的主导性世界观。原始社会,主导性世界观是巫术世界观;农耕时代,主导性世界观是宗教世界观,基督教、佛教、伊斯兰教都产生于农耕时代;工业化的科技时代,主导性世界观是(工具)理性世界观;当代,作为信息时代(数字时代),主导性世界观是审美的世界观。这种审美的世界观是一种排斥主客二分机械论的有机整体的世界观,也是一种主张人与自然、社会和谐协调发展的生态世界观。其内涵包括人类应该审美地对待自然,摒弃传统的"人类中心主义"观点,树立"人—自然—社会"系统发展的观点;审美地对待社会,摒弃人与人是兽性的自然主义理论和"他

---

❶ 王杰. 审美教育的当代性:基于马克思主义的研究[M]. 上海:东方出版中心有限公司,2022(1):31.

❷ 曾繁仁. 论美育在素质教育中的综合中介作用[J]. 齐鲁学刊,2003(2):85-86.

人是地狱"的灰暗理论,以高尚的人道主义的审美态度关爱社会与他人;审美地对待自身,改变人类较少关心自然更少关心自身心理的状况,做到身与心、意与情的和谐协调发展,培养提升人的情感力和文化品位,逐步进入审美的诗意生存。

第二,美育实际上是一种人性的教育、做人的教育。审美并不等同于认识,它实际上是人的一种本性,是人与动物的重要区别之一。审美也不是一般的认识或反映,它实际上是人的一种存在方式,是人性之所在,是人同动物的重要区别。康德最早从自然的人到文化的人生成的角度,也就是由动物到人生成的角度来论述审美。审美成为人的教化的关键环节。席勒也将审美看作人性的表现。我国古代也将审美看作人性的表现。孔子曾在《论语·泰伯》篇中有一句名言:"兴于诗、立于礼、成于乐。"这里的"成"带有综合、完成、成功等多重含义,说明孔子更将美育在教育中的作用提到"综合"与"完成"的高度。

第三,美育的"不可代替"的"综合中介"作用还表现在它对德智体其他各育的渗透协调作用。也就是说,离开了美育其他各育就不是完善的。美育是培养高尚道德情操的必不可少的手段,是培养人的智能中占据重要地位的想象力的最主要途径,是弘扬新的人文精神、协调社会发展的重要渠道,是现代教育改革的必不可少的重要内容。

当前,人类社会已逐步进入以信息产业为标志的知识经济时代、数字经济时代,在这样的时代特别需要创新的人才、创新的素质,而在创新的素质中最重要的就是想象力。想象力是一种形象创造能力,是一种由此及彼、由不知到知的发散思维能力,是人类创造性活动中最重要的因素。当前,在数字产业化与产业数字化的发展中,想象力更加具有举足轻重的作用。有研究表明,在想象力的培养中,美育是最重要的途径。因为,美育的任务是培养人的审美力,而想象力是审美力的最重要组成部分。正因为美育是感性与理性、形象与思想、理性与情感、情与境、言与意的直接统一,这就使它具有了协调德育与智育、科技与人文、生理与心理的作用,不仅起到了促进德智体各育协调发展的作用,而且起到了促进人的全面发展的作用。

二、美育与"五育融合"

在 19 世纪末 20 世纪初,"美育"经由梁启超、王国维、蔡元培等现代文化先驱者传入我国。1906 年王国维在《论教育之宗旨》中首次全面论述了美育在教育体系中的重要地位,初步建立起中国现代美育框架。随后,蔡元培借鉴康德、席勒美育思想中的有益成分,提出"以美育代宗教",推动美育列入民国教育计划,让中国现代美育走上了理论与实践相结合的道路。❶ 此后,美育在我国经历了百余年的曲折发展历程。特别是新中国成立以来,对大学美育有过长时间摸索,但起初缺乏系

---

❶ 王杰. 审美教育的当代性:基于马克思主义的研究 [M]. 上海:东方出版中心有限公司,2022:317.

统规划和专门实施方案。伴随改革开放时代进程，在国家全面推进和实施素质教育的大背景下，大学美育终于正式实施，作为大学素质教育的重要部分在大学教育各环节中获得了新地位。可以说，过去70多年来中国大学美育的发展经历了下述四个步骤。❶第一步，1986年正式列入国家教育方针。全国人大六届四次会议通过的《关于第七个五年计划的发展报告》首次将美育列入国家教育方针。第二步，1999年列为国家素质教育环节之一。《中共中央关于深化教育改革全面推进素质教育的决定》提出，实施素质教育，把德智体美有机统一在教育活动各环节中。在当代国家教育制度中首次确立美育与德育、智育、体育等同样重要的教育地位，还专门就大学美育工作作了部署。第三步，2013年列入国家深化改革战略中。十八届三中全会通过的《中共中央关于全面深化改革若干重大问题的决定》专门要求改进美育教学，提高学生审美和人文素养。2015年9月，国务院办公厅《关于全面加强和改进学校美育工作的意见》颁布，要求全面加强和改进学校美育工作。2018年9月，习近平总书记在全国教育大会上，明确提出培养德智体美劳全面发展的社会主义建设者和接班人，并强调"要努力构建德智体美劳全面培养的教育体系，形成更高水平的人才培养体系"。❷首次确立了"五育并举"的全面发展教育体系和新时代人才培养目标的具体要求。这是对党的教育方针的新发展、对教育总要求的新认识、对教育工作目标的新要求。❸第四步，2020年启动新时代学校美育。10月15日，中办、国办颁布了《关于全面加强和改进新时代学校美育工作的意见》，要求从落实立德树人根本任务的高度去启动新时代学校美育，弘扬中华美育精神，把美育纳入各级各类学校人才培养全过程和各学段。

党的教育方针就是要培养德、智、体、美、劳全面发展的一代新人，美育比以往任何时候都显得重要，位置也十分突出。但关于美育的位置与作用问题，一直以来都是论争的焦点。有"末位论"与"首位论"之争。所谓"末位论"，即指美育的地位与作用列在德智体之后，处于不重要的"末位"。而所谓"首位论"，即认为美育是各类教育的核心和根本。不论是"末位论"还是"首位论"，都没有真正反映美育的地位和作用。美育的地位和作用应从其"和谐美育论"的本质派生出来。❹从"和谐美育论"出发，美育在各育中的地位和作用应该是一种"综合""中介""协调"的地位和作用。作为人性教育，与价值理性（德育）、工具理性（智育）、生命理性（体育）、实践理性（劳育）不同，美育强调人文精神，是连接科学与人文的桥梁，

---

❶ 王一川. 文心涵濡：大学美育新方案[J]. 美育学刊，2022（6）：1-10.
❷ 习近平. 坚持中国特色社会主义教育发展道路，培养德智体美劳全面发展的社会主义建设者和接班人[N]. 人民日报，2018-9-11（1）.
❸ 翟博. 深刻理解习近平总书记关于教育的重要论述核心思想和精髓要义[J]. 中国高等教育，2021（1）.
❹ 曾繁仁. 论美育在素质教育中的综合中介作用[J]. 齐鲁学刊，2003（2）：85-86.

是感性与理性、形象与思想、情与境、知与意的有机和谐统一。❶ 美育不仅提升审美能力，还潜移默化地影响个人的情趣、气质和胸襟。

美育的素质培养与德育、智育、体育、劳育有交互作用关系，但美育以美化人的素质为主要目标。美育的素质培养集中在两个方面：一是培养健康的审美观念、高雅的审美情趣、自由活泼的个性，充分发挥人美好的天性；二是培养审美感兴能力、审美鉴赏能力和审美创造能力。总之，美可以陶冶人的心灵，培养道德情操；美可以开发智力，增长智慧；美可以训练思维，发挥想象力和创造力；美可以调剂人的精神生活，有益于身心健康；美可以通过潜移默化促进各个方面的教育。

在马克思主义美学看来，"美育"是历史的概念，具有历史性和实践性，它的"现代化"与"中国化时代化"是题中应有之义。审美教育作为一个学术观念是德国哲学家、诗人席勒在欧洲启蒙运动后期、法国大革命轰轰烈烈之时，在《审美教育书简》中首次明确提出的。自 1793 年首次提出，至今已经 200 多年。在 18 世纪思想运动与政治革命的交叠中，席勒看到了片面推崇实用理性的局限；还看到了，工业革命所强化的社会分工，在经济上带来快速发展的同时，也在造成每一个个体人的碎片化乃至人性的分裂。在他看来，法国大革命并未带来人们所期待的真正自由，自由的根本源于人内在的精神解放。正是为了克服片面理性带来的人的失衡，为了从人的精神入手来探寻人的全面自由，他才提出了审美教育学说。他认为，美是一种特殊的中介，有助于让人的感性和理性同时活动以达到平衡，因而有望重新恢复人性的完整。美育最初的出发点决定了它不仅仅是一个发生在艺术内部的问题，也不仅是教育、哲学内部的问题。在席勒最初的意义上，美育是以成全人性为理想的，关乎每个人对世界的全面感知和精神自由。

很显然，席勒的美育思想是西方现代启蒙思潮的产物，它的对象是个体性的，也是以个体的自由作为核心价值。他认为，美育可以弥合人的撕裂，在感性和理性协调平衡的统一状态中创造出一种令人愉悦的美，使现代人重新变得完整。"人的撕裂"是人类的一个异化现象，是一个历史的概念，从这个意义上说，席勒的这一洞见影响是深远的。人类今天所处的是"百年未有之大变局"的时代，所面临的问题已经与席勒所处的那个时代和面临的问题完全不同。

如果说"90 后"是成长于互联网语境中的"数码原住民"，因而可以被称为"网络一代"的话，那么"00 后"的成长环境相比于"90 后"显然是有了醒目的变化，那就是原本只在 PC 端固定的互联网，在 2012 年前后由于安卓智能操作系统的大规模应用而变得自由移动起来。❷ "移动互联网"的出现是人类社会在 21 世纪的一件大事，其影响之深远和广泛将镌刻于人类文明史上，而这对于青少年教育的影响尤为突出。移动互联网几乎可以完整地记录下每一个端口的行为，用户成了"行走的数

---

❶ 朱苏华. 以大美育观构建高校美育新格局初探[J]. 文教资料，2021（34）：173-176.
❷ 张旭东. 从"90 后"到"00 后"：中国少年儿童发展状况调查报告[J]. 中国青年研究，2017（2）.

据"，它把人简化为"比特字节"。其实何止青少年，几乎所有智能手机用户都变得前所未有的复杂与重要，都成为了网络上各方力量的"争夺"对象，成为了最受互联网左右的"算法一代"。

伴随着我国经济的高速发展，互联网、移动终端日益普及，短视频、网络直播等新媒介不断涌现，计算机、手机等设备成为接收和发布信息的重要工具，抖音、快手、微博、微信公众号等成为极具代表性的新媒体平台。从弹幕到直播，从短视频到键盘侠，特别是 2023 年 2 月以来，以 ChatGPT 为代表的生成式 AI 工具横空出世，2024 年 2 月 OpenAI 重磅发布首个文生视频模型 Sora，2025 年 1 月深度求索正式发布 DeepSeek-R1 模型等，这种新的媒介语境构成了当代美育复兴的一种基本前提。基于这种语境前提，有助于厘清当下大盛的"极简美学"的真伪优劣，"信息茧房""圈层幻象""圈层异化""黑箱算法"的潜在危害，以及移动互联网普及之前片面强调感性、趣味，不再追求彼此间审美的共通感，"非常强调个性化"的美育，可能会带来"自闭""自恋"，衍生新的"人的撕裂"问题。其实，这种风险在"算法一代"及其前辈身上已体现为对社会公共性事物的关切缺失或者"主要是从自我角度出发的"关切。

"算法时代"使社会日渐倾向于个体化和原子化，著名社会学家鲍曼曾敏锐关注到西方世界这一届兼具孤独感与自恋感的年轻人，他们"既不关注未来，也不关注过往；他们不是试图找到某些途径以改变难以忍受的前景，而是在日常生活中忙于使用一些小的伎俩来获得一些小的满意；也就是说，他们抛弃了抱负和期望，开始返回到那种具有欺骗性、自我观照和自我参照的安全庇护所中"。❶对生长在移动互联网时代的中国青年，对甘于"摆烂""躺平"的一部分人来说，同样具有振聋发聩的警醒作用。

基于这样的认识，有助于深刻领悟 2013 年中共中央《关于全面深化改革若干重大问题的决定》中提出"改进美育教学，提高学生审美和人文素养"以来新一轮美育复兴的价值与指向，有助于深刻领会习近平总书记在写给中央美术学院 8 位教授的回信中提到的"做好美育工作，要坚持立德树人，扎根时代生活，遵循美育特点，弘扬中华美育精神，让祖国青年一代身心都健康成长。"的明确要求，有助于我们自觉肩负起新时代大学美育的新任务和新目标：落实立德树人根本任务，既紧密结合时代社会生活需要，又自觉弘扬中华美育精神，促进青年健康人格的养成。

在西方美学史上存在着一条从康德经席勒到马克思的发展线路，即通过审美教育来解决人性分裂与完成人性自我复归的现实之路，是一条指向未来的人性发展之路。不同于席勒的美，卡尔·马克思认为劳动创造美，美是人在主动生产和创造过程中使自己的生命处于解放状态而获得的感受。所以，美育是实现共产主义理想，

---

❶ 王杰. 审美教育的当代性：基于马克思主义的研究 [M]. 上海：东方出版中心有限公司，2022：303-314.

培养自由全面发展的人的重要途径。

从历史看,美的价值从未被个体限定。像在古希腊,柏拉图对美和艺术的定位与理想城邦的建构密切相关。在中国更是如此,如《礼记·乐记》讲:"乐在宗庙之中,君臣上下同听之,则莫不和敬;在族长乡里之中,长幼同听之,则莫不和顺;在闺门之内,父子兄弟同听之,则莫不和亲。"这是将美的价值贯穿于从家庭、家族到社稷、江山、宗庙等各个层级。我国传统社会自西周周公制礼作乐始,以"尚文"为标志的礼乐传统一直占据主导地位,相关的文化被称为礼乐文化,政治制度被称为礼乐制度,文明形态被称为礼乐文明。礼乐既主导着国家的主流意识形态和社会政治架构,又蔓延向人们日常生活的方方面面。所谓"礼",包括礼仪、典礼、礼器诸层面,但根本问题是人的行为的雅化或艺术化;所谓"乐",包括诗、乐、舞,它本身就属于美和艺术。礼乐文化、制度和文明,本质上是一种由美和艺术主导的文化、制度和文明。中国传统教育基本上可以等同于审美教育,或至少是从美和艺术出发的人文教育。所谓诗教、礼教和乐教,本质上也就是关于个体自由、社会秩序和天人和谐的教育,自由、秩序、和谐也因此成为中国传统美育的三大主题。从中不难看出中国带有浓郁审美性质的教化传统在国家特质和民族性格塑造过程中所起的重要作用。

这种教育的价值并没有被限定在个体人格养成层面,而是从个体出发不断向家国天下放大。这与西方现代仅仅将美育的价值限定在个体自由相比,显现出了它更宏阔的理论视野和实践意义。

比如在个体层面,孔子讲:"文质彬彬,然后君子"(《论语·雍也》),这是将"文质彬彬"作为君子应有的风仪和人格表征;在家庭层面,中国人讲诗礼传家,认为诗与礼的教育可以培养良好家风;在国家层面,孔子讲:"郁郁乎文哉,吾从周"(《论语·八佾》),这是将文教昌隆作为国家理想;在天下层面,中国人讲:"美美与共,天下大同"(费孝通语),这是将世界大同的美好愿景用美来象征。也就是说,中国历史上的审美教育,是贯穿于个体和家国天下的一揽子方案,而不仅仅只是个体化的精神陶冶问题。在我们看来,这正是中国传统美育思想有别于西方的地方,也是中国当代美育值得弘扬的中华美学精神。

三、美育与职业教育高质量发展

从"职教 20 条"到新修订的"职教法",均开宗明义指出,"职业教育与普通教育是两种不同的教育类型,具有同等重要地位"。职业教育是国民教育体系和人力资源开发的重要组成部分,肩负着培养多样化人才、传承技术技能、促进就业创业的重要职责。近年来,在中办、国办印发的《关于推动现代职业教育高质量发展的意见》和《关于深化现代职业教育体系建设改革的意见》等政策文件中,为职业学校高质量发展都指明了方向与路径,核心内容就是要打造"纵向贯通、横向融通"

现代职业教育体系。纵向贯通强调学生在体系内部的接续培养，满足经济社会发展对高水平人才的需求；横向融通强调职业教育与普通教育的协调沟通，为学生灵活选择不同的教育类型提供通道。职业教育要工学结合、校企合作、产教融合，构建市域产教联合体、行业产教融合共同体，与产业同部署、同升级、同发展，相互支持，相互促进，为产业发展培养有能力、高素质的技术技能人才和能工巧匠、大国工匠。职业学校的高质量发展归根结底都离不开关键办学能力的持续增强、教学创新团队能力的不断提升、高素质技术技能人才的可持续发展。因此，需要着眼于职业教育的类型特征和职业学校生源、学情的特殊性，更加重视美育的独特功能，着眼学生职业发展以及职业综合素质和行动能力提升，增强美育意识，培厚学生成长成才沃土。

培养什么人？怎样培养人？为谁培养人？这是美育在实践层面上需要面对和回答的核心问题。美育的目的是培养具有健康的审美观、较强的审美力和创美力，能以审美的态度对待自然、对待社会、对待自身的人才。❶换言之，美育的任务就是要使受教育者具备健全的人格，成为生活的艺术家，成为具有高远精神追求、高尚人格修养、深厚爱国情怀的社会主义建设者和接班人。

2020年，在《关于全面加强和改进新时代学校美育工作的意见》中明确了大学美育的基本目标和培养手段，要求在高等教育阶段开设"以审美和人文素养培养为核心、以创新能力培育为重点、以中华优秀传统文化传承发展和艺术经典教育为主要内容"的美育课程。2022年，在《高等学校公共艺术课程指导纲要》中明确了构建面向人人的课堂教学与艺术实践活动相结合的公共艺术课程体系；以审美和人文素养培养为核心，以创新能力培育为重点，着力提升文化理解、审美感知、艺术表现、创意实践等核心素养，形成"一校一品""一校多品"高等学校公共艺术教育课程建设新目标；还明确了公共艺术课程包括美学和艺术史论类、艺术鉴赏和评论类、艺术体验和实践类三种类型课程的设置要求。其中，美学和艺术史论类可开设艺术导论、美学概论、中西方美术史、中西方音乐史、文艺理论等课程；艺术鉴赏和评论类可开设音乐、美术、影视、戏剧戏曲、舞蹈、书法、设计等的鉴赏和评论类课程；艺术体验和实践类可开设艺术相关学科的体验和实践活动类课程，艺术体验和实践活动要尽可能满足学生的不同兴趣和需求。要求职业院校要将艺术课程与专业课程有机结合，强化实践，开设体现职业教育特色的拓展性艺术课程。进而"强化学生文化主体意识"，培养"具有崇高审美追求、高尚人格修养"的高素质人才，助推提升青年人的气场魅力、审美涵养、人格修养等。大学美育是以更为科学的审美与艺术手段帮助青年树立良善的人生信念的育人途径。❷可以通过自然美育、社会美育、科技美育和艺术美育4个部分完成大学生乃至泛大学生的青年学子审美形态

---

❶ 王敏，曾繁仁. 高校大美育体系的现代化建构[J]. 中国高等教育，2017（7）.
❷ 周粟. 如何理解"大学美育"？[N]. 中国文化报，2022-3-27（3）.

和健全人格的塑造。

因此，大学美育既不应被视为过度专业化的审美教育行业，也不应被看作纯粹业余型的审美教育行业，而应被视为"集审美教育、情操教育和心灵教育于一身"的大学生完整人格养成行业。大学美育的核心是在培养人格定型层面的"美好心灵"，即助力大学生成为"具有内在美质的高素养之人"。大学美育的实质在于文心涵濡，是大学生个体心灵对于天地人之纹理特征及其规律的直觉式领悟和持续浸润过程，着力关注大学生在其人格定型阶段对于天地人之纹理特征及其规律的感性直觉素养的涵养和成熟。❶帮助青年群体形成"以美导真""以美润善""以美树信"的大学美育思维连接，最终达成由大学美育与智育、德育和信仰教育相互涵濡的新时代育人新目标。大学美育的主要任务，不是像过去有些课程和教材那样仅仅满足于静态地传授美学知识，而是为了大学生的人格养成。大学美育是要协助大学生在自己的人格定型过程中运用美育手段，帮助他们通过美育途径去完成自己的人格定型任务。

同时，我们也必须清醒地看到，美育作为美学理论的实践形态，一方面受美学理论的规约和指导，另一方面也反向检验着美学理论的实践价值。即美育是美学理论的实践形态，没有美学理论作为先导和规约的美育，必然是盲目的美育。❷但从近年来我国的美育实践看，美学与美育原本应有的互动关系正日益变得松弛，原本具有相对普遍意义的美育一步步被狭隘化为艺术教育，美育所应具有的思想深度和精神高度也被艺考式的技能学习所限制。在现代美学领域，感性学主要指向自然，艺术哲学主要指向艺术，文化哲学主要指向社会现实，这意味着完整形态的现代审美教育至少应该包括自然美育、艺术美育和社会美育三个环节，这也是当下学校美育需要重点关注的三个基本领域，也是职业学校美育工作需要关注的地方，以免在实践中对美育的"窄化"与"误读"。美育实则指向更高的人性内在的平衡和全面发展，它绝不是艺术界的小分支，而更与教育学、美学、心理学、精神哲学、人类学、政治学、社会学等领域紧密相连。当我们把美育误解为艺术专业教育及特长教育，或是只采取以上任何一个维度去理解美育时是对美育的窄化。

美学基本理论的丰富性必然带来美育实践目标的多样化，使它很难像德育、智育、体育一样有一个形成共识的工作方向或相对稳定的教育方案。审美教育给在现代中小学生课业压力巨大、大学教育专业无限细化的背景下的大中小学生带来的是具有解放感的"美学时间"，并不是说它没有领域、没有规则、没有价值导向，而是讲它设定的规则相对宽泛、相对富有弹性。

长期以来，人们对于职业技术教育功能的认识偏向于用功利的价值观来分析，更多地强调了其为经济服务的社会功能，而忽视了职业技术教育作为一种教育活动

---

❶ 王一川. 文心涵濡：大学美育新方案 [J]. 美育学刊, 2022 (6): 1-10.
❷ 刘成纪. 回到美学，重启美育 [J]. 中国文艺评论, 2022 (7): 4-6.

的最核心职能——促进人的自由而全面发展。能力本位理念本身的偏狭性导致我国职业教育教学模式存在着培养目标片面狭隘、专业设置趋利性强、课程体系不够合理、教学活动封闭单一等问题,在一定程度上阻碍了职业院校学生的全面发展和职业教育的可持续发展。

自20世纪中叶起,尤其是进入21世纪以来,美学理论发生了从关注美的本质到关注人的现实生存的"诗意栖居"的显著转型。教育学理论也发生了由应试教育到素质教育,由"非情景化学习"到"情景化学习",由"统一规划的学校教育"到"个人为中心的学校教育"的明显转向。

新时代新征程,职业院校需要在新一轮美育复兴历程中,创建具有职业教育适应性跨界融合的"大美育"新格局,助推形成"课程思政"与"课程美育"相向而行、美美与共的生动局面,不应把美育局限于公共艺术或通识教育课程,而要通过专业规划和设计充分挖掘艺术、自然、社会、科学等各学科所蕴含的审美元素,在各个学科、各门课程的教学中彰显美育,进而形成课堂教学、课外实践、校园文化的育人合力。一方面,加强美育与德育、智育、体育、劳动教育之间的协同与融合,将美的意识、美的观念、美的追求贯穿于育人的全过程;另一方面,加强校园文化建设,使校园内处处充满自然之美、生活之美、艺术之美。此外,加强部门协同,创造更多综合艺术实践机会,形成全校上下多角度全方位关心和支持美育的和谐氛围。同时,应摒弃"以艺术教育代替美育""以美学教育代替美育"的观念。在专业性课程的教学中还要加强审美观念的引导,在遵循审美规律的基础上,采用跨界整合的思维,有序推动学科的美育化。以新时代大美育观为指导,在育人的过程中将美育渗透到各个学科,贯穿于学校教育的全过程,构建全程美育、全体美育、全面美育的大美育格局。

职业教育正是可以实现人人皆可成才、人人尽展其才、人人都享有人生出彩机会的一种教育类型,需要建构基于创新应用多元智能理论(MI理论)的美育评价体系。摒弃单一的应试教育及其"智商式思维"的测试体系,倡导"多元智能"理论及与之相应的"以个人为中心的学校教育",把审美力作为"多元智能"之一元。创建一种能"使教育在每个人身上得到最大的成功"的情景化的个人的美育实践评估体系。因为,美育主要是一种非智力的情感领域,而其根本目的不在于使受教育者掌握某种技能知识,而在于确定一种审美的态度和人生观。因此,只有建立一种同其内涵与目的相适应的评估方式才能有利于它的发展。如果采取非情景化的智商式测试方式,肯定会导致美育走偏方向,只有情景化的个人的评估方式才真正有利于美育实践的发展。

面对新一轮美育复兴,职业学校需要按照审美的规律、教育的规律、技术技能人才成长的规律,紧跟数字变革赋能未来教育高质量发展的潮流,抓住教育数字化转型、数字学习资源开发与应用、师生数字素养提升等教育数字化发展的战略机遇

期和发展窗口期,利用 AI 数字展厅等数字化资源,以"互联网+"课堂教育模式、实践教育模式、"线下+线上"相结合的混合教育模式、校园文化环境教育模式、研学旅行模式等,构建"立德树人"目标下的审美教育模式。加强对学生审美意识的培养,唤起学生的审美自觉,用心灵和眼睛去捕捉美、感受美、发现美,开启审美的"发现之门";应切实注重学生审美能力培养,有效引导学生心无旁骛、全身心地去感知美、欣赏美,回答审美对象"美在何处"和"为什么美"的问题,进而开启审美的"欣赏之门";以审美精神为学生创设创造美的环境和气氛,引导学生把审美精神和创造美好人生当作一种高尚追求,以劳动、心灵、生活、艺术、智慧创造美,开启审美的"创造之门"。培育作为中国式现代化强国高素质技术技能人才、大国工匠的职业学校青年群体,形成健康向善的正确审美观,推动其饱含美好心灵的健全人格完成定型。

《高职美育》这本新形态教材,正是秉承上述关于职业学校审美教育的认识而编写的。在人工智能技术、数字技术、媒体技术不断突破,短视频、直播等媒介和 AI 生成式场景成为新兴美育形式,在"日常生活审美化"与"审美日常生活化",让"生活美学"成为现实的当下,这本教材力求把与审美相关的美学原理与美育的实践运用结合起来,把诠释美的规律与遵循教育规律及职校生成长成才的规律相结合,把自然、社会、艺术等各种审美对象与人的全面发展相结合,为广大读者提供学习和教学参考。

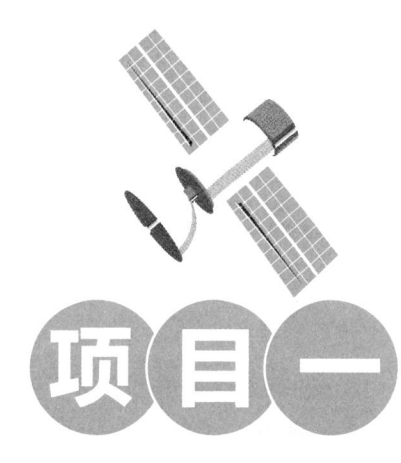

项目一

科技之美：
理性与感性、实用与艺术的结合

知识目标

1. 准确了解身边常见科技现象（如实验实训室设备的自动化运行、有序调度等）及科技产品（如智能手机、新能源汽车等）所蕴含的美学元素。
2. 深入认识并熟练掌握科技美（成果美、智慧美、精神美、功能美、技巧美等），理解科技美在不同领域的功能及作用，能准确阐述相关美学原理。

素养目标

1. 初步掌握航天科技、汽车、5G 通信等领域的科技审美要点，培养创新思维，增强创新意识，提升审美鉴赏和评价素养。
2. 强化对发展新质生产力重要性的深刻认识，学会运用马克思主义观点，以联系、发展、全面的眼光深入认识和客观、准确地评价科技美对生活各个方面（如生活方式的改变、生活品质的提升等）的影响。

技能目标

学会从科技美的不同角度，运用科学合理的审美方法和评价标准，对科技现象及科技产品进行全面、深入且客观的审美分析与评价。

"一个有科学创新能力的人不但要有科学知识，还要有文化艺术修养，没有这些是不行的。小时候，我父亲就是这样对我进行教育和培养的，他让我学理科，同时又送我去学绘画和音乐，就是把科学和文化艺术结合起来。"

——（[中]钱学森）

"爱因斯坦的理论具有最高的审美价值，每个爱美的人都希望它是真的。"

——（[荷兰]洛伦兹）

审美导入：太空科普"天宫课堂"

进入新时代，我国科技事业蓬勃发展。根据中国科学院发布的《2022研发前沿》报告，我国不仅在航空科技领域取得了重大突破，更令人欣喜的是，在110个热点和55个新兴科技中，我国取得了52个世界第一，综合排名位列世界第二，仅次于美国。尤其在无人机、北斗导航系统、核能发电、5G通信等科技领域，我国的领先地位更是当之无愧。

神十三航天员太空授课

2021年12月9日，神舟十三号航天员翟志刚、王亚平、叶光富在中国空间站为广大青少年带来了一堂精彩纷呈的太空科普课——"天宫课堂"。在约60分钟的授课过程中，航天员详细介绍并展示了空间站的工作生活场景，生动演示了微重力环境下细胞学实验、人体运动、液体表面张力等神奇现象，并深入讲解了实验背后的科学原理。太空授课不仅形象生动地呈现了数学、物理、化学等基础科技知识，还巧妙地将文化、艺术、体育、美育等多重元素融入其中。"天宫课堂"第一课为广大青少年直观呈现了地球上无法看到的奇妙景象，揭示了诸多在地球上难以探究的科学奥秘。科学既浪漫又神奇，科技之美令人陶醉不已。

"天宫课堂"所展示的中国空间站以及其中的科学实验是我国众多领先世界的高科技成果的一部分。这些高科技成果不仅深刻改变了我们的生活方式和思维方式，也让原本主要属于实用功利范畴的实践活动兼具了审美的实践性。如今，科学和技术正逐渐成为审美对象的重要组成部分，以崭新的姿态和独特的魅力彰显着其深厚的审美价值。人们也越来越注重从审美的视角去观照科学研究和技术生产活动。

原理解读：科学与技术之美

科学，是对现实世界本质和规律的深入探索与揭示，以范畴、定理、定律等知识体系的形式呈现；同时，它也是从事科学活动所依赖的工具和独特的思维形式。

技术涵盖了工艺操作方法与技能。从传统技术如电工技术、焊接技术、木工技术、作物栽培技术，到现代技术如激光技术、互联网技术、基因技术等，都属于技术的范畴。此外，技术还包括相应的生产工具、其他设备，以及生产的工艺过程或作业程序等。

科学与技术如同树的根基，在不断发展壮大的过程中孕育出了丰富的美育内涵，就如同这棵树茁壮成长后会绽放出绚丽的美育之花。图1-1为科学与技术之美的原理导图。

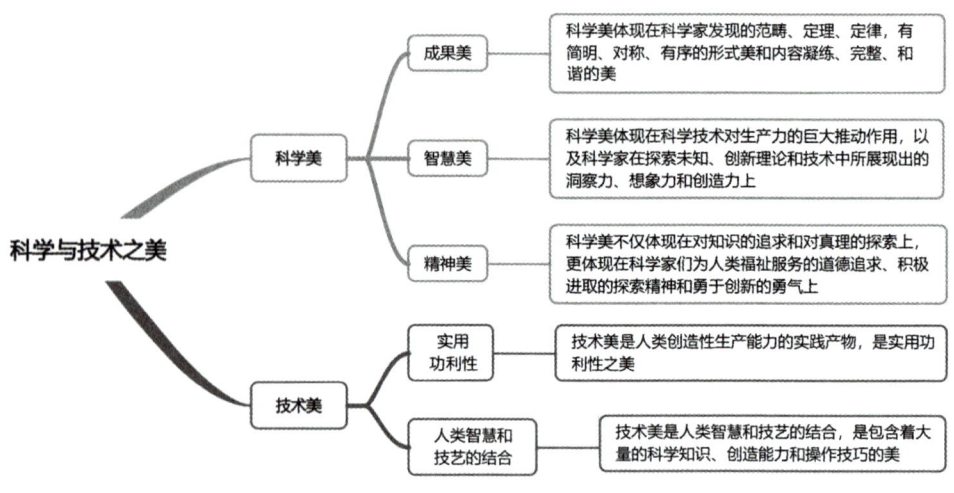

图1-1 原理导图

一、科学之美：人类思想领域中最高的音乐神韵

科学美是科学成果、智慧、精神的完整和谐所呈现出的美，是科技工作者本质力量的生动体现。

1. 科学成果美

科学成果美体现在科学家所发现的范畴、定理、定律中，具有简明、对称、有序的形式美和内容凝练、完整、和谐的美。杨振宁和李政道在1957年提出的"弱相互作用下，宇称不守恒"定律突破了传统物理学中关于宇称守恒的观念。这一定律揭示了粒子在弱相互作用环境中，其镜像与实际粒子表现出复杂、不对称、动态变化的特性。这种独特的现象展现了一种不同于传统认知的形式美，它打破了人们对自然规律的固有理解，使我们对微观世界的认识更加深入和全面。尽管这一定律的理解需要一定的专业知识，但它所体现的科学成果美却让我们感受到了科学的神奇和魅力。

2. 科学智慧美

科学智慧美体现在科学技术对生产力的巨大推动作用，以及科学家在探索未知、创新理论和技术中所展现出的非凡洞察力、丰富想象力和强大创造力上。牛顿，这位伟大的科学家，对日常生活中常见的苹果落地现象产生了强烈的好奇心。这种异于常人的敏感和好奇，促使他运用独特的思维方式，进行了深入的思考和研究。他大胆假设、小心求证，最终发现了万有引力定律。这一定律的发现，不仅揭示了自然界中物体之间相互作用的奥秘，更为航天技术等众多领域的发展奠定了坚实的理论基础。牛顿从平凡的现象中发现伟大的科学定律，充分展现了科学智慧美中洞察力和创造力的重要性。

3. 科学精神美

科学精神美不仅体现在对知识的不懈追求和对真理的执着探索上，更体现在科学家们为人类福祉无私奉献的高尚道德追求、积极进取的无畏探索精神和敢于突破的创新勇气上。"两弹元勋"邓稼先，在一次原子弹试验事故处理的危急关头，毫不犹豫地命令所有人退后，自己毅然抢上前去，不顾致命的核污染危险，亲身涉险处理事故。他的这种行为，深刻地诠释了科学家对国家和人民的高度责任感和为科学事业不怕牺牲的伟大精神，这正是科学精神美的生动写照。这种精神不仅激励着一代又一代的科技工作者，也为科学事业的发展注入了强大动力，对社会的进步产生了深远的影响。

二、技术之美：巧夺天工的"艺术作品"

技术美是人们在物质生产和产品设计过程中，巧妙运用艺术手段对客体进行加工，所形成的独特审美形态。它既不同于自然美，不依赖于自然的属性；也区别于一般的艺术美，依附于手工业特殊技能和大产业生产条件下机器制造的具有实用价值的具体实物。这种审美形态紧密地与产品的功能相联系，体现在产品的设计、制造、销售、使用的各个环节中，实现了科学性、实用性、技术性与审美性能的有效结合。❶

技术美不仅存在于现代，在古代同样闪耀着光芒。古代的技术美更侧重于经验、技巧和技艺的积累。例如，《考工记》中详细记载了先秦时代的制车、兵器、礼器、钟磬、炼染、建筑、水利等手工业技术，其中包含了各个工种的丰富经验技巧、严谨的设计规范和精湛的制造工艺。这些古代技术成果，不仅满足了当时人们的生产生活需求，更体现了古人的智慧和创造力，是技术美在历史长河中的生动体现。而现代的技术则与科学紧密接轨，融入了更多的科学知识，展现出更强的创造能力、操作技巧和实用功利性。

1. 实用功利性之美

技术美作为人类创造性生产能力的实践结晶，其核心特征之一便是实用功利性之美。这种美体现在技术成果能够切实满足人类的实际需求，为社会带来显著的效益和价值上。

5G技术，即第五代移动通信技术，作为当今通信领域的前沿技术，凭借其高速率、低时延和大连接的突出特点，成为了实用功利性之美的典型代表。在信息传播方面，5G技术带来了革命性的变化。它让高清视频、虚拟现实（VR）和增强现实（AR）等应用得以流畅运行，极大地丰富了人们的娱乐和社交体验。在远程办公和教育领域，5G的高速率和低时延确保了实时、稳定的通信连接，打破了地域限制，提高了工作和学习效率。同时，5G技术在物联网、智能交通、工业互联网等领域的广泛应

---

❶ 冯契. 哲学大辞典[M]. 上海：上海辞书出版社，2007.

用极大地释放了人类在人、物、财、信息等重要资源交换方面的潜力。例如，在智能交通系统中，5G技术支持车辆之间的实时通信和数据交互，实现了自动驾驶和智能交通管理，提高了交通安全性和通行效率。这些实际应用充分展示了5G技术的实用功利性之美，它不仅改变了我们的生活方式，还推动了社会的发展和进步。

2. 科学知识、创造能力和操作技巧之美

技术美是人类智慧与技艺完美融合的体现，蕴含着大量的科学知识、卓越的创造能力和精湛的操作技巧。这种美不仅体现在技术成果的实用性上，更体现在技术实现过程中所展现的科学性和艺术性上。

2023年9月10日12时30分，我国在太原卫星发射中心成功使用长征六号改运载火箭将遥感四十号卫星送入太空。遥感四十号卫星的应用领域广泛，涵盖科学试验、国土资源普查、农产品估产、防灾减灾等多个重要方面，对国家的经济发展和社会稳定意义重大。而这一成功发射的背后凝聚了众多学科的科学知识。从热力学、空气动力学、飞行力学，到飞行器结构力学，再到电子、光学、信息与通信、地理学等，多个学科相互交叉、协同作用。航天科技人员在发射过程中，充分发挥了卓越的创造能力和精湛的操作技巧。他们熟练掌握火箭发动机技术，精心设计并精确调试载荷适配，运用先进的卫星导航和控制技术确保卫星的准确运行，通过可靠的卫星遥测监测技术实时掌握卫星状态，借助高效的地面控制系统实现对整个发射过程的精准指挥和控制。在这些复杂的技术环节中，任何一个细节的失误都可能导致发射失败，而科技人员凭借着深厚的科学知识、创新的思维和严谨的操作，成功克服了各种技术难题，实现了遥感四十号卫星的顺利发射。这一过程不仅展示了人类在航天领域的伟大成就，更生动地诠释了技术美中科学知识、创造能力和操作技巧的完美结合，为我们呈现了一种独特而震撼的美感体验。

> **课堂审美活动 1-1**

谈谈自己对"科技美"的认识。

一、活动安排

时间：25 分钟。

参与人员：全体同学。

工具：准备好活动工具卡 1-1 和笔。

二、活动目标

1. 深入认识"科学美"和"技术美"的概念、内涵，准确把握科技美的本质特征。

2. 培养思考能力和创新思维，从不同角度审视科技美，拓宽审美视野。

3. 促进学生之间的交流与合作，提升团队协作能力和表达能力，学会在交流中互相学习、共同进步。

4. 启发思考科技美在职业发展中的应用，为未来从事相关职业奠定审美基础。

三、活动步骤

1. 分组：自行组成学习小组，每组 5～8 人。尽量与不同专业背景的同学合作，以便从多学科视角探讨科技美。

2. 资料查阅：通过多种途径查阅资料，除百度百科外，还可借助专业书籍、学术论文、科技纪录片、前沿科技网站等，全面了解美的释义以及"科学美"和"技术美"在不同领域的体现。重点关注科技美与职业的关联，如建筑室内设计、软件开发、新能源汽车等领域中科技美的应用案例。

3. 小组讨论与记录：各小组依据从多渠道获取的资料展开深入讨论。思考以下引导性问题："科学美与技术美在实际应用中有哪些区别与联系？""在我们所学的专业中，科技美是如何体现和发挥作用的？""科技美对推动行业创新和发展有哪些重要意义？"。每位组员踊跃发言，畅谈自己对"科学美"和"技术美"的独特认识，并将这些理解详实记录在"活动工具卡 1-1"上。

4. 小组汇报：各小组组长向全班汇报小组对"科学美"和"技术美"的理解。汇报内容应包括小组讨论的主要观点、独特见解、与职业相关的思考，以及讨论过程中的收获和体会。汇报时要逻辑清晰、重点突出，准确传达小组的讨论成果。

四、评价标准

对于小组汇报，将从下述几个方面进行评价。

1. 内容准确性：对"科学美"和"技术美"的概念和内涵的理解是否准确，观点是否有充分的依据，对科技美与职业联系的思考是否合理。

2. 独特性：小组的观点是否具有新颖性和独特性，能否从不同角度结合不同职业看待科技美，提出创新性的见解。

3. 逻辑性：汇报内容的逻辑是否清晰，观点之间的衔接是否自然合理，论证过程是否严谨。

4. 表达流畅性：组长的表达是否清晰、流畅，能否准确传达小组的观点和想法，语言组织和专业术语的运用是否恰当。

5. 团队协作：观察小组在活动过程中的协作情况，包括成员的参与度、意见交流的充分性、是否尊重并整合了不同观点等。

活动工具卡 1-1

一起畅谈"科技之美"
1. 从我的专业角度看,"科技美"体现在哪些方面,对职业发展有何启示?
2. 我认为"科学美"与"技术美"的主要区别和联系是什么?
3. 在科技领域,有哪些具体案例让我感受到了科技美?
4. 我对"科学美"的独特理解是(可结合具体案例):
5. 在小组讨论中,我获得的新启发是:

审美赏析：领略科技美学设计

科技美，以简洁勾勒外在轮廓，以效用锚定价值核心，以新奇激发探索欲望，以和谐指引发展方向。科技美体现在它所揭示的规律、发现的真理和解释的现象中，它是人们精神需求升华后梦寐以求想要体悟的一种美，它能让人超越感性表象，体验世界本质，愉悦精神。

一、航天科技之美：神奇的天河之舟

人类的航天科技活动既是科技活动，又承载着人类丰富的精神追求。欣赏航天科技美，涉及航天文化学、航天工程学和美学。航天科技美融汇和展现了宇宙大美，具有十分厚重的美学价值。而在众多的航天科技成果中，神舟飞船无疑是一颗璀璨的明珠，淋漓尽致地展现了航天科技美。

神舟飞船，是中国载人航天工程（921工程）为实现航天员天地往返而研制的载人宇宙飞船。从字面上看，"神舟"意为"神奇的天河之舟"，这一名称蕴含着深厚的文化底蕴。在中国古代神话传说中，天河充满了神秘色彩，舟船则是人们探索未知的重要工具，"神舟"一词将两者结合，表达了人类对宇宙探索的浪漫想象和勇敢追求。同时，"神舟"又是"神州"的谐音，象征着飞船研制得到了全国人民的支持，是四面八方、各行各业大协作的产物；"神舟"还有神气、神采飞扬之意，预示着整个中华民族都将为飞船的诞生而无比骄傲和自豪。1994年年初，"神舟"这个名字最终从众多的方案中脱颖而出。从此，中国自主制造的载人飞船有了名字——"神舟"。随着1999年11月20日神舟一号腾飞上天，"神舟"这一承载着中华民族千年飞天梦的光辉名字传遍神州大地。

微视频《航天新征程》

1. 航天工程之美

航天工程之美，不仅体现在技术、设计和文化层面，还反映了人类对未来的探索和憧憬，是科技进步与文化传承的完美结合。

技术美：航天工程涉及众多高精尖技术，这些技术不仅是人类探索宇宙的强大助力，还带来了独特的美学体验。以火箭、飞船、探测器等航天器为例，它们的设计和制造过程堪称技术与美学的完美融合。从外形上看，航天器的线条流畅而简洁，符合空气动力学和流体力学原理，不仅减少了在太空中运行的阻力，还呈现出一种独特的动感之美。其结构布局严谨合理，每一个部件的位置和连接都经过精心设计，体现了高度的科学性和有序性。同时，在制造过程中，采用的先进材料和精密工艺也赋予了航天器精致而高端的质感。这些都充分体现了人类对技术的极致追求和在

美学上的创新，使得航天器不仅具有强大的实用性，还具有极高的观赏价值。

设计美：航天工程中的设计美体现在无数精妙的设计构思和创新设想之中。例如，火箭的空气动力学外形设计，不仅要考虑发射时的推力和稳定性，还要兼顾其在大气中飞行时的空气阻力和升力，这种精确的设计使得火箭在具备强大功能的同时，拥有流畅而优美的外形线条，自带独特的技术美感。再如，太空探测器的设计，需要考虑在极端环境下的工作需求，其外观和内部结构都经过了反复的优化和创新，展现出人类的智慧和创造力。这些精妙的设计最终落实到火箭发射、太空探测等各种航天项目上，让人们对未来的太空探索充满了期待和想象。

文化美：航天工程承载着人类丰富的精神追求，融汇和展现了宇宙之大美，具有十分厚重的美学价值。在中国航天的发展历程中，这种文化美体现得尤为明显。例如，"嫦娥"这一名称，源自中国古代嫦娥奔月的神话传说，代表着中华民族对月球的向往和探索。"天问"则取自屈原的长诗《天问》，表达了对宇宙万物的追问和探索精神。这些富有浪漫色彩和深厚文化底蕴的名字，不仅富有诗意，更承载着中华民族对宇宙的浪漫幻想和不懈探索精神。它们激发了人们对航天探索的浓厚兴趣，增强了民族自豪感，同时也向世界展示了中华文化的独特魅力。

时代美：航天工程的发展是时代进步的重要标志，体现了人类对未来的美好憧憬。以中国空间站为例，它的建设和发展不仅展示了中国在太空探索领域的卓越技术成就，还积极开展国际合作项目，吸引了众多国家参与其中。不同国家的宇航员在空间站中共同工作、交流，体现了人类对和平利用太空、探索宇宙奥秘的共同愿望。空间站还承载着众多科学实验和研究任务，推动了人类对宇宙的认知和科学技术的发展。这种时代美跨越了国界和文化的差异，成为全人类共同的精神财富，激励着一代又一代的人们为探索宇宙而努力。

2. 太空景观之美

太空景观之美，宛如一幅神秘而壮阔的画卷，不仅有着航天员视角下地球那令人惊叹的绝美景致，更蕴含着宇宙的无垠浩瀚与地球的秀丽多姿之间的强烈对比，以及航天科技与自然景观相互交融所呈现出的和谐之美。这些美景，犹如一把把钥匙，打开了我们对宇宙神秘与美丽的认知之门，激发了人们内心深处对探索未知世界的无限渴望，同时也让我们更加珍视我们赖以生存的地球家园。

航天员视角下的地球美景：从中国空间站拍摄的照片为我们呈现了一幅从外太空俯瞰地球的壮观画面。这些珍贵的影像中，地球宛如一颗璀璨的蓝色明珠，散发着独特的魅力。我们可以看到，蓝色的海洋广袤无垠，与白色云层交相辉映；绿色的植被沿陆地蔓延，勾勒出生命的脉络；白色的云层如棉絮般飘浮，变幻莫测。山脉蜿蜒起伏，河流奔腾不息，岛屿星罗棋布，构成了一幅绚丽多彩的自然画卷。例如，景海鹏在执行神舟九号飞行任务中拍摄的"塞外明珠""天宫望乡"等照片，以独特的视角展现了地球家园的美丽和浩瀚宇宙的壮观，让我们仿佛身临其境，感受到了地球的神奇与伟大。

宇宙的浩瀚与地球的美丽对比：当我们将目光从地球延伸至浩瀚宇宙时，宇宙的浩瀚与地球的美丽对比所呈现出的独特魅力令人心醉神迷。从广袤无垠、深邃浩瀚的宇宙中极目眺望，那颗蔚蓝而美丽的地球宛如沧海一粟，却散发着独特而迷人的光芒，二者相互映衬，形成了一幅令人叹为观止的壮丽景象。这种强烈的对比，让我们深刻地感受到地球的脆弱与美丽，以及人类在宇宙中的微不足道，从而更加珍惜和保护我们的地球家园，意识到我们肩负着守护这颗蓝色星球的重大责任。

航天科技与自然景观的和谐共存：当出征前的梦天实验舱与绚丽的晚霞同框时，那一抹温暖的霞光仿佛为实验舱披上了一层金色的纱衣；蓄势待发的神舟十五号飞船邂逅初雪，洁白的雪花与银色的飞船交相辉映，宛如童话中的场景；神舟十四号飞船返回舱与空间站在夜空交相辉映，点点星光与科技之光交织在一起，美轮美奂。这些场景将航天科技与自然景观完美结合，展现了科幻与现实的交融，让人们沉浸式体验到震撼的星河宇宙之美。它不仅体现了人类科技的伟大进步，更传达了人类与自然和谐共生的理念，启示着我们在探索宇宙的征程中要始终尊重自然、保护自然，实现科技与自然的协调发展。

3. 太空体验之美

太空体验美是独特感知与精神升华的美妙融合，它交织着视觉层面的强烈震撼、日常生活的新奇奇妙，以及人类探索宇宙进程中闪耀的勇气与智慧光芒。

视觉上的震撼：太空中的视觉感受带给人无与伦比的震撼。透过空间站机械臂的镜头，广袤无垠的宇宙尽显其神秘与壮美，深邃的星空里星辰闪烁，星河如带般蜿蜒。舱内相机所记录下的每一帧画面都让我们仿佛突破了地球的局限，以一种全新的、绝无仅有的视角直面宇宙的浩瀚。这种视觉冲击，不仅加深了我们对宇宙广袤无垠和地球渺小脆弱的认知，更在心底激起了我们对宇宙奥秘无尽的好奇与深深的敬畏之情。

日常生活的奇妙：在太空中，日常生活充满了新奇与挑战，每一个细节都与地球上截然不同。就拿进食来说，航天员们的饮食方式独特而有趣。太空食品丰富多样，为满足航天员的营养需求，经过精心设计，有各类压缩食品、脱水食品等。而进食时，为防止食物碎屑在失重环境中飘散，需要使用特制的餐具和密封袋。即便是看似简单的"洗碗"（在太空环境下，这一操作与地球上有着本质的区别），也需要特殊的技巧和方法。

此外，航天员的健身活动同样别具一格。在空间站内，他们借助太空自行车进行上肢和下肢的锻炼，利用抗阻锻炼装置来维持体能。这些在地球上难以想象的生活体验，不仅是为了适应太空环境、保持身体健康，更让我们看到了人类在极端环境下的生存智慧与适应能力。

人类探索宇宙的勇气和智慧：太空体验，不仅是对个人感官的挑战，更是对人类探索精神和智慧的生动诠释。从酒泉航天科技体验馆的互动展项，到神舟十五号乘组在太空中的直播，每一个环节都凝聚着人类对宇宙的无限向往与不懈追求。

在酒泉航天科技体验馆，模拟太空舱让参观者亲身感受太空环境，丰富的航天知识科普展示让人们了解到人类探索宇宙的艰辛历程和伟大成就，展现了人类在航天科技领域的不断探索和积累。神舟十五号乘组的太空直播展示的太空实验操作、空间站的生活日常等，不仅让我们直观地看到了太空生活的真实面貌，更让我们见证了人类在太空探索中所运用的先进技术和创新思维。这些都充分体现了人类面对未知宇宙的无畏勇气和非凡智慧，激励着一代又一代的探索者不断前行。

4. 航天精神之美

科学美是科学家们在追求真理的过程中，热爱祖国、求真向善、积极进取、勇于创新的精神美，这种美在航天科技活动中体现为航天精神之美。它是航天人身上的崇高美，包括他们热爱祖国、为国争光的坚定信念美，勇于登攀、敢于超越的进取意识美，科学求实、严肃认真的工作作风美，以及淡泊名利、默默奉献的崇高品质美。

热爱祖国、为国争光的坚定信念美：航天工作者怀着对祖国的无限忠诚和热爱，将个人理想与国家命运紧密相连。在我国载人航天工程启动之初，一切从零起步，面临着巨大的困难和挑战。然而，航天工作者为了实现祖国的航天梦想，为了让中国在世界航天领域占据一席之地，他们在极端艰苦的条件下，坚守岗位，日夜奋战。"三班倒""人停机不停"，黑白颠倒、夜以继日成为了他们的工作常态。正是在这种强烈的爱国情怀和为国争光的坚定信念支撑下，他们克服了重重困难，自主突破了一个又一个技术瓶颈，为祖国的航天事业立下了汗马功劳。

科学求实、严肃认真的工作作风美：在航天领域，每一项技术都关系到任务的成败和航天员的生命安全，因此容不得半点马虎。面对复杂的技术难题和挑战，航天工作者始终秉持求真务实、实事求是的态度。以建设酒泉发射中心为例，第一批进驻的工作人员身处戈壁滩，生活条件极为艰苦。但他们没有丝毫懈怠，从基础建设的一砖一瓦开始，严格按照科学标准和规范进行施工。在技术研发和操作过程中，他们反复测试、精益求精，不放过任何一个细节。正是这种科学求实、严肃认真的工作作风，让他们能够不断突破技术瓶颈，成功建起了中国规模最大、技术水平一流的航天发射中心，为我国航天事业的发展奠定了坚实基础。

勇于登攀、敢于超越的进取意识美：航天领域是一个充满未知和挑战的领域，每一次的探索都是对人类极限的挑战。中国航天人深知，只有不断进取、勇于登攀，才能在激烈的国际竞争中占据一席之地。他们以坚韧不拔的精神克服了自然环境恶劣、生活条件艰苦等重重困难。在载人航天工程的推进过程中，他们不断学习、不断创新，从跟跑、并跑到逐渐引领世界载人航天事业前沿。中国载人航天工程仅用极短的时间便实现了大踏步追赶，这背后离不开航天人勇于登攀、敢于超越的进取意识。他们以无畏的勇气和坚定的决心不断开拓创新，为人类探索宇宙作出了重要贡献。

淡泊名利、默默奉献的崇高品质美：航天工作者为了国家和民族的利益，舍小家顾大家，将个人的名利抛在脑后。从神舟五号到神舟十五号，中国载人航天事业取得了举世瞩目的成就，技术水平和经验积累今非昔比。然而，"特别能吃苦"的精神底色始终深深烙印在每一位航天人的心中。他们在幕后默默付出，不计个人得失，将自己的青春和热血都献给了祖国的航天事业。这种淡泊名利、默默奉献的精神，不仅是对航天精密设备可靠性的有力保障，更是对航天工作者坚强意志的生动诠释，激励着一代又一代航天人为实现中华民族的航天梦而不懈奋斗。图1-2为航天精神之美结构图。

航天精神之美
结构图

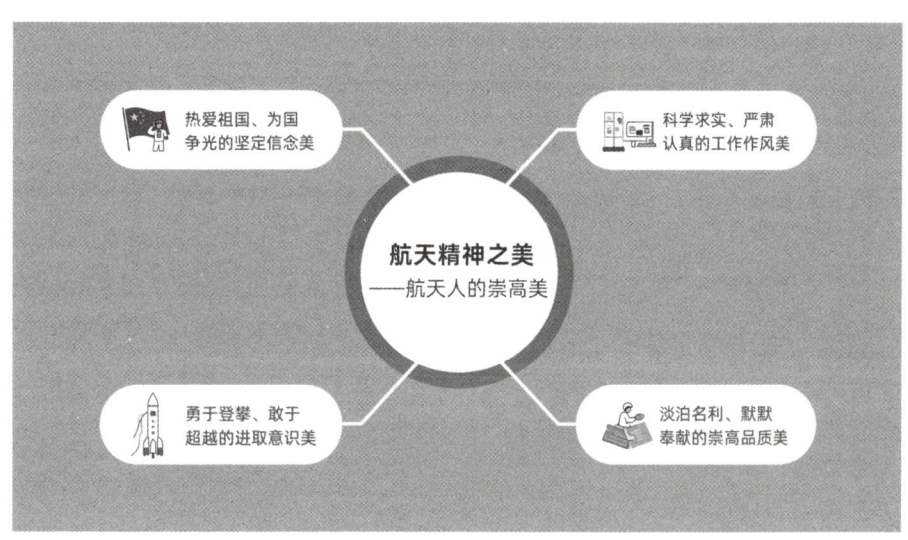

图1-2　航天精神之美结构图

二、汽车科技之美：由蒸汽机、内燃机到新能源的华丽变迁

随着汽车市场的蓬勃发展，汽车早已成为人们日常生活中不可分割的一部分。如今，市场上销售的车型拥有多种动力能源类型，其中燃油动力车型和新能源动力车型备受市场青睐。大约300年间，汽车经历了由蒸汽机、内燃机到新能源的华丽变迁。

红旗新能源
设计美学

新红旗HQ9

汽车科技之美不仅包括汽车的设计之美，还包含着驾驶体验带来的浸润式体验之美，以及汽车研发和生产中的工匠精神之美。图1-3为红旗品牌旗下首款MPV——新红旗HQ9，其精致车身彰显了国产汽车之美。

图 1-3　红旗品牌旗下首款 MPV——新红旗 HQ9

1. 从中国制造向中国创造转变——设计之美

汽车设计之美主要体现在流线型造型与比例、前脸设计的独特性和内饰上。

流线型造型与比例之美主要体现在其空气动力学原理的应用、外观美感的提升和整体性能的优化上。例如，红旗 E007 概念车采用了更为流畅的流线型设计理念，呈现出轿跑式的动感外观，彰显出强烈的运动姿态。而红旗 EH7 的外观设计通过流线型车身线条营造出一种蓄势待发的视觉效果，这种设计不仅提升了车辆的外观美感，还能有效减少空气阻力，提高车辆的行驶性能。

汽车前脸设计之美主要体现在其独特风格、视觉冲击力、品牌传承与创新的融合、空气动力学性能和与车身整体风格的协调性上。例如，红旗 H6 的前脸设计极具特色，标志性的直瀑式进气格栅线条简洁而有力，给人一种大气磅礴的感觉。格栅中间的红旗立标犹如一颗璀璨的明珠，彰显出品牌的尊贵与荣耀。这种设计不仅让车辆在外观上更具个性，同时也传承了红旗品牌的经典基因，并且优化了空气动力学性能，使车辆行驶更加稳定。

汽车内饰之美主要体现在高品质的材料选择、精致的工艺、人性化的布局和丰富的科技配置上。例如，红旗汽车的座椅大都采用柔软的皮质材料，提供舒适的乘坐体验。中控台和车门内饰板等部位则采用桃木、金属等材质进行装饰，增添了豪华感，同时也提升了整车的质感。细节之处，如车内氛围灯、车门把手处的镀铬装饰、遮阳板上的化妆镜等都体现了红旗汽车的内饰之美。此外，随着汽车动力能源向新能源的转变，内饰设计也更加注重环保材料的应用和智能化布局，以适应新时代的需求。

2. 尊享"美妙出行、美丽体验、美好生活"——体验之美

汽车体验之美不仅体现在其技术性能上，更在于它为驾驶者和乘客提供的舒适、安全和便捷的体验上。

技术之美：汽车的技术创新是体验之美的重要组成部分。例如，公开信息显示，红旗 N701 搭载了自主研发的 6.0LV12 发动机，最大功率达到 408 马力，峰值扭矩为 550 牛·米，匹配 7 速双离合变速箱。这样的动力配置使得车辆在起步和加速时更加迅猛，能够在短时间内达到较高的速度，同时 7 速双离合变速箱的应用也提高了燃油经济性，让驾驶更加高效和经济，这种对技术的执着追求体现了汽车技术的美感。在新能源汽车领域，电池技术和电动驱动系统的创新也为驾驶者带来了全新的技术体验，如更快的充电速度和更持久的续航里程。

操控之美：汽车的操控性能直接关系到驾驶的乐趣和安全性。红旗 HS5 通过旗偲 1.0 智能网联系统、SACC 高级巡航系统和丰富的驾驶辅助功能展现了独特的操控之美。这种美不仅体现在技术的先进性和安全性上，也体现在设计与艺术的融合上，为用户提供了既安全又舒适的驾驶体验。无论是在城市道路还是在高速公路上，驾驶者都能感受到车辆的精准操控和稳定性能。

舒适之美：汽车的舒适性是提升驾驶体验的重要因素。例如，红旗 E-HS9 配备了质感很强的直纹胡桃木装饰、Nappa 真皮和一些镀铬材料，驾驶位座椅配备了 18 向电动调节，内里填充物柔软舒适，使得驾驶和乘坐都极为舒适。此外，车辆的隔音降噪技术和悬挂系统的优化也进一步提升了乘坐的舒适性，这种舒适性体现了汽车的美感。

与驾驶者的互动体验：汽车的设计和功能需要与驾驶者产生良好的互动，提供个性化的设置和操作体验。例如，高清全液晶仪表和电子旋钮换挡，提供了丰富的视觉效果和便捷的操作体验，增强了驾驶的科技感和乐趣。同时，智能语音控制系统和手势识别功能的应用，让驾驶者能够更加方便地操纵车辆，实现与车辆的自然交互。

3. 以工匠精神打造新红旗极致品质——精神之美

汽车带来的舒适、安全和便捷体验离不开背后汽车工匠们的辛勤付出和对品质的执着追求，这种追求完美的精神正是汽车精神之美的体现。汽车精神之美体现在对汽车制造的精益求精、对细节的高度关注、对品质的极致追求和创新精神上。

汽车精神作为一种职业精神，涵盖了职业道德、职业能力、职业品质，体现为敬业、精益、专注、创新等方面。汽车工匠们对产品的每一个细节都有着极高的要求，追求完美和极致，对精品有着执着的坚持和追求，把品质从 0 提高到 1，其利虽微，却长久造福于世。这种精神不仅体现在汽车的设计和制造过程中，还体现在汽车的品牌精神、外观设计、内饰设计和整体性能上。

例如，红旗品牌作为中国汽车工业的代表，其产品不仅是交通工具，更凝聚着中国工匠精神的艺术表达。它将中国式高尚美学和精湛工艺融入每一个细节，以最美的姿态向世界展现着中国汽车的品质和美感，既展现了中国汽车工业的卓越成就，也助力中国汽车品牌地位的提升，这正是汽车工匠精神的体现。

此外，红旗汽车的外观设计充分体现了红旗汽车的品牌精神，如红旗 H9 宽大的直瀑式进气格栅、贯穿式尾灯和隐藏式把手设计，既展现出车辆的强大气场，又流露出一种非凡的精致感。这种设计不仅提升了车辆的科技感和识别度，还展现了汽车工匠在细节上的精心雕琢和追求完美的态度。在新能源汽车的发展过程中，红旗汽车的工匠们同样秉持着这种精神，不断创新和改进，为用户带来更高品质的产品。

三、5G 科技之美：让生活变得更美好

5G 是第五代移动通信技术，是一种具有高速率、低时延和大连接特点的新一代宽带移动通信技术。5G 技术的发展是移动通信技术每十年一代的发展规律的延续，继 1G、2G、3G、4G 之后，5G 作为最新的移动通信技术，代表了移动通信技术的最新成果。5G 科技之美主要体现技术实用功利性之美，科学知识、创造能力和操作技巧之美，科学精神之美。图 1-4 为"5G 科技之美"思维导图。

"5G 科技之美"思维导图

图 1-4 "5G 科技之美"思维导图

1. 技术实用功利性之美

5G 技术的实用功利性之美主要体现在其高速率、低时延和大连接的特点上，这些特点使得 5G 技术在多个领域发挥着重要作用，极大地改变了人们的生活和工作

方式，推动了社会各行各业的进步和发展。

高速率：5G 网络提供了极高的数据传输速率，就像一条超宽的信息高速公路，使得大文件传输、高清视频流等高带宽需求的应用成为可能，极大地丰富了用户的网络体验。比如，下载一部高清电影，4G 网络可能需要几分钟，而在 5G 网络下短短几秒就能完成。

5G 之城厦门

低时延：5G 网络具有极低的延迟，这对于需要实时响应的应用来说至关重要，如远程手术、视频直播等，保证了操作的准确性和实时性。想象一下，医生通过 5G 网络进行远程手术，极低的时延确保了手术指令能够即时传达，保障了手术的顺利进行。

大连接：5G 技术支持大量设备同时连接，这对于物联网的发展尤为重要，使得智能家居、智能城市等概念成为现实，提高了生活和工作的智能化水平。一个智能小区里，各种智能设备如门锁、摄像头、家电等都能通过 5G 网络同时连接并高效运行。

这些优势不仅提升了个人用户的网络体验（如在线游戏、高清视频流畅播放），还在企业应用中发挥了重要作用（如远程协作、智能制造等），提高了工作效率并降低成本。在教育领域，5G 促进了资源均衡分配，例如，我国部分偏远地区通过 5G+ 远程教学，已让数万名学生共享优质教育资源，能够享受到与城市学生同等的优质教育资源；在医疗方面，实现远程医疗，为患者提供便捷服务，使偏远地区患者也能及时获得专家的诊断和治疗建议。

2. 科学知识、创造能力和操作技巧之美

5G 技术在展现强大实用功利性的背后，还蕴含着科学知识、创造能力和操作技巧的美感，这些要素共同构建了 5G 技术的独特魅力。

科学知识：5G 技术是依靠电磁波来传递信息的。简单来说，电磁波就像信息的"搬运工"。而电磁波的频率决定了它的"工作能力"，频率越高，就好比"搬运工"的效率越高，能使用的频率资源更丰富，数据传输的速度也就越快，这充分展示了科学知识在 5G 技术中的强大力量。5G 正是利用了这一科学原理，能够支持更多的设备连接，提供更快的数据传输速度，从而极大地丰富了人们的通信体验。

创造能力：5G 技术的创造能力体现在其对未来通信方式的革命性改变。5G 网络的部署将普及移动互联网的极致用户体验，推动物联网创新，进而推动移动互联网产业的新一代转型。5G 网络能够承载大量的设备连接，包括人类和物体，构建万物互联的智能世界。这种创造能力不仅改变了人们的通信方式，也为各种新兴应用提供了可能。比如智能工厂中，通过 5G 网络实现设备之间的实时通信和智能控制，大大提高了生产效率和产品质量。

操作技巧：5G 技术的操作技巧体现在其对网络性能的优化上，包括提高数据传输速度、降低延迟、增强设备连接能力等。例如，5G-A（5G 的"增强版"）在速度、延迟和连接设备能力方面都有显著提升，与 5G 相比，速度提升了数倍，实现了毫

秒级的超低延迟，极大地提升了数据传输效率和应用的响应速度。这些操作技巧的应用使得5G技术能够更好地满足各种应用场景的需求。

3. 科学精神之美

5G技术的科学精神之美，体现在研发历程中彰显的劳模精神、劳动精神、工匠精神，以及科学家精神所倡导的"爱国、创新、求实、奉献、协同、育人"核心内涵。

5G技术的发展历程，从跟随到突破，再到引领，离不开通信人的努力。他们展现了爱岗敬业、甘于奉献的劳模精神，在无数个日夜坚守岗位，为5G技术的研发和推广付出心血；体现了诚实劳动、攻坚克难的劳动精神，面对技术难题毫不退缩，通过辛勤劳动寻找解决方案；更彰显了精益求精、敢于创新的工匠精神，对每一个技术细节都精雕细琢，不断追求技术的创新和进步。这些精神动力推动了5G技术的不断进步和应用，从疫情防控到直播带货，从亚运会到校园网，5G"黑科技"无所不在，为人们的生活和工作带来了极大的便利和效率提升。

同时，5G技术的发展也体现了科学家的精神，即"爱国、创新、求实、奉献、协同、育人"。这种精神不仅体现在科学探索者的信念、勇气、意志、工作态度、理性思维、人文关怀和牺牲精神上，还体现在科学家对国家和民族的贡献上。例如，华为等中国企业在5G技术研发中，面对外部挑战，坚持自主创新，攻克多项核心技术，就体现出科学家们在奋斗、爱国、工匠、创造和梦想等方面的精神追求，这些精神是科学发展的核心动力，也是科学家精神之美的重要表现。

课堂审美活动 1-2

运用审美知识，填写科技审美赏析体验表

一、活动安排

时间：25 分钟。

参与人员：全体同学。

工具：准备好活动工具卡 1-2 和笔。

二、活动目标

1. 灵活运用所学的科学美和技术美原理，准确识别并分析不同科技审美对象中蕴含的美。

2. 培养批判性思维和创新思维，能够从不同角度发现科技审美对象的独特之处，提升审美鉴赏能力。

3. 促进学生之间的交流与合作，通过小组讨论和展示增强团队协作能力和语言表达能力。

4. 理解科技审美与职业发展的关系，培养在未来职业中运用科技审美能力优化产品设计、提升服务质量或解决实际问题的意识。

三、活动步骤

1. 分组：自行组成学习小组，每组 5～8 人。鼓励与不同专业背景的同学合作，以便完成任务。

2. 复习回顾：小组成员共同回顾之前所学的科学美和技术美原理，梳理分析思路。

3. 选择与分析：各小组从审美赏析中选择一个审美对象，然后从科学美和技术美两个方面，结合活动工具卡 1-2 中的类型和释义，将审美发现填入"活动工具卡 1-2"。

4. 小组展示：各小组组长上台展示小组的填写成果，展示过程中鼓励与其他小组进行互动交流，解答疑问，分享不同的分析视角。

5. 教师点评总结：教师根据各小组的展示情况，从填写内容的准确性、全面性、独特性以及分析的深度等维度进行点评。肯定学生的优点和创新之处，指出存在的不足并给予改进建议。同时，总结本次活动中大家对科技审美的理解和发现，进一步强化学生对科技审美知识的掌握和运用，引导在今后的学习和职业生涯中持续关注和应用科技审美。

活动工具卡 1-2

科技审美赏析体验表

美的类型		美的释义	美的发现（请结合所选审美对象，从具体特征、功能、设计理念等方面阐述）
科学美	成果美	科学美体现在科学家发现的范畴、定理、定律，有简明、对称、有序的形式美和内容凝练、完整、和谐的美	
	智慧美	科学美体现在科学技术对生产力的巨大推动作用，以及科学家在探索未知、创新理论和技术中所展现出的洞察力、想象力和创造力上	
	精神美	科学美不仅体现在对知识的追求和对真理的探索上，更体现在科学家们为人类福祉服务的道德追求、积极进取的探索精神和勇于创新的勇气上	
技术美	实用功利性	技术美是人类创造性生产能力的实践产物，是实用功利性之美	
	人类智慧和技艺的结合	技术美是人类智慧和技艺的结合，是包含着大量的科学知识、创造能力和操作技巧的美	

审美创造：走进实验实训室与生活，感知科技美

法国著名雕塑家罗丹曾说过："世界从不缺少美，而是缺少发现美的眼睛。"科技之美在科技的蓬勃发展中孕育而生，唯有全身心地沉浸其中，方能深切感悟到它独特的魅力。相同专业的2～3名同学自由组建一个学习小组，选择本专业的一个实验实训场所，运用自己所学的科技审美方法去发现、欣赏和创造美。

一、活动主题

走进实验实训室与生活，感知科技美。

二、活动目标

1. 感受科学的强大力量，体悟技术的巨大变革，探索精巧机器背后的神奇奥秘。
2. 领略大国工匠们精益求精、无私奉献的精神，激发科技创新的梦想和热情。
3. 培养运用科技审美方法分析问题的能力，提升审美素养和专业认知水平。
4. 增强团队协作能力和沟通表达能力，促进同学之间的相互学习和共同进步。

三、活动途径

审美创造途径		
第一步	发现美：参观攻略准备	复习所学的专业原理知识，同时用手机或计算机查阅相关资料，例如本专业领域科学家和大国工匠们辛勤耕耘、无私奉献的精神，实验实训场所的建设历程、设计寓意、建设规划、主题区域等。此外，要特别注意了解进入实验实训室的安全规定，做好安全防护准备，确保在活动过程中的人身安全和设备安全
第二步	欣赏美：浸润探索发现	由相同专业的2～3名同学自由组建一个学习小组，结合所学原理，置身于实训场所，融入科技生产过程。从科学原理的简洁性、技术创新的独特性、设备设计的功能性与美观性等科技审美角度，仔细观察并感悟科技之美。在活动过程中，鼓励组员积极交流，分享自己的发现和感受
第三步	创造美：表达感悟体验	结合所学原理，将感悟到的科技美进行凝练、提升、总结。小组内明确分工，比如指定专人负责资料收集、文字撰写、图片整理等工作。运用常见的科技审美方法，如对科学原理的创新性分析、对技术应用的实用性评估、对设备外观的美学评价等，将通过学习而形成的正确的审美观转化为图文并茂的PPT。PPT内容应包括对实验实训场所中科技美的具体展示、小组讨论得出的独特观点、科技美与本专业知识的联系分析等方面

四、活动成果

1. 记录与分享：在欣赏美的环节，组员需要细致观察，用心体会科技之美，

并用生动准确的文字记录感悟,填写于"活动工具卡1-3"。记录区域可写下观察细节,感悟区域分享内心思考。随后,组长组织"头脑风暴",组员从科学美和技术美角度讨论,分享发现见解。汇总成果后,推选代表上台,展示小组感悟的科技之美,阐述运用科技审美方法的分析过程与结论。

2. PPT制作与展示:课后,小组制作不少于10页的图文并茂的PPT,内容全面涵盖科技介绍(基本信息、研发背景等)、欣赏发现分析、审美剖析(科学、技术等方面)和感悟总结。各小组推选汇报人,下节课展示分享。

3. 评价标准:对于PPT展示和汇报,将从内容的科学性(对科技美的分析是否准确、深入)、创新性(观点是否独特、新颖)、团队协作的体现(分工是否明确,协作是否高效)、表达的流畅性(汇报人是否能够清晰、流畅地表达小组观点)等方面进行评价,以确保活动达到预期效果。

活动工具卡 1-3

记录自己发现感悟到的科技之美
实验实训场所名称：
1. 从科学原理角度，你发现了哪些科技美？（如原理的简洁性、创新性等方面）
2. 从技术应用角度，有哪些地方让你感受到了科技美？（如技术的实用性、高效性等方面）
3. 实验实训设备的设计在哪些方面体现了科技美？（如外观的美观性、功能性等方面）
4. 发现感悟：

项目一

科技之美

理性与感性、实用与艺术的结合

项目二

体育之美：
力量、优雅与智慧的完美融合

知识目标

1. 准确了解身边常见体育现象（如赛事对抗、运动装备等）蕴含的美学元素，理解其美学价值。
2. 深入领会并熟练掌握体育之美（身体美、运动美、精神美、环境美等），理解体育之美在不同体育项目及领域的功能和作用，能精准阐释对应的美学原理。

素养目标

1. 培养体育审美情趣：通过观看、参与体育活动激发对体育之美的感知与欣赏，能主动探寻不同体育运动中的美学元素，提升审美素养。
2. 提升道德素养：在体育活动中强化公平竞争、团队合作、尊重对手等价值观，在享受运动乐趣的同时，践行社会主义核心价值观，培养良好的道德品质。
3. 塑造健全人格：通过体育活动培养积极向上的人生态度、坚韧的意志品质，发展健全人格，成为有责任感和创新精神的公民。

技能目标

熟练地从体育之美的不同核心维度，运用科学合理的审美方法与评价标准，对丰富多样的体育现象和体育相关事物进行全面、深入且客观的审美剖析与评定。

世上没有比结实的肌肉和新鲜的皮肤更美丽的衣裳。

——（[俄]马雅可夫斯基）

"体育教师是真正的艺术家，不仅把人体练得强壮，有抵抗力，行动迅速，而且还要求对称、典雅"。

——（[法]丹纳《艺术哲学》）

"身体"作为人生存和发展的基础，在任何一个时代都是备受关注的话题。有关"身体"的"美学"问题研究由来已久，舒斯特曼在提出建立"身体美学"学科时，将其定义为"对一个人的身体——作为感觉审美欣赏及创造性的自我塑造场所——批判的、改善的研究"。

——（[美]理查德·舒斯特曼《实用主义美学：生活之美，艺术之思》）

审美导入：甲天下山水间的神"骑"

2023年环广西公路自行车世界巡回赛女子赛和2023年世巡赛·环广西男子赛桂林城市赛段，这两项环广西赛的"压轴大戏"，在甲天下的桂林山水间举行。一座城市举办两场世界顶级赛事，经由央视等电视和网络平台直播，这使得国际旅游城市桂林再度吸引了全国乃至全世界的目光。电视转播镜头中，车手们以最快70千米/时的速度竞逐桂林山水间，开启了一场最美山水与顶级赛事完美交融的神"骑"竞技。

环广西公路
自行车大赛

在这两场精彩绝伦的赛事中，我们不仅能欣赏到车手们高超的竞技水平，更能深切感受到体育与自然景观融合所带来的独特美感。而这种美感，正是现代体育丰富内涵的一个缩影。现代体育早已成为一个多层次、多结构、多目标的动态系统，体育中的美是体育系统中的一个不可或缺并且日显重要的环节。生命之美在于它时时刻刻都处于运动之中，体育恰好集中了这种美。它将力量与技巧、速度与优美、体能与精神同时体现到了极限，从而赋予人无限的启示与动力。体育之美是体育活动中各种审美对象的综合概括。体育运动不仅是人们日常锻炼身体的主要方式，也是一种精神追求和社会文化，更是一种展现美的和谐存在。

它是特定时代、民族、地区的文化缩影，是一种跨越物理界限、触及精神文化、具有相对独立品味的存在，是凝聚力量、优雅与智慧的美。竞技体育的魅力就像音乐一样，体育之美无国界相通。运动员健康的体魄、优美流畅的线条、自然光泽的肌肤和自然流露的真情，展现出自然、健康、纯粹之美，这是人类最本真的美好，极易引发人们内心深处的共鸣。

体育美作为一种超越性的人文维度，其根本的价值意义在于帮助人们克服在现实生活中面临的诸如身体与精神、物质追求与理想信念之间的矛盾困境（人的悖论存在窘境），通过参与和欣赏体育活动实现身心的和谐统一，提升人的生存质量，进而促进人的全面、自由发展。❶

原理解读：体育美的多层次呈现

在体育运动中，包含着大量与美有关的内容。由于审美领域和对象的不同，我们把与体育运动有关的美的领域统称为体育之美。体育之美是在体育运动中表现出来的，以人为主体，体现了目的性与规律性相统一的形式。它既有自然美和社会美

---

❶ 王猛，刘一民. 体育美：一种超越性的人文维度——基于人的悖论性存在理论 [J]. 中国学校体育（高等教育），2016，3（5）.

的属性，又有艺术美和科技美的特征，是一种社会实践美。

现代体育运动的内容丰富多彩，体育之美也有诸多表现领域，例如速度、力量、技巧、道德、意志品质、精神等。因此，体育之美是一个多层次的结构体系，目前公众比较认可的一种划分是把体育之美分为身体美、运动美、精神美和环境美四种。图 2-1 为体育之美的原理导图。

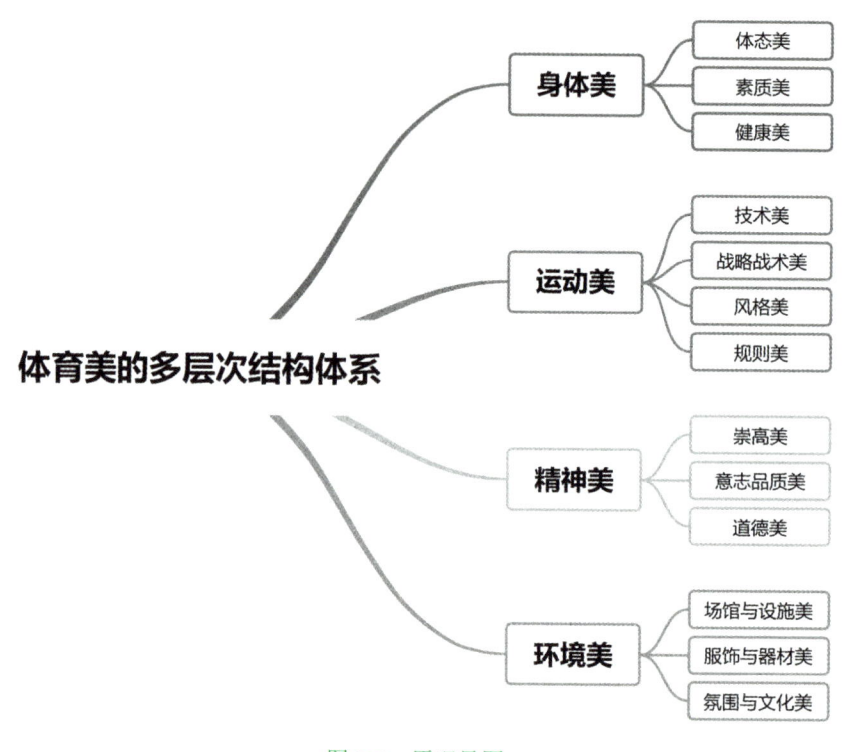

图 2-1　原理导图

一、身体美：力量与柔韧的交响，速度与优雅的协奏

身体美是人体经过体育运动获得的具有良好的生理、心理状态而显示出来的外部形态美。它是体育之美的基本内容和主要审美对象。身体美包括体态美、素质美和健康美。

体态美是指人的形体和姿态美。一般表现为身体各组成部分协调一致，肌肉、骨骼等形体结构优化组合。俗话说的"站有站样，坐有坐相"就是对体态美的基本描述。体态美一部分靠遗传获得，例如身高、体重、五官等，与遗传有直接关系。但是，通过后天锻炼，形成正确的身体姿态，可以弥补先天不足。另外，通过美容、服饰、行为礼仪等也可以对人的体态加以改善。体态美的审美要素有很多，以人的外部特征分类，分为形体美、姿态美和体型美三类。比如，体操运动员通过长期的专业训练拥有优美的形体和姿态，展现出独特的体态美。

素质美是指人的身体素质及人呈现出来的各种风度素质的美。身体素质就是人体参与活动的一种能力，一般包括力量、速度、耐力、柔韧、灵敏、协调、平衡。比如，力量就像举重运动员能举起沉重杠铃所展现的能力；速度如同短跑运动员在赛道上快速冲刺的表现。风度素质是指人的语言行为素质，一般包括风采与气度，例如运动员在赛场上的自信谈吐和优雅举止。

健康美是生命存在的最佳状态，有着丰富的内涵。健康美不仅是没有疾病，而且要求躯体健康、心理健康、社会适应良好和道德健康。健康美包括身体各部分器官完好、身体各系统功能良好、生命力强盛、精神状态良好。

二、运动美：挥洒汗水，收获快乐与幸福

运动美是指体育运动过程中所展现的动态性美。运动美的审美对象仍然是人，人的状态是在运动，所以身体美、艺术美、精神美等各种美在运动中都得以展现，发挥了在运动状态下人体机能的最大潜力，并且这一过程与形态是合目的性、合规律性的，是一个展现美、塑造美和创造美的过程，在这过程中人的价值得以实现和升华，它是体育美的核心内容。

随着现代体育运动的发展，运动项目的多样化、复杂化为人体运动的艺术行为提供了广阔天地。体育运动可分为学校体育、社会体育、竞技体育、休闲体育等，但是人们在观看体育运动时最主要的是看体育运动的人以及人与运动项目有关的内容，为此，依据人的可塑性与运动项目的特点来建立运动美的一些基本要素，我们把它分为技术美、战略战术美、风格美和规则美四个方面。

技术美是运动员在体育运动中所展现出的技术水平和体态美的综合体现。这种美不仅体现在运动员娴熟、快速、准确、优美的动作上，还与身体运动的速度、耐力、灵敏等身体素质相结合，形成一种独特的审美形态，分为准确美、韵律美、和谐美。例如，篮球运动员精准的投篮动作、足球运动员巧妙的带球过人，都展现出技术美中的准确美；花样滑冰运动员在冰面上流畅的滑行和优美的旋转，体现了韵律美与和谐美。

战略战术美是指在体育比赛中，运动员个人技术的合理运用及运动员之间协调配合时所表现出来的美。这是运动员根据比赛双方的情况采取合理行动，以发挥己方特长，限制对方优势，夺取体育比赛胜利的一种艺术，应分为战略美和战术美。比如，在篮球比赛中，教练根据对手的特点制定针对性的战术，球员们通过默契的配合执行战术，展现出战略战术美；在足球比赛中，球队的进攻和防守布局，以及球员之间的传切配合，也充分体现了战略战术美。

风格美是一种融合了力量、活力、动感与时尚元素的美学风格。在体育领域，它体现在运动员独特的运动风格上。思想风格美体现为运动员对待比赛和运动的态度与理念，例如一些运动员秉持着永不放弃、积极进取的思想，在赛场上展现出顽

强的斗志；技术风格美则表现为运动员独特的技术特点和风格，如乒乓球运动员独特的发球和击球技巧；地缘风格美与不同地区的体育特色相关，比如巴西足球的桑巴风格，充满激情和创造力；民族风格美则融入了各民族的文化元素，像蒙古族的摔跤运动，体现了蒙古族勇猛、豪放的民族精神。同时，风格美也深深渗透到了时尚设计、生活方式、文化表达等多个领域，成为一种具有广泛影响力的美学符号。

规则美体现在体育运动项目的严谨、规范和系统的竞赛规则上。遵守竞赛规则实质上是体验生命永恒的秩序之美，它克服了内心的松散和敷衍，让人感悟到生命的严谨与有序。在体育运动中，规则之美不仅体现在对参赛者技术和策略的要求上，还体现在对参赛者行为和精神的规范上。例如，在网球比赛中，选手必须严格遵守发球规则、计分规则等；在体操比赛中，裁判依据详细的评分规则对选手的动作进行评判。这种美是体育运动不可或缺的一部分，是运动员和观众共同追求的目标之一。

三、精神美：激情与梦想的融合

体育作为人类的一种社会活动，它的功能不仅是强身健体，更重要的是体育精神的传递。体育精神是体育运动中所蕴含的对人的发展具有启迪和影响作用的有价值的思想作风和意识。体育精神是一种公德，也是一种国际语言，人们甚至不需要翻译，不需要解释，就可以自由交流。体育精神美分为崇高美、意志品质美、道德美。

崇高美通过体育的形式展现人们内心的精神、思想、意志、品格等生命力，以及大自然雄浑广博的宏伟展现。崇高美的表现形式包括运动员在追求目标过程中的坚持不懈、超越自我、团结一心，展示国家风采和国家精神，以及在比赛中展现出的公平竞争、科学求实、乐观自信、无私奉献等精神。比如，在奥运会等国际赛事中，中国体育健儿们顽强拼搏，为了国家荣誉全力以赴，像2016年里约奥运会中国女排逆境夺冠，展现出团结一心、永不放弃的精神，向世界展示了中国的风采和民族精神；在一些极限运动中，运动员挑战自我，突破身体和心理的极限，体现了超越自我的崇高美。

意志品质美是在体育运动中展现出的意志品质，主要包括独立性（自觉性）、果断性、自制性和坚持性（坚韧性）。这些品质在体育运动中扮演着至关重要的角色，它们不仅是运动员取得成功的关键因素，也是衡量一个运动员心理成熟度和竞技水平的重要标准。例如，在马拉松比赛中，运动员需要具备强大的坚持性和自制性，克服身体的疲劳和外界的干扰，坚持跑完全程；在一些球类比赛的关键时刻，运动员需要果断作出决策，展现出果断性。

道德美是指体育运动中各种社会角色的行为规范的总和，体现了群体意识、责任意识、爱人思想、诚信原则、献身精神等价值观，是体育道德的核心表现。在体育比赛中，运动员遵守比赛规则，尊重对手和裁判，体现了诚信和尊重的道德美；教练认真指导运动员训练，为了团队的成绩无私奉献，展现了责任意识和献身精神；观众文明观赛，为运动员加油助威，体现了群体意识和爱人思想。

四、环境美：闪耀青春活力与热情的翡翠宝石

环境美在体育中涉及赛事的举办环境和观赛氛围，包括运动场馆的设计，体育设施、运动服饰、体育器材及赛事的整体布局。这些元素不仅提升观赛体验，而且与地方文化的融合增强了赛事的文化价值。环境美的关键在于如何通过视觉和感官体验增强体育活动的吸引力，使之成为一种审美体验。优美的运动场地设施、运动器材、服装设计、环境变化等也能衬托出体育运动美，它们对体育运动本身是一种辅助性衬托，但不能忽视其存在。

环境美在体育赛事中的作用不仅限于提升观赛体验，更在于如何通过体育赛事推广和传播东道国的文化，以及如何利用现代科技和设计美学来丰富体育活动的内容和形式。例如，北京冬奥会的场馆设计充分融入了中国传统文化元素，"冰丝带"的外观设计灵感来源于速滑运动员冰刀划过冰面的痕迹，同时结合了中国传统的丝绸元素，既展现了现代建筑的科技美感，又传递了中国文化的韵味；运动服饰的设计也融入了中国的色彩和图案元素，向世界展示了中国文化的独特魅力。这种环境美的体现让体育赛事成为观众、运动员和东道国文化交流的桥梁，促进了不同文化之间的相互理解和融合。

课堂审美活动 2-1

谈谈自己对"体育美"的认识

一、活动安排

时间：25 分钟。

参与人员：全体同学。

工具：准备好活动工具卡 2-1 和笔。

二、活动目标

1. 全面且深入地认识"体育美"的概念和内涵，准确把握"体育美"在身体、运动、精神等方面的具体体现。

2. 培养创新思维，鼓励从不同角度，如职业发展、个人成长、社会文化等，审视"体育美"，拓宽对美的认知视野。

3. 提升团队协作能力和语言表达能力，通过小组讨论和汇报学会倾听他人意见，清晰阐述自己的观点，促进思想的交流与碰撞。

4. 理解"体育美"与职业素养的关联，如体育精神中的拼搏、坚持、合作等品质在职业领域的重要性，为未来职业发展奠定良好的精神基础。

三、活动步骤

1. 分组：自行组成学习小组，每组 5～8 人。建议尽量与不同专业背景的同学组合，以便从多学科、多视角探讨"体育美"，实现优势互补。

2. 资料查阅：通过多种途径查阅资料，除了百度百科，还可以参考体育专业书籍、学术论文、体育赛事报道、体育纪录片等。重点关注"体育美"在不同体育项目、不同文化背景下的表现形式，以及体育美与职业发展的联系。例如，了解某些职业对身体素质的特殊要求，以及体育锻炼如何提升职业竞争力等。

3. 小组讨论与记录：各小组依据收集到的资料展开深入讨论。思考以下引导性问题："在我们所学的专业领域，哪些体育精神可以助力职业发展？""从美学角度看，体育比赛中的团队配合体现了怎样的美？""不同的体育项目（如田径、体操、篮球等）各自展现了哪些独特的体育美？"。每位组员积极发言，分享自己对"体育美"的理解，并尝试为"体育美"下一个全面且独特的定义，将这些定义和讨论中的重要观点记录在"活动工具卡 2-1"上。

4. 小组汇报：各小组组长向全班汇报小组对"体育美"的理解。汇报内容应包括小组讨论的主要观点、为"体育美"下的定义、对体育美与职业素养关系的思考，以及讨论过程中的收获和体会。汇报时要逻辑清晰、重点突出，准确传达小组的讨论成果。

四、评价标准

对于小组汇报，将从下述几个方面进行评价。

1. 内容准确：对"体育美"的理解是否准确、观点依据是否充分、与职业的联系是否合理。

2. 独特性：小组的观点是否具有新颖性和独特性，能否从不同角度、结合不同职业看待体育美，提出创新性的见解。

3. 逻辑性：汇报内容的逻辑是否清晰，观点之间的衔接是否自然合理，论证过程是否严谨。

4. 表达流畅：组长的表达是否清晰、流畅，能否准确传达小组的观点和想法，语言组织和专业术语的运用是否恰当。

5. 团队协作：观察小组在活动过程中的协作情况，包括成员的参与度、意见交流的充分性、是否尊重并整合了不同观点等。

活动工具卡 2-1

一起畅谈"体育之美"
1. "体育美"在我的专业职业发展中的体现：
2. 我对"体育美"的定义：
3. 体育比赛中让我感到美的瞬间：
4. 团队体育项目中"体育美"的内涵：
5. 小组讨论新启发和收获：

项目二

体育之美

力量、优雅与智慧的完美融合

45

审美赏析：运动场上激情与梦想的交汇

一、奥运人文之美：奥运闪耀，五环同心

奥运会是全球规模最大的体育盛事之一，它不仅是运动员展现技术与意志的竞技场，更是人类追求卓越、彰显意志力和创造力的舞台。每四年一度的奥运盛会吸引着全球亿万目光，观众不仅见证了运动员们优越的身体素质和精湛的技术水平，更感受到了其中蕴含的深厚文化内涵和人文情怀。技术的精湛、战术的智慧、意志的坚韧和风格的多样性构成了奥运人文之美的独特魅力。在这个充满激情与梦想的舞台上，来自不同国家和地区的运动员通过他们在赛场上的表现生动传达着奥运精神的核心价值——更快、更高、更强。从体操的优美动作到足球的战术博弈，从长跑选手的意志坚守到开幕式的文化盛宴，让我们从技术美、战术美、意志品质美和风格美四个方面深入赏析奥运人文之美。图2-2为2024年7月27日黄雨婷、盛李豪在巴黎奥运会为中国代表团赢得首枚金牌。

中国奥运天团的精气神

中国健儿获奥运金牌

图2-2 黄雨婷、盛李豪获巴黎奥运金牌

1. 技术美

在奥运会上，观众可以目睹各种体育项目中精湛的技术之美。例如，2024年巴

黎奥运会上，体操项目中的中国选手周雅琴在平衡木上完成了高难度的踺子后手翻直体后空翻转体900度动作，衔接流畅，姿态优美，展现出了极高的技术水准。她的翻腾、转体和平衡动作充分体现了身体的灵活性和控制力，这正是技术美的生动体现。在游泳比赛中，中国游泳运动员潘展乐以其出色的"打腿技术"和标准的自由泳泳姿在男子100米自由泳决赛中打破世界纪录夺冠，完美展示了游泳运动的技术美。

奥运会上的技术美不仅限于个体技能的展示，它还体现在对运动精粹的不断追求与精进中。在射箭比赛中，运动员必须展现出极高的集中力和精确的手眼协调能力，每一次射击都是对技术极限的挑战。此外，赛艇和皮划艇等项目中，运动员们协同划桨的默契和精准的技术动作体现了团队中每个成员对技术细节的完美把握与应用，极大地提升了比赛的技术美感。

2. 战术美

奥运会上精彩的团队项目中，战术的巧妙运用是比赛胜负的关键因素之一，也彰显出独特的美感。在2024年巴黎奥运会上，西班牙男子足球队在主场压力下，凭借出色的战术应用，最终捧起了其历史上首枚奥运金牌。决赛中，他们通过精准的短传渗透、灵活的跑位拉扯、合理的比赛时间掌控成功突破法国队防线，取得胜利。这不仅是球队技术实力的胜利，更是战术准备与心理博弈的成功。

在篮球比赛里，每支球队都需要依据对手的防守策略和自身阵容特点灵活调整进攻战术，寻找最佳得分机会。例如，通过挡拆配合创造出空位投篮机会，或是利用快攻打乱对手防守节奏。这种战术美体现了团队成员间的默契配合与集体智慧的力量。

而在羽毛球、网球这类对抗激烈的运动中，战术美则体现在运动员对场地的利用、对手弱点的捕捉和比赛节奏的把控上。运动员们凭借快速的决策和多变的打法策略不断给对手施加压力，使比赛充满了智慧与变数。

此外，在团体体操和花样游泳等项目中，整体的动作编排和队形变化同样是战术美的重要体现。精心设计的动作组合与队形变换，不仅展现了运动员们的高超技艺，更凝聚了团队的智慧与艺术创造力。

3. 意志品质美

奥运会不仅是运动员们展示竞技水平的舞台，更是考验他们意志品质的战场。在激烈的比赛中，运动员们常常面临强大的对手和巨大的压力，但他们所展现出的顽强意志力和不屈精神令人动容。无论是在比分落后时绝地反击，还是在身体受伤的情况下坚持赛完，他们的表现都诠释了非凡的意志品质美，激励着无数观众和其他运动员。

以2024年巴黎奥运会为例，中国香港击剑运动员江旻憓在训练中曾遭遇右膝十字韧带断裂，她的双膝关节都遭受了同样严重的伤病打击，然而江旻憓并未被伤病击倒，始终保持着坚强乐观的心态，微笑面对挑战，经过不懈的努力与坚持，她在女子个人重剑项目中勇夺金牌。她的故事深深触动了观众，彰显了运动员坚韧不

拔的意志品质。

还有许多多次参赛却未能获得奖牌的运动员，他们在经历连续失败后，依然坚持刻苦训练，勇敢地再次踏上赛场。这种坚持不懈、永不放弃的精神给予观众极大的心灵震撼，引发强烈的情感共鸣。

4. 风格美

奥运会不仅是体育竞技的盛会，更是文化交流与展示的平台，其多样化的风格体现了丰富的文化内涵。

开幕式和闭幕式作为展示主办国文化风采的重要窗口，将风格美展现得淋漓尽致。2008年北京奥运会开幕式以宏大的场面、独特的创意融合了中国传统文化元素与现代科技手段，如活字印刷术、四大发明等的展示，震撼了全世界，充分彰显了中国传统文化的魅力与现代创新的风格美。闭幕式则以"和谐、共赢"为主题，通过精彩的文艺表演和绚丽的烟花秀向全球展示了中国的文化自信与包容开放。

2022年北京冬奥会的开闭幕式同样精彩，将中国传统文化与现代创新完美结合。开幕式上的"二十四节气"倒计时、"黄河之水天上来"等创意环节，以及闭幕式上的"折柳寄情"等表演，都展现出独特的中国韵味和时代风格，向世界传递了中国文化的魅力。

2024年巴黎奥运会的开闭幕式也充分展示了浓郁的法国和欧洲文化元素。开幕式将体育、历史、艺术在塞纳河上完美融合，通过独特的戏剧艺术表演让全世界观众领略到法国深厚的文化底蕴。

除了开闭幕式，在奥运会的比赛项目中，风格美也无处不在。例如花样滑冰比赛中，每位选手都以独特的动作编排和表演风格展现出个人的魅力与个性；体操比赛里，运动员们不同的动作组合和表演方式呈现出各自的特色；在摔跤、柔道等项目中，不同国家运动员在技术应用和比赛风格上的差异也体现了不同文化背景下的体育哲学与美学理解。

在奥运会这一世界性的体育盛事中，技术的精湛、战术的智慧、意志的坚韧和风格的多样性相互交织，共同构成了奥运人文之美的丰富内涵。每一届奥运会都是运动员们顶尖水平和人类精神的集中展现，同时也是文化多样性和国际友谊的庆典。通过对技术美、战术美、意志品质美和风格美的深入探讨，我们不仅能够领略到运动之美的精髓，更能够感受到人类文明的丰富多彩。奥运会的每一次举办都重新定义了人类对于美的理解，将技术与艺术完美融合，推动着全球共鸣和人类进步。在这里，我们见证的不仅是体育的胜利，更是人类精神和文化的胜利，这是奥运会真正的、持久的人文之美。

二、女排精神之美：奋斗与配合彰显力量

在中央电视台中文国际频道推出的《国家记忆》国史节目中，《根脉》系列的

两期《女排精神》节目详细记录了中国女排的成长历程，由陈可辛执导的运动剧情片《夺冠》则生动展现了中国女排从1981年首夺世界冠军到2016年里约奥运会生死攸关的中巴大战，诠释了几代女排人历经浮沉却始终不屈不挠、不断拼搏的传奇经历。

女排首冠42周年

中国国家女子排球队曾在1981年和1985年世界杯、1982年和1986年世锦赛、1984年洛杉矶奥运会上夺得冠军，成为世界上第一个"五连冠"，并又在2003年世界杯、2004年奥运会、2015年世界杯、2016年奥运会、2019年世界杯五度夺冠，共十度成为世界冠军（包括世界杯、世锦赛和奥运会三大赛事）。中国女排是中国三大球中唯一一个拿到世界冠军奖杯的队伍。中国女排的辉煌战绩极大地提升了中华民族在国际舞台上的地位，团结协作、顽强战斗、勇敢拼搏的女排精神成为中国人民宝贵的精神财富，激励着亿万人民奋发图强，为实现中华民族伟大复兴而努力建设国家。

排球体育运动是一种技术性强、节奏明快、对抗激烈的竞技体育项目。它集游戏、竞技、技术、节奏等多种美学特征于一体，具有完善个人修养、塑造健美体型、提高人的审美鉴赏力和创造力、凝聚民族精神等诸多美育功能。在排球比赛中，我们既要懂得欣赏运动员高超的技艺，也要感受他们的内在品质；既要领略排球明星们的风采，又要体察球队的风格，从中体验排球运动之美。图2-3为在2004年的雅典奥运会上中国女排时隔20年后重新赢得冠军。

中国女排重夺奥运金牌

图2-3　中国女排时隔20年后重新赢得奥运冠军

1. 技术美

排球运动的技术美体现在比赛中运动员为完成技术动作所表现出的准确性、协

调性、连贯性、时效性、稳定性和节奏感。排球运动复杂细腻、丰富多彩，主要通过跑、跳、扣、拦、防等人体基本活动来完成。从技术角度看，排球比赛能带给观众欣喜、愉悦、惊奇、赞叹等多种美感体验。例如，中二传的次吊球、自由人的鱼跃救球、前扑防守、滚动起身，以及发球队员的大力跳发球、跳飘球、网前轻调等技术动作，都能让观众感受到强烈的美感，赞叹不已。

中国女排的技术美主要体现在进攻有力、防守稳固和技术全面上。

进攻有力：中国女排一传稳定，拦网出色，进攻多变，能有效突破对方防守。通过多变的战术配合和队员们强大的个人能力创造出众多得分机会。

防守稳固：在防守端，中国女排展现出了极高的技术水平，队员们凭借出色的预判、快速的反应和顽强的斗志能够有效地阻挡对方的进攻，为球队的反击奠定基础。

技术全面：无论是五连冠时期，还是雅典、里约奥运会，中国女排都凭借其全面的技术特点站上最高领奖台。队员们在各项技术上都具备较高水平，能够适应不同对手和比赛情况的要求。

2. 战术美

排球的战术是从实际出发，按照发挥自身优势、攻击对方弱点的原则制定的打法。在激烈紧张的比赛中，需要根据实际情况，灵活合理地运用战术，控制比赛节奏，审时度势，扬长避短。

中国女排的战术美体现在阵容调整和战术转换上。

阵容调整：在过往的重要赛事中，中国女排善于根据对手特点进行阵容调整。例如，面对实力强劲的对手时，重塑以主攻为核心的进攻体系，充分发挥朱婷等顶尖球员的潜力，同时也有利于整支球队在关键时刻保持稳定的发挥。这种战术安排增强了球队的攻击力，为取得优异成绩奠定基础。

战术转换：面对不同的对手，中国女排能够做出灵活的战术转换。例如，采用"光速排球"与"高举高打"相结合的战术，朱婷、李盈莹等主攻手凭借快速的进攻节奏频频得手，袁心玥、王媛媛等副攻手利用身高优势在网前筑起一道坚不可摧的防线。中国女排的战术美使赛场上出现许多令人拍案叫绝的精彩场景，让观众目不暇接，充分感受到排球比赛的魅力。

3. 意志品质美

排球运动员的意志品质美，深刻体现在他们为实现比赛目标，自觉调控行动、克服重重困难的心理过程中。排球比赛竞争激烈，各种复杂局面和困难随时可能出现，比如二、四号位强攻受阻、出现卡轮、发球和拦网失误等情况。在这些困境下，意志力薄弱的运动员可能会被情绪左右，失去理智，表现出忐忑不安、信心缺失、斗志锐减等状态，同时身体也会出现一系列反应，如脉搏加快、四肢颤抖、头脑发胀、肌肉紧张、动作失调等。

而具备优秀意志品质的运动员则截然不同,他们能够保持冷静,头脑清醒,以积极的心态和严谨的思维迅速分析失利原因,凭借精湛的技术和周密的战术努力扭转不利局面,将劣势转化为优势,变被动为主动。中国女排正是拥有这种坚韧不拔、在实践中不断磨炼、在逆境中顽强成长的意志品质美。

女排运动员的意志品质美还突出表现在她们不断自我超越的精神上。"更快、更高、更强——更团结",以及自强不息的精神,是中国女排的真实写照。40多年来,中国女排在前进的道路上,既有辉煌的成就,也遭遇过挫折。但无论处于何种境地,她们始终顽强拼搏,在顺境中持续自我超越,不断创造更多更大的优势;在逆境中也毫不气馁,积极自我超越,将劣势转化为优势。她们从不怨天尤人,而是脚踏实地,一球一球稳扎稳打,一分一分勇于挑战,直至比赛的最后一刻。

此外,女排运动员的意志品质美也体现在强大的团队精神上。排球是一项集体运动,高度体现了超常的团队精神。为了共同的目标,女排队员们摒弃一切个人恩怨,相互理解、宽容友爱、团结协作,全力以赴与对手拼搏。在赛场上,她们不计个人得失,奋不顾身地为队友提供精准到位的传球;无论比赛结果是成功还是失败,都勇于承担责任,与队友共同分享胜利的喜悦或承担失败的痛苦。这种亲密无间、团结友爱的情谊让观众深受感动,也正是女排精神的重要体现。

4. 风格美

风格是一支球队基于自身技术特点和条件,经过长期的训练和实战积累,形成的区别于其他球队的稳定的技术、战术和比赛作风的综合体现。

欧洲排球风格:欧洲的排球风格以"强攻"著称。欧洲排球运动员普遍身材高大、体型强壮,在拦网方面具有明显优势。他们强调个性,崇尚竞争,更偏爱个人"力量"的展示,战术运用相对较为单一,多数情况下依靠二、四号位的高点强攻来结束进攻,战术配合的运用相对较少。在比赛中,他们注重稳扎稳打,节奏上张弛有度,有时也会有一些即兴发挥。然而,这种风格一味追求进攻,整体战术缺乏灵活性,对技术配合的重视不足,后排防守能力相对薄弱。德国、塞尔维亚等国家队是这种风格的典型代表。

拉美排球风格:拉美的排球风格以"立体攻"为特色。拉美排球运动员身体素质出众,弹跳能力惊人,在继承欧洲高点打法的基础上,借鉴了欧洲快变的技术打法,形成了高、快结合的独特风格。他们将比赛视为展示自我的舞台,每位运动员都能充分发挥自己的个性,追求自由的发挥空间。但这种风格的球队在比赛中容易受到情绪因素的影响,导致技术水平发挥不够稳定。美国、巴西、多米尼加等国家队是拉美排球风格的典型代表。

亚洲排球风格:亚洲的排球风格以"快变"为核心。亚洲运动员虽然在身材和身体素质方面相对欧美运动员没有先天优势,但他们技术全面、基本功扎实,战术灵活多变,注重快变组合。出色的一传和防守能力是亚洲球队立足的根本,其细腻

的技术常常被赞誉为"杂技般的排球"。事实上，中国女排等亚洲球队中也涌现出许多个性突出、关键时刻能够力挽狂澜的领军人物，如郎平、朱婷等。她们凭借卓越的个人能力和领导才华带领球队在国际赛场上取得了优异成绩。因此，亚洲排球并非缺乏领军人物，而是在整体风格上更强调团队的协作和战术的多变。中国女排作为亚洲排球风格的典型代表，不仅具备快变的特点，还在长期的发展中融合了坚韧不拔的精神和强大的团队凝聚力，成为世界排坛的一支劲旅。

在排球运动中，中国女排以其独特的技术美、战术美、意志品质美和风格美展现了顽强拼搏、团结协作的精神风貌，成为了中华民族的骄傲和精神象征。通过对排球运动美的深入了解，我们不仅能欣赏到比赛的精彩，更能汲取女排精神的力量，激励我们在生活和学习中不断追求卓越。

三、欧冠激情之美：团结、竞争和激情的象征

世界上的足球体育赛事丰富多样，如世界杯、各大洲杯、各大洲冠杯赛、联合会杯、世俱杯、各国联赛、奥运会足球赛等。其中，欧洲冠军联赛（UEFA Champions League，简称"欧冠联赛"或"欧冠"）是由欧洲足球协会联盟主办的年度足球比赛，代表着欧洲俱乐部足球的最高水平和荣誉，被公认为是全世界最具影响力且水平最高的足球体育赛事之一。

欧冠决赛超燃宣传片

足球之所以能够成为世界第一大运动，是由于它在身体美、运动美、精神美等审美维度蕴含着无穷的魅力。体态美、素质美、气质风度美、健康美构成了足球运动员的身体美；技术美、战略战术美、运动风格美、规则美构成了足球的运动美；崇高美、意志品质美、道德美构成了足球的精神美。图 2-4 为 2023—2024 赛季欧洲足球冠军联赛决赛中皇家马德里队夺冠后在颁奖仪式上庆祝。

1. 身体美

欧洲冠军联赛汇聚了来自欧洲、南美洲、非洲等世界各地的优秀足球运动员。从整体上看，这些运动员的体态主要审美特征表现为身材高大、体格健壮、肌肉细长且富有弹性、脂肪层薄、踝关节围度小、跟腱清晰、足弓较高，充分体现着足球运动员的体态美。

在欧冠赛场上，优秀的守门员往往具备出色的反应速度、短距离位移速度和动作速度；后卫通常拥有良好的体力、较强的回追能力和拦截能力；后腰能够在中场呈"米字型"大范围跑动和高强度往返奔跑，具备极强的拦截、传球和远射能力；前卫速度较快，拥有出色的突破和传中能力；前腰脚法细腻，善于盘带，传球准确性较高；前锋具备优秀的专项速度、速度耐力、专项力量、柔韧性和弹跳力。

除了体态美、素质美之外，欧洲冠军联赛的足球运动员还拥有其他足球运动员

所具备的气质风度美和健康美。他们在赛场上展现出的自信、坚毅的气质，以及良好的身体状态，都为足球运动增添了独特的魅力。

皇马 2024 欧冠夺冠庆典

图 2-4　皇马 2024 欧冠夺冠庆典

2. 运动美

足球运动美包含技术美、战略战术美、运动风格美、规则美。欧洲冠军联赛与众不同的美突出体现在它独特的运动风格美上。足球运动风格是足球运动员或一支球队的民族精神和技术特点的综合反映。

在欧洲冠军联赛的赛场上，不同球队有着各自的风格特点。一些球队的边路具备较强的突击能力，边前卫（或边后卫）常常积极助攻上前，运用边路传中战术为强力前锋创造争顶机会，或让灵巧型前锋寻找射门良机。中场球员具备较强的硬度和实用的技术，不仅防守强悍，在边路进攻受阻时还常常通过远射或精准的身后球为前锋创造单刀机会。

相对来说，欧洲冠军联赛的足球风格整体上呈现出技术简练、实用、精确的特点，体现出实用主义的美感。例如，德国球队严谨的战术纪律和高效的进攻组织、西班牙球队细腻的技术配合和控球打法，都展示了不同风格的魅力。

3. 精神美

欧洲冠军联赛的精神美主要体现在团队精神美和意志品质美上。足球是一项将个人行为转化为集体行为的群体对抗运动，每名足球运动员虽然位置分工不同，但在球队的进攻和防守中都起着不可或缺的作用。

任何一场比赛，如果缺乏团队精神，即便拥有再优秀的队员，也难以战胜强劲的对手。在欧洲冠军联赛的赛场上，团队精神是足球的灵魂。德国足球以其严谨的团队精神著称，荷兰足球的全攻全守战术也充分体现了团队的力量，团队精神正是足球运动真正的精髓所在。一支内部团结的球队，往往能够攻无不克。

此外，意志品质美在欧冠赛场上也得到了充分体现。德国队强调理性和坚强，哪怕比赛只剩下最后一秒，他们也决不放弃，始终保持战斗和进攻的姿态；有些球队即便距离成功总是一步之遥，但他们依然充满斗志，在困境中不懈拼搏，从他们身上，我们看到了在黑暗中追求光明的勇气。对于这些球队而言，拼搏是制胜的法宝，意志品质美在他们身上得到了集中展现。

通过对欧冠足球运动的身体美、运动美和精神美的了解，我们不仅能欣赏到精彩的比赛，还能从中学到团队合作、坚韧不拔等优秀品质，这些品质不仅适用于足球运动，也能对我们的学习和生活产生积极的影响。同时，我们也可以思考我国足球运动如何借鉴欧冠的经验，促进我国足球事业的发展。

四、民俗运动之美：绚丽多姿的体育盛宴

"蚂拐抓害虫"这一体育项目自2018年起被纳入广西少数民族传统体育运动会的竞技项目。该项目中的"蚂拐"一词，在广西方言中意指"青蛙"。在"蚂拐捉害虫"比赛中，运动员需要模仿青蛙的姿势，四肢着地，在赛道上以最快的速度跳跃前进。比赛要求运动员在跑道终点拾起象征"害虫"的物品，并用嘴叼回起点，以完成时间的长短来判定胜者。该项目展现了体育美学中的技术美、意志品质美和风格美。图2-5为在广西第十五届少数民族传统体育运动会"蚂拐捉害虫"比赛项目中一名运动员正奋力奔向"害虫"。

蚂拐捉害虫

"蚂拐捉害虫"比赛场景

图2-5 广西民运会"蚂拐捉害虫"比赛场景

1. 技术美

运动技术指的是能充分发挥人体机能，合理高效完成动作的方式。而运动技术之美，则体现在运动中人体机能得以自由且充分地发挥。在体育运动里，运动员运用合理有效的方法发挥机体能力，动作完成得越好，其审美价值也就越高。需要明确的是，这种美的姿势建立在合理、正确的技术动作基础之上，并且要符合竞技项目的运动规律和生物力学规律，违背这些规律，就谈不上技术，更无所谓美了。但只要依据规律并结合项目或运动员自身特点来创造技术，不仅能展现出独特的动作和姿态美，还常常能在竞赛中占据优势。

"蚂拐捉害虫"项目中，两腿深蹲能最大程度地发挥腿部大肌肉群的力量，使其在短时间内爆发出强大动力。这项运动的过程分为预备、起跳、腾空和落地四个紧密相连的阶段。

在预备阶段，运动员要两脚左右开立，稍比肩宽，脚尖朝前，两手置于大腿外侧，重心落于两臂之间，呈蹲撑姿势准备。这个动作以深蹲趴伏为主，是青蛙起跳的基本动作，动作越标准，就越能为下一阶段的有力起跳做好准备，同时也更具美感。

在起跳阶段，运动员的上下肢协调用力至关重要。双手像吸盘一样向后撑地，身体迅速前倒，前脚掌用力蹬地，使身体快速腾空前跃。在这个环节，双手向后撑地产生向前的反作用力，与蹬地的力量相结合，让身体在极短的时间内获得强大的动能，产生较快的位移速度，同时也展现出运动技术的美感。例如，一些优秀的运动员在起跳阶段能够迅速爆发，速度比普通选手快很多，这种速度与力量的结合就是技术美的体现。

在腾空阶段，运动员奋力蹬地起跳后，上体迅速前倒，两手如青蛙前肢般伸展前伸，同时含胸收腹，膝关节有力外展，脚背高高勾起。这个阶段的特点在于膝关节外展，运动员的力量得到充分释放，生动地还原了蚂拐在跳跃时腿部的肢体形态，充满力量与动感，极具观赏价值。

在落地阶段，运动员两手撑地，重心落于两手之间，腿部带动臀部向上抬起，膝关节高于髋关节，当身体与地面夹角为45°～60°时，大小腿外展折叠，收脚收腹，以前脚掌为主，膝关节为辅，依次着地缓冲，为下一跳做好准备。这一阶段和第一阶段相似，动作越标准，下一跳的起跳就越容易发力，美感也就越强。

2. 意志品质美

在"蚂拐捉害虫"项目中，运动员不仅要展现出高超的技术美，还需要具备强大的意志品质，以应对比赛中的各种挑战。意志是一种心理品质，它伴随着人的行动而表现出来。意志品质美就是在体育运动中所看到或体验到的努力要求与忍耐力要素的美。

人的行为总是有意识、有目的的行动，在体育运动中，良好的意志品质不可或缺，而人的社会属性决定了意志品质是运动美的重要因素。心理学家认为，意志在

没有外化到实际活动时仅是一种内部动机。人在行动前,首先在头脑中确定行动目的,制订行动计划,然后付诸实践。只有动机外化到外部活动,也就是在人的实践行动中,才能表现出人的意志品质美。在现代体育运动的激烈竞争中,运动员仅靠技术、战术、体能的较量是不够的,心理和意志品质的参与同样重要。

在"蚂拐捉害虫"的落地阶段,运动员需要两手快速撑地制动,手腕往往要承受极大压力,不少运动员在比赛中手腕会出现损伤情况。此外,膝关节着地缓冲时也容易对膝关节造成运动损伤。然而,即便面临手腕、膝关节受伤的情况,许多运动员依然凭借着惊人的毅力坚持参加比赛,忍受着剧痛,克服重重困难,努力完成动作,争取荣誉。比如在"蚂拐捉害虫"比赛中,曾有一位运动员在比赛过程中手腕受伤,但他没有退缩,而是咬紧牙关,调整动作,以顽强的意志坚持到了最后,这种坚韧不拔的精神就是意志品质美在体育运动中的充分体现。

意志品质美,不仅让旁观者心生钦佩并受到鼓舞,也能让运动员自己在克服困难的过程中获得成就感和满足感,正如萨迪所言:"忍耐虽然痛苦,果实却最甜美。"这种精神也激励着我们在生活和学习中面对困难时要勇敢坚持,不轻易放弃。

3. 风格美

民俗文化与体育项目之间紧密相连,少数民族传统体育更是其中的瑰宝。少数民族传统体育从产生到现在,一直按照传统的方式继承和发展,始终保留着传统健身和娱乐的特点,这正是其生命力所在。在长期的历史发展中,经过不断优化的少数民族传统体育项目,无论是活动规则、活动方式还是活动功效,都凝聚着人们长期积累、总结下来的实践经验。同时,这些体育项目与少数民族人们的生活、生产息息相关,是各民族内部一种共识的表现形式,不仅是少数民族人们日常主要的健身内容和节日活动内容,还兼具强大的精神纽带作用,能够增强群体意识和民族认同感、凝聚力。

"蚂拐"一词源于壮语,意为青蛙之意。自古以来,青蛙在壮族人民心中就是幸福、平安、祥和的象征。在广西的红水河流域,居住着壮族、瑶族、苗族等诸多少数民族,这些少数民族共同拥有一个盛大的节日——一年一度的蚂拐节。在蚂拐节上,最为热闹和隆重的活动当属蚂拐舞,它由一系列丰富多样的舞蹈组成,既有祭祀所用的祭祀性舞蹈,如"皮鼓舞""蚂拐出世舞""拜铜鼓舞"等;也有表现壮族人民耕作劳动与日常生活的观赏性舞蹈,如"耙田舞""纺纱织布舞""丰收祭拜蚂拐舞"等。舞蹈动作大多模仿蚂拐的动作与生活方式,表演生动形象,充满生活气息。2010年,蚂拐舞被列入广西壮族自治区非物质文化遗产保护名录。

以此为背景,自治区人民政府从保护和发展蚂拐舞的角度出发,将粗犷简拙的蚂拐舞与"更高、更快、更强"的奥林匹克精神相结合,创立了具有壮族特色的"蚂拐捉害虫"体育运动项目。蚂拐舞是一种集体性的民族传统舞蹈,来源于壮族人民的农耕劳作之中,是人们祭祀天地的形式之一。因此,蚂拐舞中既有传统祭祀的成分,又有民族文化因素，不仅反映了壮族人民的社会历史，而且还渗透着壮族人民自强不息的民族精神，显示出强大的民族自尊和民族凝聚力，表达了壮族人民对生活和谐的渴望之情。

"蚂拐捉害虫"与蚂拐舞一脉相承，它深深扎根于广西少数民族文化土壤，反映了广西少数民族的群体性格。在传承和发展过程中，该项目不断展现着广西少数民族独特的风格之美，让人们在欣赏和参与体育活动的同时也能感受到浓郁的民族文化氛围。我们应当珍视和传承这些少数民族传统体育项目，让其独特的风格美得以延续和发扬。

> 课堂审美活动 2-2

运用审美知识，填写体育审美赏析体验表

一、活动安排

时间：25 分钟。

参与人员：全体同学。

工具：准备好活动工具卡 2-2 和笔。

二、活动目标

1. 切实转变思维方式，熟练运用体育美育知识，从身体美、运动美、精神美、环境美等维度精准分析不同体育审美对象，准确发现并表达其中的美。

2. 培养观察、分析与批判性思维，从多角度挖掘体育审美对象独特之处，提升审美鉴赏水平。

3. 促进交流合作，增强团队协作意识。通过小组讨论分享倾听他人观点，拓宽思维视野，提高沟通表达能力。

4. 结合职业教育特点，思考体育美在体育教育、健身教练等职业领域的应用体现，培养将体育审美与职业发展相联系的意识和能力。

三、活动步骤

1. 分组：自行组成 5～8 人的小组，尽量与不同专业同学合作，从多学科视角分析体育审美对象，如体育专业从运动知识角度分析、艺术设计专业从视觉审美角度分析等。

2. 复习回顾：小组成员共同复习体育美的类型（身体美、运动美、精神美、环境美），回顾审美赏析的分析方法和思路，为活动做准备。

3. 选择与分析：从"奥运人文之美""女排精神之美""欧冠激情之美""民俗运动之美"中选一个审美对象，将审美发现填入"活动工具卡 2-2"。

4. 小组展示：组长上台展示成果，阐述选择原因、分析内容及思考收获。展示时鼓励互动交流，回答提问，分享不同视角观点。

5. 教师点评总结：教师从内容准确性、全面性、独特性，分析深度逻辑性，展示表达流畅性，团队协作等方面点评。肯定优点和创新之处，指出不足并提出建议。总结对体育审美的理解发现，强化知识掌握运用，引导在学习、生活和职业中关注欣赏体育之美，与专业技能结合。

活动工具卡 2-2

体育审美赏析体验表

美的类型	美的释义	美的发现（请结合所选审美对象，详细描述该体育项目在相应美的类型方面的具体体现）
身体美	身体美是通过体育锻炼获得生理和心理上的良好体验，并通过身体的外在形态展现出来的一种美感，它涵盖了体态美、素质美和健康美	
运动美	运动美是指在体育运动过程中所展现的动态美，分为技术美、战略战术美、风格美和规则美	
精神美	体育精神是体育运动中所蕴含的对人的发展具有启迪和影响作用的有价值的思想作风和意识，体育精神美分为崇高美、意志品质美、道德美	
环境美	环境美在体育中涉及赛事的举办环境和观赛氛围，包括运动场馆的设计，体育设施、运动服饰、体育器材、赛事的整体布局	

审美创造：相聚运动会，沉浸体育美

运动是活力的彰显，更是美的绽放。体育美育，把体育化作独特审美体验，让我们于体育活动中领略身体、运动、精神与环境之美，激发运动热情，厚植体育精神，实现自我超越。学校运动会是体育美育的理想平台。请2～3名同专业同学自由组建学习小组，共同参与本校运动会的一个体育项目。运用体育审美方法主动发现体育之美，用心欣赏其魅力，在运动中遇见更好的自己。

一、活动主题

相聚运动会，沉浸体育美。

二、活动目标

1. 沉浸于所参与的运动项目，精准感知并理解体育之美，显著提升自身的审美鉴赏能力。

2. 切实体验体育精神内涵，诸如顽强拼搏、团结协作、公平竞争等。通过体验培养爱国情怀、集体主义精神和社会责任感，进而践行社会主义核心价值观。

3. 增强团队协作能力、沟通表达能力和创新思维能力，促进人格的完善与全面发展。

4. 熟练运用体育审美方法分析体育现象，加深对体育项目的理解，提升综合素养。

三、活动途径

	审美创造途径	
第一步	发现美：活动前准备	复习体育审美理论，同时用手机或计算机查阅资料，例如本校运动会的历史、体育项目、体育规则等。此外，要特别注意做好赛前的安全准备工作，包括充分的热身运动，了解所参加运动项目的安全注意事项，确保在活动过程中的人身安全
第二步	欣赏美：浸润探索发现	由相同专业的2～3名同学自由组建一个学习小组，共同参加本校运动会的一个体育项目。置身于体育运动之中，全身心融入运动过程，从体育动作的规范与流畅、运动员的体能与技巧展示、团队之间的配合默契程度等多个体育相关角度感悟体育之美。在活动过程中，仔细观察并思考体育项目中所体现的身体美、运动美、精神美和环境美
第三步	创造美：表达感悟体验	结合体育之美理论，将感悟到的体育之美进行凝练、提升、总结。运用所学的体育动作分析方法，比如分析运动员的起跑姿势、跑步时的摆臂动作、跳跃时的身体协调性等，来评价运动美；从团队成员在比赛中的相互鼓励、共同拼搏等方面理解体育精神美。将通过学习而形成的正确的审美观转化为图文并茂的PPT，分享给大家

四、活动成果

1. 记录与分享：在欣赏美的环节，组员调动敏锐的观察力与细腻的感知力，捕捉体育中的美学元素，用心灵体会，以优美且具感染力的文字将身体美、运动美、精神美、环境美等感悟记录于"活动工具卡2-3"。记录后，组长组织"头脑风暴"，整合成员观点与成果，推选代表上台，向全班展示小组感悟的体育之美，详述运用体育审美方法的分析过程与结论。

2. PPT制作与展示：课后，小组制作不少于10页的PPT，需要图文并茂、内容全面。涵盖所参与体育项目介绍（起源、规则、特点）、成员分工、体育之美分析（身体、运动、精神美等）、成员收获体会（对体育精神的新认识、个人能力提升），并结合社会主义核心价值观探讨体育美育的意义。

3. 评价标准：小组推选汇报人进行课堂分享，从内容准确性、分析深度、团队协作、表达流畅性等方面评价PPT展示和汇报，确保活动达到预期效果，促进同学相互学习、共同进步。

活动工具卡 2-3

记录自己体验感悟到的体育之美
参加的体育项目名称：
1. 该项目中哪些身体动作让你感受到了身体美？（可从力量、柔韧、协调等方面描述）
2. 运动过程中的哪些瞬间让你体会到了运动美？（如动作的连贯性、节奏感、技巧性等方面）
3. 团队协作或个人表现中哪些方面体现了精神美？（如拼搏精神、团队合作精神、尊重对手等）
4. 周围的环境对你的运动体验产生了怎样的影响？你从中感受到了哪些环境美？
5. 体验感悟：

项目三

建筑之美：
真善美的"和声"

知识目标

1. 深入了解各类建筑的美学特征及其所承载的社会美育功能，包括但不限于在文化传承、社会凝聚、审美教育等方面的作用。
2. 认识和掌握建筑的节奏韵律美、文化符号美、思想情感美等基本原理，理解这些原理在不同风格建筑中的具体体现。

素养目标

1. 培养对古今中外不同风格建筑的敏锐感知能力，能够准确分析建筑作品的美学价值，从而显著提升建筑审美素养。
2. 运用马克思主义美学中关于人与自然、社会关系的观点，从建筑与环境、历史发展、社会需求的联系角度，以发展的眼光看待建筑风格的演变，全面评价建筑美对人们生活方式、文化氛围等方面产生的影响。

技能目标

学会运用比较分析、案例研究等方法，从建筑的形式、功能、历史背景等不同角度，对古今中外各类建筑物进行深入、系统的审美分析，能够撰写有一定深度和见解的建筑审美批评。

艺术与科学相连的亲属关系能提高两者的地位；科学能够给美提供主要的依据是科学的光荣；美能够把最高的结构建筑在真理之上是美的光荣。

——（[法]丹纳《艺术哲学》）

除了显露结构和满足需要外，建筑还有别的意义和别的目的（此处"需要"指的是功能、舒适、合乎实际的安排）。建筑，这是最高的艺术，它达到了柏拉图式的崇高、数学的规律、哲学的思想、由动情的协调产生的和谐之感。这才是建筑的目的。

——（[法]勒·柯布西埃《走向新建筑》）

审美导入：天下宫殿巍巍紫禁城

建筑与美有着千丝万缕的紧密联系。在美的形态中，建筑是一种以实体和空间为主导的特殊存在。而在建筑形态里，美则具体体现为一种"有意味的形态"。建筑为美赋予了外在的物质形态，美则给予建筑内在的精神韵味。

故宫的建筑布局

建筑美兼具精神性和物质性。一方面，建筑美作为美的特殊形态，基于人的感觉和思维来体验，不同的人对建筑会有不同的理解和感受，这是其形而上的精神性体现；另一方面，建筑作为人类生活生产的空间，像住宅、酒店、宫殿等，满足了人们的物质需求，具有形而下的物质性。这种精神性与物质性让建筑美呈现出多元丰富的特点。

在众多承载着建筑美的实例中，紫禁城无疑是中国古代建筑的杰出代表，淋漓尽致地展现了建筑美的丰富内涵。2020年，正值紫禁城建成600周年，故宫博物院以紫禁城古建筑的营缮与保护为主题推出"丹宸永固——紫禁城建成六百年"展览。通过展览，人们深入了解到紫禁城的规划、布局、建筑构造以及昔日的宫廷生活，感受到宫殿建筑技术与艺术完美融合的魅力，领略到中华优秀传统文化的深厚底蕴。

历经600多年的传承，紫禁城始终秉持"天人之际""礼乐复合"的中国审美风范，既呈现出强烈的民族融合特色，又蕴含着西学东渐的文化特质，是"有容乃大"文化情怀的生动写照，堪称中国古建筑史的"大成之城"。

对于我们接受职业教育的同学来说，紫禁城的建筑美有着独特的价值。比如对于建筑专业的同学，紫禁城精妙的建筑工艺和结构设计值得深入研究；对于文化艺术相关专业的同学，其美学价值和文化传承意义有着丰富的探索空间。那么，紫禁城的哪些建筑元素体现了民族融合特色？从职业角度看，紫禁城的建筑美能为我们的专业学习带来哪些启示？让我们带着这些问题，开启对建筑之美的探索之旅。图3-1为夕阳余晖中故宫神武门与绚丽晚霞相映成趣。

图 3-1　夕阳余晖下的故宫神武门

原理解读：空间的艺术与凝神观照

建筑不只是供人使用的空间结构，更是人类文明与文化的展现。它借助外在的韵律、视觉效果、色彩、质感的比例搭配传递出独特的气质与美感。建筑的审美价值不单单在于它的基本功能，还被赋予了象征意义，以及社会、人文和历史方面的内涵。比如故宫、北京大兴国际机场、经略台真武阁等建筑就彰显了它们所处时代的审美品位、价值观念、政治制度，因而拥有独特的气质与美感。图 3-2 为建筑之美的原理导图。

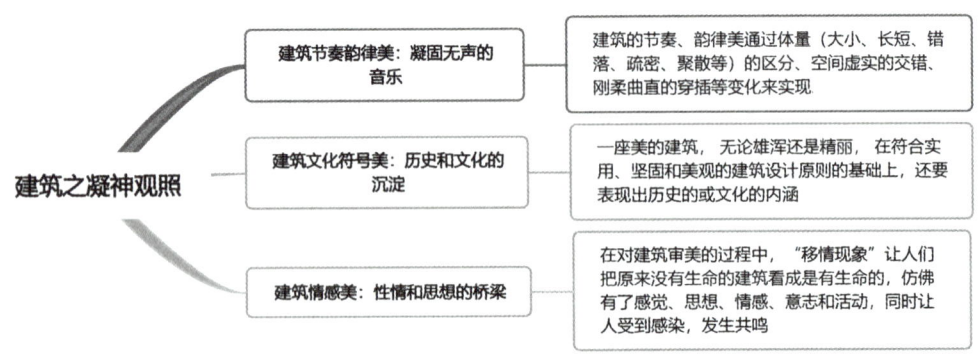

图 3-2　原理导图

一、建筑节奏韵律美：凝固无声的音乐

著名建筑学家梁思成说过："差不多所有的建筑物，无论是在水平方向上或垂直方向上，都有它的节奏和韵律。"在建筑设计中，各个形式要素需要进行组合，而节奏与韵律就是其中重要的组合方式。通过这种方式，能够让建筑的形式和空间产生"律动"效果，从而展现出不同的建筑风格。

建筑的节奏、韵律美，是通过体量（如聚散、错落、大小、长短、疏密等方面）的变化、空间虚实的交错、刚柔曲直的穿插来实现的。常见的有连续、起伏、渐变、交错等基本韵律以及复合韵律手法。这不仅包括点、线、面等几何形式，还涵盖了色彩、材质、光线等元素。设计者合理运用点、线、面这些几何形式，遵循主从与重点（即确定主要部分和重点部分，使建筑有核心和层次）、对比与微差（通过对比突出差异，微差体现和谐）、均衡与稳定（保证建筑在视觉和心理上的平衡）、比例与尺度（使各部分比例协调，符合人体尺度需求）、虚实与层次（利用虚实对比营造空间感和深度）等基本规律，让建筑成为变化与统一的整体。❶

人们在欣赏建筑时，往往不带直接的个人功利目的，而是更专注于建筑（群）各部分之间的连续、起伏、交错等关系，感受其中的节奏与韵律。也正因如此，有人把建筑美比作凝固的、无声的音乐。比如故宫，以规整的矩形为基本构成元素，借助强烈的中轴线来组织形体和空间，产生严谨有序的节奏变化，彰显出宏伟、庄重的气质；徽州的民居，以层叠的马头墙为特色元素，通过多个水平方向的节奏变化展现出宁静、田园般的美感。再如，澳大利亚建筑事务所Iyons设计的John Curtain医学研究院，背面采用数字成型的混凝土板，通过连续排列营造出节奏和韵律感；中国工程院外籍院士贝聿铭设计的美国达拉斯音乐厅，玻璃分割线随着弧形顶连续变化，形成起伏的韵律；拉脱维亚Liesma酒店运用木结构的垂直线条，通过参数变化设计，赋予建筑起伏的外形，带来强烈的节奏感，如同音乐般流畅动人；苏格兰阿伯丁大学图书馆和北京马赛克大厦的外立面设计，则运用交错韵律，呈现出变幻多样的效果。❷

二、建筑文化符号美：历史和文化的沉淀

前面我们了解了建筑的节奏韵律美，其实建筑之美还体现在它所蕴含的丰富文化内涵上。一座美观的建筑，在满足实用、坚固和美观这些基本设计原则的基础上，还应该展现出其独特的历史或文化内涵。具体来说，我们可以从形式与布局、装饰元素、环境融合等方面去发现建筑的文化符号美。

形式与布局：建筑的形式和布局，往往反映了特定文化背景下的审美观念和社会价值观。例如，徽派建筑注重"人文""环境""气韵"这三大特点，采用对称布局，

---

❶ 王益. 建筑与美[M]. 合肥：合肥工业大学出版社，2014：309.
❷ 王益. 建筑与美[M]. 合肥：合肥工业大学出版社，2014：306，309.

搭配马头墙、梯田式屋顶等建筑结构，再加上木雕、砖雕、石雕等装饰风格，充分展现出浓厚的地方特色和文化底蕴。而哥特式建筑，以其高耸瘦削的外形为显著特征，其中的尖塔、飞扶壁等元素深刻体现了基督教文化中对天堂的向往和神圣感，具有鲜明的宗教文化属性。

装饰元素：建筑的装饰元素，如雕刻、彩绘、镶嵌等，不仅能让建筑的外观更具美感，更赋予了建筑"美的灵魂"。这些装饰元素常常生动地体现了建筑的思想内涵和社会精神，涉及社会伦理、宗教、文学、戏曲、绘画等多个领域，充分展现了建筑所蕴含的多元文化和深厚的人文精神。

环境融合：建筑与周围环境的关系也是体现文化符号美的重要方面。一个成功的建筑作品，应该与周边环境和谐共生，既体现出对自然环境的尊重，也反映了人类对美好生活的追求。比如河北雄安新区的建筑，在借鉴国内外优秀案例的基础上，与自然环境完美融合，既有中国古典建筑的神韵，又充满现代气息。

三、建筑情感美：性情和思想的桥梁

"移情说"是心理学美学流派中很有代表性的一种理论。所谓"移情现象"，就是一种"外射"作用，也就是把我们的情感投射到事物上，使事物仿佛具有了我们赋予的属性，达到物我合一的境界。在欣赏建筑的过程中，"移情现象"会让我们觉得原本没有生命的建筑好像有了生命，仿佛具备了感觉、思想、情感、意志和活动，同时也能让我们受到感染，产生共鸣。比如，当我们看到高大、耸立的建筑物时，常常会不由自主地产生一种向上、振奋的情绪；而面对建筑上修长的水平线时，又能体会到宁静和轻松的愉悦。❶

建筑的情感美，通过装饰题材和空间布局、审美意蕴等方面得以体现，这让建筑不再只是生活的场所，更成为了情感的寄托和文化的象征。

建筑通过其装饰题材和空间布局能够传达出特定的情感和意境。例如，苏州拙政园西园部分的"鸳鸯厅"，对内梁架构采用不同的装饰方法，运用不同的装饰题材，将大厅空间分隔成北南"一阴一阳"两个不同的意向空间，以"鸳鸯"来寓意大厅空间的和谐美好，这种设计不仅美观，还蕴含着深厚的文化意义和情感价值。❷

审美意蕴是建筑情感美的重要体现。建筑作为美的一种表现形式，反映着时代精神，体现着风土人情，回应着社会现象，具有鲜明的时代性和民族性。建筑的审美意蕴主要体现在整体感受上，包括形态美、比例美、色彩美、材料美、空间美、功能美等多个方面。比如延安的大量红色建筑，是中国共产党人在战时根据地艰苦条件下智慧、意志、思想和情感等内在力量的外在体现，它们扎根于传统乡土建筑文化，在中西方文化的碰撞中形成和发展，是饱含革命记忆的珍贵资源。

---

❶ 杨辛，甘霖. 美学原理新编 [M]. 北京：北京大学出版社，2014：344.
❷ 鲁晨海. 论中国古代建筑装饰题材及其文化意义 [J]. 同济大学学报（社会科学版），2012，23（1）：27-36.

> 课堂审美活动 3-1

谈谈自己对"建筑美"的认识

一、活动安排

时间：25 分钟。

参与人员：全体同学。

工具：准备好活动工具卡 3-1 和笔。

二、活动目标

1. 深入理解"建筑美"的概念和内涵，准确把握建筑节奏韵律美、文化符号美、情感美等原理在实际建筑中的体现。

2. 运用建筑美原理分析建筑，从不同角度（如形式、功能、文化、情感等）审视"建筑美"，提升审美鉴赏和批判性思维能力。

3. 促进学生之间的交流与合作，增强团队协作能力。通过小组讨论和汇报学会倾听他人观点，清晰阐述自己的观点，拓宽对建筑美的认知视野。

4. 建立"建筑美"与职业发展的联系，理解建筑美原理在建筑设计、装饰等职业领域的应用，为未来从事相关职业奠定理论和审美基础。

三、活动步骤

1. 分组：自行组成学习小组，每组 5～8 人。建议不同专业背景（如建筑室内设计、机电工程、艺术设计等）的同学组合在一起，以便从多学科视角探讨"建筑美"，实现知识和思维的互补。

2. 复习回顾：小组成员共同复习建筑美的原理（建筑节奏韵律美、建筑文化符号美、建筑情感美）。

3. 小组讨论与记录：各小组依据复习的原理展开深入讨论。思考以下引导性问题："在你所了解的建筑中，哪些体现了明显的节奏韵律美？是通过怎样的设计手法实现的？""不同文化背景的建筑在文化符号美上有哪些差异？这些差异反映了怎样的文化内涵？""当你欣赏某一建筑时是否产生了'移情现象'？建筑的哪些方面让你有这样的感受？""从职业角度看，如何运用建筑美的原理提升建筑项目的品质和价值？"每位组员积极发言，分享自己对"建筑美"的理解，并结合具体建筑案例说明。将这些理解和讨论中的重要观点记录在"活动工具卡 3-1"上。

4. 小组汇报：各小组组长向全班汇报小组对"建筑美"的理解。汇报内容应包括小组讨论的主要观点、结合建筑美原理对具体建筑案例的分析、对"建筑美"与职业发展关系的思考，以及讨论过程中的收获和体会。汇报时要逻辑清晰、重点突出，准确传达小组的讨论成果。

四、评价标准

对于小组汇报，将从下述几个方面进行评价。

1. 内容准确性：对建筑美原理的理解和运用是否准确，观点是否有充分的依据，对具体建筑案例的分析是否符合原理。

2. 独特性：小组的观点是否具有新颖性和独特性，能否从不同角度结合建筑美原理看待"建筑美"，提出创新性的见解。

3. 逻辑性：汇报内容的逻辑是否清晰，观点之间的衔接是否自然合理，论证过程是否严谨。

4. 表达流畅性：组长的表达是否清晰、流畅，能否准确传达小组的观点和想法，语言组织和专业术语的运用是否恰当。

5. 团队协作：观察小组在活动过程中的协作情况，包括成员的参与度、意见交流的充分性、是否尊重并整合了不同观点等。

活动工具卡 3-1

一起畅谈"建筑之美"
1. 结合建筑美原理举例说明某一建筑的节奏韵律美是如何体现的？
2. 从文化符号美的角度分析不同文化背景下建筑的差异及文化内涵。
3. 描述一个让你产生"移情现象"的建筑，说明是建筑的哪些方面引发了你的情感共鸣。
4. 结合所学专业谈谈如何在未来职业中运用建筑美原理提升工作成果。
5. 在小组讨论中你获得的新启发和收获是什么？

审美赏析：凝固的音乐与人类文明的见证

建筑是人类文明的见证，每一座独特的建筑都蕴含着丰富的审美内涵。下面让我们来一同赏析几座具有代表性的建筑，感受它们的魅力。

一、经略台真武阁：柱脚悬空不落地的"天南奇观"

广西容县经略台真武阁因现代诗人钟松志的题咏被人知晓，但其审美内涵远不止于此。真武阁以其独特的悬空脚建筑方式、穿斗式木构梁架体系（一种以柱直接承檩，不用梁，每排柱子靠穿透柱身的穿枋横向贯穿起来，形成一榀榀的框架的木结构体系）、秀美的艺术构造成为中国南方十大名楼之一。它的美，可以从节奏韵律、文化符号和情感等多个方面来欣赏。图 3-3 为真武阁。

天南杰构——奇楼真武阁

图 3-3 真武阁

（一）真武阁节奏韵律之美

1. 建筑材料的质地美

经略台真武阁采用的建筑材料是格木，格木与黄花梨、紫檀、鸡翅木并称为中国古代四大名木。它材质坚硬，纹理细致，耐水耐腐，干燥后不易收缩变形，是古代优质的建筑用材。格木在使用之初呈黄色或红褐色，随着时间的推移逐渐变为黑色，这使得经略台真武阁展现出厚重、拙朴的生态之美。

2. 建筑视觉的色彩美

在我国古代，绿色寓意水，黄红色寓意火。真武大帝被民间尊为"水神"，经略台真武阁的琉璃瓦为绿色，象征着真武大帝；瓦板呈黄红色，暗示当地曾常有火灾发生。这种绿色与黄红色的搭配，不仅呈现出丰富的文化内涵，更体现了人们期望借助真武大帝的神力消除火灾、祈求吉祥平安的美好愿望。

3. 建筑结构的交错美

经略台真武阁的功能设计彰显了精湛的工艺。整个阁楼采用杠杆式纯木结构，使用近3000条格木构件，通过凿榫卯眼、斜榫、穿直套的方式，依据杠杆结构原理，巧妙地将各个构件串联、吻合，相互扶持、制约，形成了既优美又稳固的整体结构。其中，二楼的4根大内柱尤为引人注目，它们虽承受着上层楼板、梁架、配柱、阁瓦和脊饰的沉重负荷，但柱脚却悬空离地3厘米，这一"杠杆原理"下的悬柱奇观是整个结构设计中最为精巧奇特的部分。

（二）真武阁文化符号之美

1. "道"思之美

明朝万历元年（1573年），真武阁在古经略台上建成。400多年来，它先后经历5次地震、十几次大风雹，却依然岿然不动。道家哲学认为"重为轻根，静为躁君"，即通过静态的结构设计在动态环境中保持稳定。经略台真武阁二楼的4根大柱子承受着上层楼板、梁、柱和屋瓦的巨大重量，柱脚却悬空不落地，且全阁不用一颗钉，采用榫卯结构，以杠杆原理串联吻合，使地震力在未传至之前就自行消失，深刻体现了道家哲学之美。

2. 纹饰之美

中华先民崇尚"天人合一"，追求与自然和谐共处，常将当时流行的纹饰雕刻于建筑物上。经略台真武阁的正脊、角檐上雕刻着带有缠枝和鸟兽形象的夔龙纹（传统龙纹的一种，头部有角，形态威严，身体呈S形曲折蜿蜒，尾部上卷，兼具力量感与灵动美），琉璃瓦片装饰着菊花纹，正脊和门亭上铸有龙头鱼身的神兽鸱吻，阁内上梁雕刻有卷云纹。这些纹饰带我们回溯历史，领略明朝万历元年的审美风尚。

3. 造型之美

经略台真武阁为上小下大的三层楼阁，采用歇山顶，出檐深远。阁身虽不大，但每层檐都挑得比一般楼阁更远（底层1.5米，二层2.1米，三层1.75米），且三层各有变化。底层用极繁复的如意斗拱（一种中国传统建筑中特有的构件，由斗、拱、翘、昂、升等部件组成，用于承托屋檐、传递荷载等）出挑；二层由华拱三跳组成，逐级出挑；三层斗拱四跳，第一跳是华拱，以上三跳是假昂。瓦面逐层收拢，造型轻盈挺拔、典雅秀美。其外貌和空间布局尽显飘逸的"仙风"，构架也体现出清奇的"道骨"，堪称"仙风道骨"，展现了道家风姿神韵的超俗之美。❶

（三）真武阁情感之美

1. "道"情之美

经略台真武阁的布局遵循《周易》八卦和阴阳五行的准则，以子午线为中轴，坐北朝南，讲究对称，两侧日东月西，是典型的道家建筑。真武阁没有别致图案的

---

❶ 梁达华. 广西容县真武阁的道教文化探析 [J]. 玉林师范学院学报，2016，37（4）：33-39，48.

门窗，没有鲜艳彩画的额枋、高贵的烫金和争奇斗势的雕镂，但现存的脊饰丰富多彩且寓意深刻。真武阁正脊正中设琉璃宝瓶，宝瓶外缘有"定火珠"，用以镇邪避火。定火珠两端置琉璃鳌鱼、玉兔，最外端陶砖砌成万字曲水形状。工匠们通过这些脊饰展示美，让游客在阁内感受到道家与道教吉祥如意、延年益寿、镇邪守护的审美思想和价值观念。

2. 意境之美

经略台平面呈"凸"字形，四周用砖石砌筑，中间夯土，坚实稳固。周围绿树成荫、古树参天，与真武阁相映成趣，营造出如诗如画的意境。真武阁建于经略台上，卓然独立，朝迎旭日，暮招明月，聚四方之气，迎八方之神。登阁远眺，锦江沿岸景致尽收眼底，远处都峤山层峦叠嶂，争奇竞秀；近处绣江龙潭，青山环抱，绿水映照，景色秀美。人们置身其中，怡情悦性、赏心悦目的愉悦感油然而生。

3. 隐喻之美

经略台真武阁的正脊和角檐上铸有夔龙纹，这种纹饰使真武阁更具历史感和文化内涵。琉璃瓦片上的菊花纹饰，传达了对自然、生命的敬意，体现了人们对长寿、健康和吉祥的向往。正脊和门亭上的鸱吻纹饰，不仅美观，更寓意着防火、辟邪、平安。阁梁上的卷云纹饰以"W"和"á"的基本线形，形态圆润流畅，与建筑整体风格相得益彰，展现了古代匠人高超的艺术技巧和对自然的深刻理解。

二、客家围屋建筑：世界上最璀璨的民居建筑奇葩

建筑是凝固的历史，承载着丰富的文化内涵。客家围屋作为中国传统民居的瑰宝，始建于唐宋，兴盛于明清，融合了中原古朴遗风和南方文化的地域特色，成为中国五大传统民居之一。在客家人聚居之处，如香港，广东的深圳、惠州、河源、梅州、韶关，江西

江西龙南客家围屋

的赣州，福建的龙岩、三明，广西的贺州、玉林等地及国内外其他客家人聚居地，都能见到围屋的独特身影。围屋将建筑与历史相融合，风格与民俗共辉映，技术功能臻于完善，展现出无穷的美感与魅力。图3-4为形似客家围屋（圆形围楼）的广西三江"侗乡鸟巢"。

（一）客家围屋节奏韵律之美

1. 排列之美

江西省龙南市的关西新围，素有"东方的古罗马城堡"之美誉。它巧妙地将围屋、炮楼、赣派建筑和江南园林的特色融为一体。围屋的四角矗立着高大的"炮角楼"，犹如忠诚的卫士守护着家园。主体建筑分为五组有序排列，前后布局为三进，其间分布着14个天井，形成了独特的空间层次。正中间的祠堂，是家族祭祀和重要活动的核心场所，对称分布的18个厅俗称"九幢十八厅"，体现了严格的家族等级秩序和居住规划。围屋内设有二层小阁楼与100多间房屋，结构严谨，通道如同

脉络一般贯穿了各列建筑，使得整个围屋既相对独立又紧密相连。从建筑美学角度看，这种有序的排列方式，如同音乐中的节奏节拍，规整而富有韵律，给人一种秩序井然的美感。

广西三江
"侗乡鸟巢"

图 3-4　形似客家围屋（圆形围楼）的广西三江"侗乡鸟巢"

再看贺州市莲塘镇仁冲村的大江屋客家方形围屋，其规模宏大壮观，以成排成列的阵势聚合在一起。远远望去，那整齐排列的围屋就像偌大的立体方形阵图，巍峨地伫立于山间。围屋高耸，仿佛可与天际相接，其气势磅礴，似能吞纳天地气象，厚重的墙体仿佛承载着万物的重量。这种排列方式不仅展现出一种庄严肃穆的风格，更体现了古人对自然的敬畏之情。同时，围屋的布局蕴含着天圆地方的古老理念，无论是外墙的直线轮廓，还是石门的方正造型，都在无声地律动着围屋强烈的节奏感，让人们在欣赏其外观时能感受到一种古朴而雄浑的韵律美。

2. 起伏之美

关西新围的百余间建筑通过巧妙的重复再造每个房间，形成了一定的规模和独特的韵律感。当人们沿着围屋内特定的路线连续行进时，仿佛置身于一个充满变化的空间乐章之中。一方面，能感受到空间在和谐一致中的延续性，每一个房间、每一条通道都像是乐章中的音符，有序地排列着；另一方面，又充满了空间的变化、深度和实感。逐一展开的空间时而高耸，时而低矮，时而开阔，时而狭窄，形成了时起时伏、时抑时扬的节奏感。

其中，正中堂屋、二层小阁楼和四角碉楼与其他建筑形成了鲜明的对比，它们在高度、形状和体量上的差异成为这个空间旋律中的高潮部分。这种对比不仅丰富了围屋的空间层次，更与人们的情绪产生了强烈的共鸣。当人们走进高大开阔的正中堂屋时，会感受到一种庄严和肃穆；而置身于二层小阁楼时，又能体验到一种居高临下的独特视角和静谧氛围。这些空间的起伏变化，如同音乐中的旋律转折，带

给人们丰富而深刻的美感体验。❶

（二）客家围屋文化符号之美

1. 门榜楹联之美

客家围屋的围式造型追根溯源来源于魏晋时期的围堡式建筑，在当时主要用于抵御外敌的侵扰，具有很强的防御功能。随着时间的推移，围屋内部逐渐形成了中轴对称的布局，这一特点充分体现了中原传统民居的深厚底蕴。

深圳客家围屋至今仍完好地保留着门榜和楹联等独特习俗，这无疑是客家文化的一大鲜明特色。门榜，就相当于一本微型族谱，它承载着客家人对家族渊源和传承的重视，是客家人传承中原文化的生动产物。以深圳保存最完整、最具代表性的客家围屋之一——鹤湖新居为例，厅堂大门上方醒目的匾额书写着"大夫第"三字，这是当年御赐给罗氏第三代罗兆雄的门榜。"大夫第"这三个字，不仅彰显了罗氏家族曾经的地位尊荣，盛极一时，更成为家族荣耀的象征，激励着后人不断进取。

而牌楼所书"聚族於斯"四字，虽然简短，但内涵却极为深远。它生动地体现了客家人追根溯源的强烈意识，以及他们一路南下，历经艰辛，最终在此聚居繁衍的奋斗历程。门榜和楹联上的文字，不仅具有文学艺术价值，更是客家文化传承的重要载体，它们见证了家族的兴衰变迁，也传递着客家人对传统文化的坚守和弘扬。

2. 礼仪文化之美

客家先民原本生活在中原地区，由于种种历史原因，逐渐迁移到岭南走廊聚居。因此，客家文化本质上是以中原汉文化为主体的移民文化。离开故土的客家人，内心深处有着强烈的寻根意识与乡土意识，这种情感深深融入到了他们的生活和建筑之中。

在贺州客家围屋中我们可以看到，在中轴线的制高点会精心设立一个祭祀祖先的祠堂。祠堂，不仅是一个建筑空间，更是家族精神的核心所在。它用于祭祖敬宗，通过这种庄重的仪式让家族成员追思祖先的功绩和美德，认清自己的家族根源，从而寻根问祖，延续家族文化的传承。这种对祖先的敬重和对家族文化的传承意识体现了客家人重视家族伦理和传统文化的价值观。

此外，深圳客家围屋还会专门设置"学堂"，供子弟读书学习。在客家人的观念中，教育是培养人才、光宗耀祖的重要途径。通过设立学堂，保证子弟能够接受良好的教育，明理出仕，建功立业，从而实现家族的繁荣和发展。走进围屋，那古色古香的学堂，仿佛还能听到当年学子们的朗朗读书声，让人不难感受到客家人重教崇文、尊师重教的浓厚书香文化氛围，以及他们对知识和文化的尊崇。

（三）客家围屋情感之美

1. 寓意之美

雕刻艺术作为围屋的主要装饰手段，犹如一座跨越时空的桥梁，将古代工匠的审美追求和审美理想传递到当代，引发人们无限的遐思和情感共鸣。在贺州客家围

---

❶ 张春华. 客家围龙屋的空间美 [J]. 装饰，2005（7）：44-44.

屋的雕刻作品中，我们可以看到大量精美的鸟兽、花卉、几何图形和钱币的图案。这些图案虽然没有复杂的故事情节，但每一个细节都蕴含着客家人内心深处的诉求和美好愿望。

例如，当后人看到围屋的窗和门上雕刻着栩栩如生的喜鹊站在枝头的图案时，自然会联想到"喜鹊登枝"的美好寓意，感受到客家人希望喜事连连、家庭和睦、人丁兴旺的殷切期望。"卍"符号，在围屋的梁和檐柱上常常以回纹的形式出现，它代表着吉祥如意、和谐永恒。看到这些雕刻，人们能深刻感受到客家人对家庭幸福、生活美满的向往，以及对家和万事兴的不懈追求。

厅堂的门扇下半部分雕刻着挺拔的竹子，竹子在中国文化中一直是"气节"的象征。客家人通过雕刻竹子表达了他们不畏生活中的"颠沛流离"，始终保持"勤劳勇敢、人定胜天"的高尚气节和精神品质。围屋的祠堂和窗上雕刻着蝙蝠、梅花鹿、仙鹤和喜鹊4种动物，它们分别象征着"福、禄、寿、喜"。这些雕刻作品是古代工匠们向后人传递客家人对美好生活的祈愿和憧憬的载体，让后人在欣赏雕刻艺术的同时能够走进客家人的内心世界，感受他们对幸福生活的向往和追求。

2. 中和之美

以赣南客家围屋中的龙南"关西新围"为例，它有着"散落在民间的皇宫"之美誉，整体建筑风格借鉴了紫禁宫廷风格，布局严谨精妙，展现出一种庄重而典雅的气质。

关西新围的布局以南北子午线为中轴对称，整体呈现出向心性的特点。按照宗祖礼制，在中轴线的左右两侧，会根据宗族成员的地位或长幼，分别安排不同等级的厅堂。地位高者，如家族中的长辈或有重要地位的人，居住在中心地带，享受着更为优越的居住条件和空间布局；而地位一般的家族成员则居住在外围；边缘地带则是务工人员及雇佣守护的外姓人居住的地方。

这种对称的布局方式，不仅在形式上给人一种规整、和谐的美感，更体现了一种深沉的美学追求。它符合中国传统的"制礼作乐"的审美标准，追求中和、平易和含蓄的境界。在这种布局中，人们可以感受到一种秩序和平衡，家族成员之间的关系也在这种空间布局中得到了体现和强化。同时，这种对称美也反映了客家人对传统文化的尊重和传承，以及他们对和谐、稳定生活的向往和追求。❶

三、大兴国际机场：展翅欲飞的金凤凰

在当今时代，机场不仅是城市交通的重要枢纽，更是衡量现代大都市发展程度的一个显著外在标志，以及体现城市公共服务基础设施水平的重要象征。随着城市发展进入美学时代，全球许多富有魅力的城市和机场都凭借独特的设计和文化内涵给人们留下了深刻

《延时·中国》
大兴机场

---

❶ 闫俊文，刘庭风. 多维视角下的赣南客家围屋美学内涵研析 [J]. 贵州民族研究，2014，35（8）：137-140.

的审美记忆,让人们能够强烈地感受到一座城市甚至一个国家的独特魅力。❶

北京大兴国际机场,作为献礼中华人民共和国成立70周年的国家标志性工程,其重要性不言而喻。它的建成不仅提升了中国航空运输的能力,更以其卓越的设计和丰富的文化内涵被英国《卫报》列为"新世界七大奇迹"之首。从空中俯瞰,北京大兴国际机场位于北京市大兴区与河北省廊坊市广阳区交界处,距离北京天安门46公里,恰好坐落于首都中轴线南端延长线上。那金色的机场航站楼在阳光的照耀下熠熠生辉,仿佛是一只即将展翅高飞的金凤凰,气势恢宏、寓意深远。而漫步机场内部,每一个角落都凝聚着设计师的心血和智慧,匠心独运的设计让人流连忘返,下面就让我们从多个角度来赏析它的美。图3-5为北京大兴国际机场。

北京大兴国际机场

图3-5 北京大兴国际机场

(一)大兴国际机场节奏韵律之美

1. 均衡之美

北京大兴国际机场采用了独特的中轴对称造型,这种设计不仅具有视觉上的美感,更体现了一种内在的秩序和平衡。航站楼由主楼和6条互成60°夹角的指廊组成,其中包括5条候机指廊和1条配套服务指廊。在这些指廊中,东南、中南、西南3条指廊长度均为411米,东北、西北两条指廊长度为298米。6条指廊以航站楼中心位置为出发点,向四周散射开来,形成了一个犹如凤凰展翅般的宏伟造型,气势恢宏、造型瑰丽。从空中俯瞰,整个机场与首都国际机场构成双枢纽,合称为"龙凤呈祥",寓意着吉祥和繁荣。

---

❶ 王中. 艺术塑造 人文机场——北京大兴国际机场公共艺术实践[J]. 美术研究,2020(3):58-63,94,95.

当人们站在航站楼的中心位置仰望天空时，会看到一个规模巨大的六边形天窗，这个天窗成为了整个航站楼屋顶的视觉焦点。整个航站楼的屋顶中心顶部由 1 个六边形天窗、8 个气泡窗、6 条条形天窗组成，它们以中线为对称轴，左右两侧严格相等，形成了完美的对称结构。这种对称的设计不仅使屋顶的造型更加美观，还能够保证光线的均匀分布，为候机大厅营造出明亮、舒适的环境。

在北京大兴国际机场候机厅内，五星红旗悬挂在正中位置，鲜艳夺目，象征着国家的尊严和荣耀。两侧的线条、结构优美对称，无论是天花板上的装饰线条，还是墙面的设计元素，都体现了对称的美感。这种对称布局不仅给人以视觉上的和谐感，更让旅客在候机过程中感受到一种稳定和安心的氛围，体现了机场设计在美学和功能上的完美结合。

2. 曲直之美

线是构成视觉艺术形象的一种基本的造型要素，在建筑设计中起着至关重要的作用。它既是形成建筑整体造型的轮廓线，决定了建筑的外观形态；也在建筑内部起到各种装饰或表现作用，影响着空间的氛围和质感。

在传统建筑中，由于设计理念和技术的限制，地面通常是平的，墙面大多是直的，窗户的形状也多为方正的，曲线的运用相对较少，整体风格看起来中规中矩。然而，北京大兴国际机场的设计却大胆突破了传统，内部空间几乎没有直线的存在，曲线肆意张扬，曲面自由弯曲，通过曲面的巧妙组合形成扭结，让空间在三个维度上紧密连通，展现出无与伦比的美感。

同时，设计师对线的粗细、长短、疏密进行了精心的组织和变化，从而取得了不同类型的韵律效果。在机场内部，一簇簇柔美流畅的黑白曲线相互交织，这些曲线不仅增加了机场内部空间的立体感和流动性，还产生了连续的节奏运动感。当旅客在机场内行走时，仿佛置身于一个流动的艺术空间中，这些曲线引导着人们的视线和行动路线，给人以飘逸、轻快的感觉，使整个机场充满了现代艺术的气息和活力。

（二）大兴国际机场文化符号之美

1. 文化景观之美

北京大兴国际机场内拥有数处独具特色的文化景观，这些景观不仅是机场的装饰元素，更是文化的载体，向旅客展示着中国的历史、文化和艺术。

例如，在航站楼 B1 层地铁出站口，由上千只千纸鹤组成的"祖国强大，民族复兴"八个字的背景板，吸引了众多旅客的目光。这一艺术设计独具匠心，千纸鹤在中国文化中象征着和平、幸福和美好的祝愿，通过这种独特的方式表达了对祖国繁荣昌盛的美好期盼，同时也展现了中国人民团结一心、追求民族复兴的坚定信念。

在航站楼 4 层入口，新机场航站楼中央大厅建有造型独特的 8 根 C 形柱，它们宛如巨大的花瓣舒展开来，成为机场内部的一大亮点。C 形柱顶端与屋顶相连，其顶端的最大宽度达到了 23 米，而底部最窄处只有 3 米，形成了强烈的视觉对比。阳光从C形柱顶端的透明玻璃倾斜而下，洒在大厅内，营造出一种温暖而柔和的光线效果，散发出清淡而优雅的美的韵味。这种设计不仅在造型上美观独特，还巧妙地解决了采光问题，体现了功能与美学的完美融合。

航站楼4层值机柜台E岛背后建有"一城一线一世界"景观。该景观作品由10块0.9米见方的铜方砖组成，依次再现了北京中轴线上的经典景观——国家体育场、鼓楼、景山、天安门、大兴机场等。每一块铜方砖都像是一幅历史的画卷，记录着北京这座城市的发展变迁和文化传承。旅客踏过每一块方砖，仿佛在时光中穿梭，感受着自己与北京这座城市的紧密串联，增强了对国家和城市的认同感和归属感。

2. 艺术文化之美

大兴国际机场致力于公共艺术的延展，以培养机场文化创新力和文化生长力为目标，塑造了独特的文化品位和审美内涵。目前，机场已经落地实施了21件（组）公共艺术作品，这些作品内容丰富多样，涵盖了中国古代神话、汉字、水墨、茶禅、二十四节气、中国文化密码等具有浓厚东方韵味的中国传统文化元素。

在新机场候机楼内，无论是国内迎候厅、国际到达通道，还是5条指廊、5座中国庭院，甚至是贵宾厅、母婴室、儿童空间等各个地点，都随处可见这些精美的艺术品。它们以不同的形式和风格展示着中国传统文化的魅力，潜移默化中提升了机场的人文内涵和空间品质。

例如，一些以中国古代神话为主题的艺术作品，通过现代艺术手法进行创作，将古老的神话故事生动地呈现在旅客面前，让旅客在欣赏艺术的同时了解中国丰富的神话传说和文化底蕴。还有一些以汉字为元素的艺术作品，通过对汉字的变形、组合和创意设计展现了汉字的独特魅力和文化内涵。这些艺术品不仅为机场增添了艺术氛围，更成为了传播中国文化的重要窗口，让来自世界各地的旅客能够近距离感受中国传统文化的博大精深。

（三）大兴国际机场情感之美

1. 中西合璧之美

走进大兴国际机场，首先映入眼帘的是那随处可见的舒展曲线，从建筑轮廓、大门、屋顶，到起支撑作用的立柱、墙面等，都充满了曲线的柔美与力量。大厅里的曲线线条不仅柔美，而且气势恢宏，屋面高低起伏如同连绵的山峦、翻滚的波浪，激荡起人们心中的澎湃激情。这种独特的风格被称为"扎哈曲线"，它融合了现代建筑设计的创新理念和艺术美感。

作为"新国门"的大兴国际机场，提出了"阅中国，越世界"的文化建设理念。这一理念将中国传统文化、文学艺术、价值观念等进行了深度浓缩，并巧妙地融入到机场的景观和设计之中，与机场的本质功能实现了很好的融合。在这里，八方来客可以随时随地沉浸式地感受到中国文化的独特魅力。

在大厅内部，机场与中国手艺发展研究中心合作推出的传统文化体验项目"国

宝之窗"是文化创新表达的一个成功范例。通过创新的展示方式和互动体验让历史"活"起来，文化"活"起来。旅客从走进"国宝之窗"的那一刻起，便仿若穿越回古代，与传统文化实现了零距离互动。他们可以亲手触摸和感受传统手工艺品的制作过程，了解背后的文化故事和技艺传承。大兴国际机场就像一座通达古今中外的桥梁，将中西建筑艺术和传统文化完美融合为一体，以其独特的魅力惊艳着每一位旅客，让人们在感受现代建筑科技的同时，也能领略到中国传统文化的深厚底蕴和独特魅力，实现了中西合璧、古今交融的美学境界。

2. 宾至如归之美

大兴国际机场，作为中国的新地标和现代化航空枢纽，不仅以其宏大的建筑规模、先进的技术设施著称，更以其无微不至的服务体验让每一位旅客都能感受到"宾至如归"的温馨与舒适。

建筑设计融入了"凤凰展翅"的寓意，不仅外观壮丽，更在内部空间布局上充分考虑了旅客的便捷性与舒适度。宽敞明亮的候机大厅、清晰的指示标识、合理的流程设计，使得无论是初次到访的旅客还是常客，都能轻松找到目的地，减少迷路和等待的焦虑。例如，候机大厅的座椅布局合理、间距适中，并且配备了充足的充电设施和休息区域，让旅客在候机过程中能够得到充分的休息。

此外，机场的工作人员面带微笑，耐心解答旅客的疑问，以饱满的热情、专业的技能、贴心的服务让旅客在旅途中感受到家的温暖。"呦呦鹿鸣，食野之苹。我有嘉宾，鼓瑟吹笙"（《诗经》·小雅·鹿鸣）。在大兴国际机场的"鹿鸣"景观模型上生动地呈现出琴瑟歌咏、互敬互融的场景，寓意着大兴国际机场尽东道之谊欢迎八方来客，尽显礼仪之邦，国门风采。

除了艺术文化景观，大兴国际机场还引入艺术展演、主题活动和各种表演，让机场有爱、有温暖、有情怀。2023年5月《高山流水》古琴音乐会系列活动——"春和"主题展演走进大兴国际机场航站楼国际区，为旅客提供"多感官"文旅新体验，"白露"象征收获，寓意着祝福旅客承载着旅行的收获和美好的愿景回到故乡。此外，大兴国际机场还应景母亲节、护士节和"5·20"告白节，举办5月告白季活动，让旅客在机场把"爱"用各种方式"说"出来。在六一儿童节开展"点亮繁星 兴向未来"关爱自闭症儿童公益画展活动，引发情感共鸣，留下美好记忆。

总之，大兴国际机场以其宏伟的建筑、高效的服务、细致入微的关怀、丰富的文化体验，为每一位旅客营造了一个温馨、舒适、便捷的出行环境，让每一位旅客都能在这里感受到"宾至如归"的温馨与美好，真正体现了人文关怀和对旅客的尊重。

活动工具卡 3-2

运用审美知识，填写建筑审美赏析体验表

一、活动安排

时间：25 分钟。

参与人员：全体同学。

工具：准备好活动工具卡 3-2 和笔。

二、活动目标

1. 熟练运用建筑节奏韵律美、文化符号美、情感美等原理精准分析不同建筑审美对象中所蕴含的美。

2. 培养观察能力、分析能力和批判性思维，深入挖掘建筑审美对象的独特之处，提升对建筑美的审美鉴赏水平和分析能力。

3. 通过小组讨论和分享进行交流与合作，增强团队协作意识，学会倾听他人观点，拓宽思维视野，提高沟通和表达能力。

4. 结合职业教育特点，建立建筑审美与职业发展的联系，培养将审美能力转化为职业素养的意识和能力。

三、活动步骤

1. 分组：自行组成学习小组，每组 5～8 人。建议与不同专业背景的同学合作，以便从多学科视角对建筑审美对象进行全面分析，实现知识互补和思维碰撞。

2. 复习回顾：小组成员共同复习建筑之美原理（建筑节奏韵律美、建筑文化符号美、建筑情感美）。

3. 选择与分析：各小组从审美赏析中选择一个审美对象，并结合所学专业，从建筑节奏韵律美、文化符号美、情感美等方面展开分析。将讨论中的重要观点和分析结果记录在"活动工具卡 3-2"上。

4. 小组展示：各小组组长上台展示小组的填写成果。组长需要清晰阐述小组选择该建筑审美对象的原因，详细介绍从建筑节奏韵律美、文化符号美、情感美等角度的分析内容，以及小组在分析过程中对建筑审美与职业发展联系的思考和收获。展示过程中鼓励与其他小组进行互动交流，回答提问，分享不同的分析视角和观点。

5. 教师点评总结：教师根据各小组的展示情况，从填写内容的准确性、全面性、独特性分析的深度和逻辑性，以及小组展示时的表达流畅性、团队协作情况、对建筑审美与职业联系的思考等多个维度进行点评。肯定优点和创新之处，指出存在的不足并给予具体的改进建议。同时，总结本次活动中大家对建筑审美的理解和发现，进一步强化对建筑审美知识的掌握和运用，引导在今后的学习、生活和未来的职业中持续关注建筑之美，并将其与专业实践紧密结合。

活动工具卡 3-2

建筑审美赏析体验表

美的类型	美的释义	美的发现（请结合所选建筑审美对象，详细描述该建筑在相应美的类型方面的具体体现）
建筑节奏韵律美	建筑的节奏韵律美通过体量（大小、长短、错落、疏密、聚散等）的区分、空间虚实的交错、刚柔曲直的穿插等变化来实现	
建筑文化符号美	一座美的建筑，无论雄浑还是精丽，在符合实用、坚固和美观的建筑设计原则的基础上，还要表现出历史的或文化的内涵	
建筑情感美	在对建筑审美的过程中，"移情现象"让人们把原来没有生命的建筑看成有生命的，仿佛有了感觉、思想、情感、意志和活动，同时让人受到感染，产生共鸣	

审美创造：邂逅城市、村落与校园建筑之美

建筑作为五大艺术之一，常常在人们的审美和思维视野中被忽视。在生活中，我们不仅要从实用的层面来体会建筑的价值和存在的意义，更要用审美的眼光和饱含情感的心灵去欣赏那些造型美观、气势不凡的建筑。建议2～3名同学自由组建一个学习小组，在读书的城市、校园或者家乡的村落中选择一个建筑物，运用所学的审美方法去发现美、欣赏美、创造美。

一、活动主题

邂逅城市、村落、校园建筑之美。

二、活动目标

1. 深度探索建筑，精准感知其节奏韵律、文化符号、情感意境之美，大幅提升建筑审美鉴赏力。

2. 体悟大国工匠精神与建筑文化底蕴，增强文化自信，践行社会主义核心价值观。

3. 提升团队协作、沟通表达、信息处理能力，激发创新思维，促进综合素养发展。

4. 熟练运用建筑审美知识方法分析建筑特点，建立与建筑相关职业联系，为职业发展奠定基础。

三、活动途径

审美创造途径		
第一步	发现美：参观攻略准备	复习建筑之美的相关知识，例如建筑的节奏韵律美（包括建筑材料的质地、色彩搭配、结构的交错等方面所体现的韵律）、文化符号美（如建筑的形式与布局所反映的文化背景、装饰元素所蕴含的文化意义等）、情感美（通过建筑传达出的情感和意境）等。同时，用手机或计算机查阅所选建筑物的建筑师的工匠精神，以及建筑物的建设历程、设计寓意、建设规划、主题区域等相关资料，思考这些资料如何体现建筑在上述审美方面的特点，为实地参观做好准备
第二步	欣赏美：浸润探索发现	小组成员一同前往所选建筑物处，从多个角度进行欣赏。可以观察建筑的外观造型，如整体的形状、线条的运用、比例的协调等；观察内部空间的流线设计、光影变化及结构与功能的适配性；感受建筑与周边环境的融合程度，思考建筑如何与自然或城市景观相互映衬。结合之前复习的建筑之美知识，用心感悟建筑所展现出的独特魅力，并做好记录
第三步	创造美：表达感悟体验	结合对建筑之美的欣赏和感悟，小组成员共同将感悟到的建筑美进行凝练、提升和总结。把通过学习形成的正确审美观转化为图文并茂的PPT，在PPT中不仅要展示建筑的外观和内部照片，还要详细阐述对建筑美的理解和分析。最后将制作好的PPT分享给大家

四、活动成果

1. 记录与分享：在欣赏美的环节，组员用发现美的眼睛观察、用感知美的心灵存储、用传承美的文字记录自己感悟到的建筑之美，将相关内容记录在"活动工具卡3-3"上。组长组织大家进行"头脑风暴"，汇总大家的成果，上台展示本小组感悟到的建筑之美。展示时，要清晰阐述建筑美的具体体现以及小组的分析思路。

2. PPT制作与展示：课后，每个小组制作一个PPT，PPT不少于10页，内容应图文并茂，全面涵盖对建筑的介绍、欣赏过程、审美分析、感悟总结等方面。小组自主推选汇报人，在下节课进行课堂分享。

3. 评价标准：对于PPT和展示进行评价，评价内容包括PPT的内容完整性（是否全面介绍建筑并深入分析其美）、图文搭配合理性（图片与文字是否相互补充、相得益彰）、讲解的清晰流畅性（汇报人是否能够清晰、流畅地表达小组的观点和感悟）等方面。

活动工具卡 3-3

记录自己发现感悟到的建筑之美
建筑名称：
1. 建筑的哪些元素让你感受到了美？（可从外观造型、内部结构、色彩、装饰等方面回答）
2. 这些美体现了怎样的文化内涵或情感意境？
3. 审美感悟：

项目四

园林之美：
游乐赏玩的艺术典范与生存智慧

知识目标

1. 精准且详尽地了解苏州园林、凡尔赛宫、布查特花园的独特构造,熟知其空间布局、造景手法,明晰常见园林元素(如亭台楼阁、喷泉雕塑、花卉绿植)所蕴含的美学元素。

2. 深入认识并牢固掌握园林美(形式美、意境美、自然美、和谐美、艺术美),理解不同风格园林美在文化传承、地域特色展现等方面的功能与作用,能准确阐释相关美学原理。

素养目标

1. 熟练掌握苏州园林、凡尔赛宫、布查特花园的园林审美要点,培养创新思维与文化鉴赏力,提升审美鉴赏和评价素养,形成独特园林审美视角。

2. 强化对园林艺术多元性重要性的认识,培养运用辩证思维,以联系、发展、全面的眼光客观评价园林美对文化交流、生活品质提升等方面的影响,尊重不同园林文化。

技能目标

学会从园林美的不同维度,运用科学合理的审美方法和评价标准,对苏州园林、凡尔赛宫、布查特花园等多样园林进行全面、深入、客观的审美分析与评价,提升园林审美实践能力。

有境界则自成高格。

——([中]王国维《人间词话》)

就中国艺术方面——中国文化史上最中心最有世界贡献的一方面——研寻其意境的特构,以窥探中国心灵的幽情壮采,也是民族文化的自省工作。

中国人爱在山水中设置空亭一所。戴醇士说:"群山郁苍,群木荟蔚,空亭翼然,吐纳云气。"一座空亭竟成为山川灵气动荡吐纳的交点和山川精神聚积的处所。……苏东坡《涵虚亭》诗云:"惟有此亭无一物,坐观万景得天全。"唯道集虚,中国建筑也表现着中国人的宇宙意识。

——([中]宗白华《中国艺术意境之诞生》)

审美导入：走进"皇家园林博物馆"

位于北京西北郊的颐和园是世界上保存最完整的皇家园林，因其面积辽阔、风景优美而闻名中外，近年来成为人们假期出游的热门景点之一。颐和园集传统造园艺术之大成，利用周边山水之胜景，融皇家园林之宏大气派与自然妙趣于一体，既显尊贵富丽，又不失天然野趣，高度体现了中国园林"虽由人作，宛自天开"的造园准则。

北京皇家园林颐和园

无论是中式园林还是欧式园林，都有其独特的魅力和价值，是一种多样化的艺术形式，它们的建造不仅为人们提供了美丽的环境和休闲娱乐的场所，同时也展示了人类文明的不同艺术典范与生存智慧，让我们一同走进园林世界来感受园林之美。

原理解读：园林审美意境的整体生成

园林作为一种融合自然景观和人文艺术的综合性空间，其美不仅体现在对自然元素的精心布局和巧妙安排，如绿树环绕、百花争妍、池水如镜等，这些元素共同营造出一种宁静、和谐的美感。园林的设计往往还追求"虚静"的美学，通过曲径通幽、小屏轻巧、平阶稳稳等细节创造出宁静和空灵的氛围，使人心灵得以宁静。此外，园林中的每一处细节都蕴含着丰富的文化底蕴，从古松挺拔到怪石嶙峋，从朴亭简约到疏竹清雅，这些元素不仅为园林增添了自然之美，也为游客提供了丰富的视觉享受和心灵慰藉。

对园林的审美可以从多个维度进行，包括形式美、意境美、自然美、生态美、和谐美、艺术美等。图4-1为园林之美的原理导图。

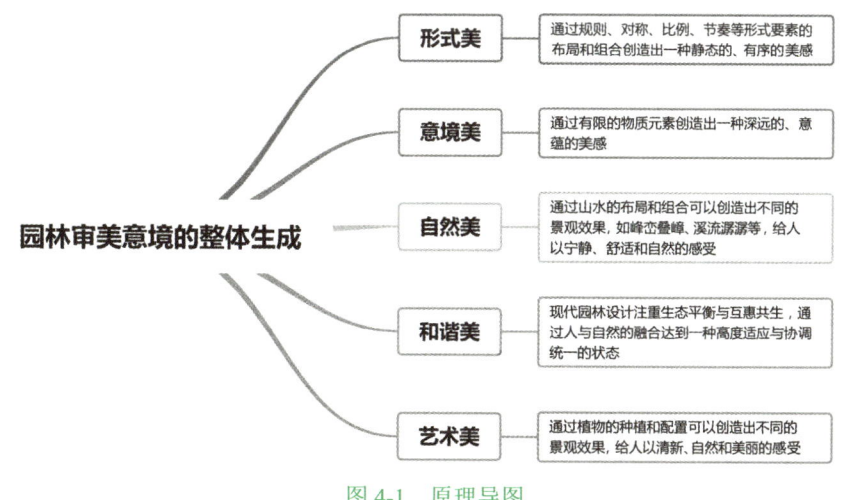

图4-1 原理导图

形式美体现在如规则、对称、比例、节奏等园林空间及构成园林空间的各要素如植物、地形、水体、建筑等上，通过这些要素的布局和组合创造出一种综合的园林艺术之美。例如，园林中的渐变与放射、空间的变化都体现着节奏与韵律的特点，古典园林中的建筑、水景、植物等都遵循着一定的规则和布局，给人一种稳定、和谐的感觉。

意境美则通过有限的物质元素创造出一种深远的、意蕴的美感。中国园林中的山水、植物、建筑等搭配出自然界黑白昼夜、昏暗虚实，引发人们的共鸣、联想与感动，在有限中展示无限，给人一种"意境深远"的感觉。

自然美和生态美主要通过山水、地形、建筑、植被这四大要素来体现，通过自然环境的美和构成风景的自然材料的美来体现。通过巧妙的布局和组合可以创造出不同的景观效果，如峰峦叠嶂、溪流潺潺等，给人以宁静、舒适和自然的感受。

和谐美体现在人与自然的和谐相处上，现代园林设计注重生态平衡与互惠共生，通过人与自然的融合达到一种高度适应与协调统一的状态。

艺术美体现在园林空间内使用的艺术门类的美和园林自身具备的艺术美。例如雕塑、喷泉、树丛、假山、花坛等，可以创造出不同的景观效果，给人以清新、自然和美丽的感受。此外，园林的审美还涉及感官体验、情感体验和思考体验。通过视觉、听觉、嗅觉、触觉等感官体验，人们感受到园林的美；同时，园林中的形式美和意境美会引发人们不同的情感反应；在欣赏园林的过程中，人们可以从中汲取到哲学、历史和文化知识，从而引发对生活的思考和感悟。

在园林的艺术空间里，无论是地位最为突出的物质生态建构三要素——建筑、山水（泉石）、花木，还是其他物质生态建构元素或精神生态建构元素，当它们一旦服从于园林意境整体生成诸规律（"空间分割"律、"奥旷交替"律、"主体控制"律、"标胜引景"律、"亏蔽景深"律、"曲径通幽"律、"气脉连贯"律、"互妙相生"律、"意凝神聚"律和"唯道集虚"律等）的控制调配，一旦体现了古典园林审美境界的空间观，一旦纳入了意境统一体的审美系统，作为艺术的有机部分来处理，就能和其他元素呼吸照应、互补交融，显现出一个个独特的审美意境来。

综上所述，园林的审美是一个综合性的体验过程，涉及形式、意境、自然、生态、和谐、艺术等多个方面，通过这些方面的综合体验人们能够深刻感受到园林的美感和价值。

课堂审美活动 4-1

谈谈自己对"园林美"的认识

一、活动安排

时间：25分钟。

参与人员：全体同学。

工具：准备好活动工具卡4-1和笔。

二、活动目标

1. 全面且深入地认识"园林美"的概念、内涵及其在自然景观、人文设计等方面的具体体现。

2. 培养批判性思维和创新思维，鼓励从不同角度（如艺术、历史、生态等）审视"园林美"，拓宽对美的认知视野。

3. 提升团队协作能力和语言表达能力，通过小组讨论和汇报学会倾听他人意见，清晰阐述自己的观点。

三、活动步骤

1. 分组：自行组成学习小组，每组5～8人。建议尽量与不同专业背景的同学组合，以便从多学科、多视角探讨"园林美"。

2. 资料查阅：查阅百度百科或其他权威资料，了解园林的定义、分类、历史发展以及不同文化背景下的园林特色。同时查阅关于美的理论和定义，特别是与园林相关的美学原理，如和谐、对比、节奏等。

3. 小组讨论与记录：各小组依据从多渠道获取的资料，从园林和美的释义出发展开深入讨论。思考以下引导性问题："园林美体现在哪些方面？""园林美与人类生活有哪些联系？""如何理解不同文化背景下的园林美？""园林中的自然元素与人工设计是怎样共同营造出美的氛围的？""从美学原理看，和谐、对比、节奏等在园林美中是如何体现的？"。每位组员踊跃发言，畅谈自己对"园林美"的独特认识，尝试为"园林美"下定义，并将这些理解与所下的定义详实记录在"活动工具卡4-1"上。

4. 小组汇报：各小组组长向全班汇报小组对"园林美"的理解。汇报内容应包括小组讨论的主要观点、为"园林美"下的定义、对园林美与人类生活关系的思考，以及讨论过程中的收获和体会。汇报时要逻辑清晰、重点突出，准确传达小组的讨论成果。

四、评价标准

1. 内容准确性：对"园林美"的理解是否准确，是否基于园林和美的释义进行了深入讨论。

2. 创新性：定义是否具有新颖性和独特性，能否从不同角度、结合不同文化背景看待"园林美"。

3. 逻辑性：汇报内容是否逻辑清晰，观点之间的衔接是否自然合理。

4. 表达流畅性：组长的表达是否清晰、流畅，能否准确传达小组的观点和想法。

5. 团队协作：小组在活动过程中的协作情况，包括成员的参与度、意见交流的充分性等。

活动工具卡 4-1

一起畅谈"园林之美"
1. "园林美"在我的专业职业发展中的体现:
2. 我对"园林美"的定义:
3. 游玩观赏园林时让我感觉愉悦的瞬间:
4. 介绍身边你最喜欢的一处园林(或具有园林特质的景观),并说明其美在何处。
5. 小组讨论新启发和收获:

审美赏析：气韵生动与规整谨严

作为区别于其他门类艺术的园林艺术系统，中国园林和西方园林是有其共性的，即二者都是供人游乐赏玩的艺术空间，都是真、善、美三位一体的"自然的王国"。然而，作为具有各自特性的系统，中国园林和西方园林又有着迥乎不同甚至截然对立的风格，这特别是在天人关系的终极理念上表现出严格的分野。

西方的园林艺术美，突出与科学、技能为缘。它的"合规律性"，主要是合科学规律性，因此园林中处处呈现出平面的、立体的几何图形，一切景物，无不方中矩、圆中规，体现出精确的数的关系。这也和西方美学的历史传统密切相关。西方美学史最早出现的美学家是古希腊的毕达哥拉斯学派的学者，他们都是数学家、天文学家和物理学家。该学派认为，"数的原则是一切事物的原则""整个天体就是一种和谐和一种数"。艺术作品的"成功要依靠许多数的关系"。"美的主要形式'秩序、均衡与明确'，这些唯有数理诸学优于为之做证。……数理诸学自然也必须研究到以美为因的这一类因果原理。"西方园林艺术正是如此，它可以看作是古希腊数理美学的感性显现和历史积淀。它通过数的关系，把科学、技能物化了，使人在园中处处可以看到几何学、物理学、机械学、建筑工程学等学科的人文成果。

中国的园林则大异其趣，它和绘画等艺术为缘，而且像绘画那样以自然生态为范本，所谓"法天贵真"（《庄子渔父》），"外师造化"（《历代名画记》载张璪语）。黑格尔也指出，中国的园林"是一种绘画，让自然事物保持自然形状，力图摹仿自由的大自然"。[1]这里，园林之美不但和自然之真融为一体，而且和绘画艺术的真与美密切相联。这一特点在江南园林特别是苏州园林中最为突出。从更深的天人关系的层次看，对于园林树木的规整与自由，西方强调的是"人"，中国强调的是"天"。中国美学尊重"自由的大自然"。在建筑和自然的关系上，中国古典园林的一个重要的美学特征是建筑的自然化。建筑造型基本上是不能具象地模仿自由的大自然的，但中国园林中的建筑却能融合在山池花木的自然环境之中，仿佛是自然所"生成"的，而且只能"生"在此处而不能"生"在彼处。再就造型结构来看，西方园林无论是微观上还是中观和宏观上都体现出一种抽象的规整性，而这种谨严的规整性的美在大自然里是很难找到原型的。比如，法国的维贡庄园的造型结构和布局的风格美的特点就是：规整谨严，秩序井然，抽象而又雍容华贵，端庄而又明快舒展。西方园林所显示的美，归根结底是人工之美、技能之美、数比关系之美。中国园林的结构造型所追求的，主要不是规整谨严性，而是自由生动性；不是抽象化了的人工技能之美，而是具象化的自然、神韵之美。也就是说，自然生态如真，气韵生动如画，

---

[1] 金学智. 中国园林美学 [M]. 2版. 北京：中国建筑工业出版社，2015：92-98.

或者说，在宏观和中观上崇尚天然的生态美而不十分崇尚人工技能美。

一、苏州园林：咫尺之内天人合一

苏州具有优越的自然景观，不仅有山明水秀、烟波浩渺的气势，也有江南水乡小桥流水的温婉。属亚热带季风海洋性气候的苏州，气候温和湿润，雨水充分、土壤肥沃，植被种类繁多，四季皆有特色。苏州园林的修建大多利用自然，因山就水、因势就形，追求朴实自然，充分融合当地的自然资源和人文精神。虽然是人工建造，却像自然形成，让园林充分体现出亲近自然、回归自然、"天人合一"的造园山水意境。苏州园林根植于中国传统文化的积淀中，历史悠久，秀甲天下，博大精深。它兴起于春秋，发展于晋唐，繁荣于两宋，全盛于明清。具有"江南园林甲天下，苏州园林甲江南"的苏州园林是中国古典园林的重要组成部分，园林所蕴含的深厚文化哲学与人文风俗充分展现了中国文化的精华，在世界造园史上具有独特的历史地位和重大的艺术价值。

苏州园林拥抱世界

苏州园林

苏州园林中的沧浪亭、狮子林、拙政园、留园，因其园林的形式美、构筑精致、文化内涵丰富而成为苏州众多古典园林的典范和代表。沧浪亭、狮子林、拙政园和留园分别代表着宋、元、明、清4个朝代的艺术风格，被称为苏州"四大名园"。苏州园林两千多年的修建将建筑意象、山水意象、花木意象自然和谐地糅合在一起，通过各种艺术手法，独具匠心地创造出丰富多样的审美意象，达到了"虽由人作，宛自天开"园林美学之精髓，也彰显了我国造园的哲学准则——"天人合一"的中华传统文化哲学思想。图4-2为苏州园林。

图4-2　苏州园林

（一）多样统一的和谐之美

苏州园林的建造表现出对人工环境与自然和谐融洽美的高度关注，是一种寄情山水、崇尚自然、悠然自得的山水园林。它不是简单地再现或模仿自然，而是在充分领悟自然美的基础上加以浓缩和概括，是大自然的绝妙缩影，深刻地体现了人类与自然的和谐韵律与多样统一。

综合了江南造园艺术的留园，集住宅、祠堂、家庵、园林于一身。留园充分利用了四周景色，运用明暗高低等手法，以假山、花木作为填补，与山水建筑相结合，既重视自然美景的再造，又有厅堂书斋，讲究起居生活的舒适与方便，将园林打造成一组组层次丰富、错落相连的、有节奏有色彩有对比的园林景观。留园的建筑讲究整体布局，巧妙利用空间，合理布局每一处角落，使得每一个建筑物在园林中都有着自己鲜明的个性，从整体来看，没有丝毫凌乱之感，让人有一个连续、整体的概念。建造者还善于利用虚实相结合来造园，如园林中亭台楼阁等建筑景观的实景与池塘、湖水、小溪等水中倒影形成虚实对比，从虚无中见气韵、美妙，从而营造出深邃、宁静的审美意境。苏州园林中的假山，虽不是天然形成，但却是以天然形成的山为模本，进行凝练并注入人的思想情感，是凝固美与含蓄美的完美结合。因园内奇石和竹林而闻名天下的狮子林，早期的假山以"土山置石峰"为主要形式，自然清幽，在后来的不断发展修建过程中，狮子林的假山造景更上一层楼，高僧维则为狮子林写下《狮子林即景十四首》，其中一首写道："人道我居城市里，我疑身在万山中。……散入凤亭竹深处，石林分坐绕飞虹。……一梦又如过一世，东方日出是来生。"❶ 狮子林的园林营造出一种清幽典雅之境，即便是身处繁华闹市，依旧可以达到曲径通幽的艺术效果。狮子林的假山如诗中描述的那样"取势在曲不在直，命意在空不在实……"，体现出狮子林假山营造的虚实相生、曲直相对的形式美法则。

（二）气韵生动的意境之美

在苏州园林中，建造者在有限的空间内巧妙地运用多种手法组合成千变万化的美景，园中的花草树木、怪石嶙峋都经过精心琢磨，小到一块匾额、一副对联的题写，大到亭台楼阁的建造，都暗含寓意。这些园内的山川植被、建筑、诗文题刻，它们浑然一体，丰富了其内涵，创造出中国文化中取法自然而又超越自然的深邃意境，表达出天人合一的境界。

苏州现存诸园中历史最为悠久的古代园林——沧浪亭，最初为文人苏舜钦的私人花园，《楚辞·渔夫》中的"沧浪之水清兮,可以濯我缨;沧浪之水浊兮,可以濯我足"成为苏舜钦建造沧浪亭的灵感来源，也是园区名字的来源。沧浪亭通过虚实相间、阴阳互补的造园手法在建筑布局、植物造景等造园要素上紧贴"沧浪"的主题，清幽古朴、静谧典雅，如清水芙蓉，洗尽铅华，是中国古典园林造园艺术殿堂中一幅精彩绝伦的画卷。始建于明正德初年宅园合一的拙政园，是苏州四大名园之首。以水取胜，水面面积约占全园面积的五分之三。拙政园内景物环水面布置，主次分明，因地造景，随景移步，建筑、山水、花木相互掩映，水波倒影、池广树茂，景色犹

---

❶ 释维则. 狮子林即景十四首[M]. 释道恂，徐立方. 狮子林纪胜集：上卷. 重版影印本. 扬州：广陵书社，2007：20-21.

如一幅画卷,将诗意融合在意境里,游客走在园中犹如置身画中,具有典型的江南水景园林特色。

苏州园林的造园具有很高的文化修养,无论是园名、匾额还是楹联都体现出深刻的内涵。拙政园中的"香洲",以其清雅香草自喻,展现了性情之高洁;"远香堂"以清幽荷香为喻,象征着园主人品的纯洁与高雅。怡园的"画舫斋",寄托了对古人逍遥自在、怡然自得生活境界的向往,如同小船悠然漂荡于碧波之上。此外,网师园的"月到风来亭"与留园的"小桃源",皆是园主内心追求恬淡田园生活的真实写照,展现了他们对简朴、宁静生活的深切向往,无不充满着诗情画意的审美意象。苏州园林处处体现出朴素之美、清静之美,游人在园中漫步,时而步入深邃庭院,探寻那"庭院深深深几许"的幽静;时而眼前一亮,发现"柳暗花明又一村"的豁然开朗;时而沿着曲折小径,体验曲径通幽、峰回路转的惊喜;时而驻足小桥流水旁,沉醉于那份宁静与和谐之中。

二、凡尔赛宫:美轮美奂的皇家园林

凡尔赛宫位于法国巴黎的凡尔赛镇,建成于1710年的路易十四时期,是世界五大宫殿之一,1979年被列入《世界文化遗产名录》。

艺术圣殿——凡尔赛宫

凡尔赛宫

凡尔赛花园可以说是欧洲最美的皇家园林,其宏伟壮观的园林艺术充分展现了法国人的浪漫与智慧。法国凡尔赛宫的艺术魅力使其成为欧洲城市宫殿的典范,也是当时西方技术与艺术的最高成就代表。几百年来欧洲皇家园林的建造几乎都参照凡尔赛宫的设计构思,许多国家在修建宫殿园林时都纷纷效仿其建筑风格与艺术设计。图4-3为凡尔赛宫外景。

图4-3 凡尔赛宫外景

（一）工匠打造的形式之美

凡尔赛宫是由著名的法国园林大师安德烈·勒诺特尔进行设计建造的，园林的总体布局体现了安德烈·勒诺特尔设计师几何规划的极致展现。凡尔赛宫主要分为宫殿和园林两大部分。凡尔赛宫主要采用砖石筑成，融合了古希腊的古典柱式和古罗马人大跨度的石拱结构，解放了石构建筑所限制的内部空间，属于西方古典砖石结构体系，体现了古罗马建筑家维特鲁威《建筑十书》中提出的坚固、实用、美观的建筑标准。❶

雄伟的宫殿以东西为轴线，宫殿就坐落在中轴线视线的中间，这条长达 3000 米的中轴线宛如一条生动的艺术长廊，其两侧错落有致地排列着数百座规模不一的雕像，它们与喷泉、翠绿的草坪、缤纷的花坛和优雅的柱廊交相辉映，共同编织出一幅和谐而富有韵律的景致，无不体现出对称之美。全园以"轴线式"进行布局设计，形成了总领整个建筑的轴线。宫殿设计与传统不同，采用的是比较新颖的平顶形式，宫殿外壁上端林立着大理石人物雕像，造型优美、栩栩如生，整个建筑看起来既宏伟壮观又细腻丰富，其重复排列的宫殿柱子同时又赋予了凡尔赛宫一种韵律的美感。凡尔赛宫的园林设计展现了高度的规整与和谐，巧妙地将几何美学融入到整体宫苑之中。从近至远，景观在尺度与形态上逐渐演变，既彰显了中轴远景的恢宏气势，又通过层次分明的场景递进营造出一种深远而丰富的视觉体验。这种设计不仅确保了构图的明确与完整，更赋予了园林以动态的美感和无限的遐想空间。

全园主体景观结构中，在平坦的地形上巧妙地运用水渠和运河这一静态水景为全园增加一种辽阔、深远的气势。整个凡尔赛宫均衡、有序、严谨，人造美景高于图案花园的自然美景，凡尔赛宫以皇家太阳形广场和阿波罗神水喷泉为发散基点，道路呈发射状散开。这种几何学设计手法在现代景观设计中依然有着广泛的应用。❷

（二）规整谨严的数理之美

凡尔赛宫闻名遐迩的便是那美丽富饶的凡尔赛花园，整个花园以水为主题，中轴线末端是长约 1.6 千米的十字形人工大运河（东西向长 1.5 千米，南北向长 0.6 千米），花园中轴的两侧是一大片花圃园林，运河宛如一条银丝带镶嵌在一片春意盎然的绿野中，周围散布的大大小小的人工湖在阳光下犹如一颗颗绿宝石镶嵌在大地上，湖上精美的雕塑使湖水更显生机。园中植被种类繁多，除了丰富的本土温带植物群落外，该园还精心引入了众多来自异国他乡的珍贵植物种类，包括香气扑鼻的柠檬树、色彩艳丽的欧洲夹竹桃、挺拔优雅的棕榈树等，共同构成了一个多元而生机勃勃的植物世界。园区植物繁密多样，整个后花园与大自然紧密相连，有一种规整谨严的磅礴大气之美。

凡尔赛宫规划整齐、环境优美，辉煌的宫殿、怒放的鲜花、茂密的树林、精美的雕塑、精心开凿的运河、美丽的喷泉、精湛的园艺共同构成了美丽高雅的皇家旷

---

❶ 维特鲁威. 建筑十书 [M]. 高履泰，译. 北京：知识产权出版社，2001.
❷ 朱泳霖. 现代景观设计中的几何学手法实践探析 [D]. 河北工业大学，2015.

世绿源胜境，每年吸引着无数游客前往，在碧水蓝天、鸟语花香的花园中静静地享受惬意的时光。

凡尔赛宫园的意境在于几何秩序，其传统中对于数比和谐的探索，当人的需要同外在的世界和宇宙的秩序和谐一致了，就达到了美。❶在这种审美影响下，绿树植被、宫殿、道路都被规划得井然有序、整齐一致，园中没有起伏的地形和弯曲的流水，而是开凿出一条十字形人工运河，充分表现出君权至上，突出君主的权威，显示其地位与奢华的生活，也凸显出其对城市的有序控制。

凡尔赛宫规划设计中反映出的向心性与放射性格网布局图式是西方基督教文化控制性与扩张性的物化反映。❷凡尔赛宫以征服自然为手段，将人工事物与自然环境相对立，体现的是人定胜天的思想理念。❸游客们漫步在凡尔赛宫里，感受到的是井然有序、整齐划一的数理美。

三、布查特花园：矿坑中盛开的花园

位于加拿大维多利亚市的布查特花园是世界上最大的私人花园，美丽宁静宛如世外桃源，距今已有110余年的历史。花园共计56英亩，布查特夫人自1904年起倾注了长达17年的心血与智慧，将昔日的石灰场逐步蜕变为一座令人叹为观止的低洼花园，这是一座以水泥厂废弃矿山生态恢复而为世人所熟知的名园。这项浩大的工程不仅见证了时间的流转，更凝聚了布查特夫人对美的无尽追求与创造，最终成就了这座花园的辉煌与壮丽。布查特花园以生态修复的建园理念、高超的造园艺术、精细化的养护管理成为加拿大最具国际知名度的一个历史性花园，也是世界上最美丽的十大花园之一。图4-4为加拿大布查特花园。

加拿大布查特花园（图片）

加拿大布查特花园（视频）

图4-4　加拿大布查特花园

---

❶ 刘欣，岳鹏. 凡尔赛宫园林与故宫庭院的"行"与"止"[J]. 中外建筑，2021：237.
❷ 于奇，莫畏. 法国凡尔赛宫和中国北京故宫的建筑美学比较[J]. 吉林建筑工程学院学报，2011，28（3）：57-60.
❸ 陈鹏. 颐和园与凡尔赛宫苑园林艺术比较研究[D]. 哈尔滨工业大学，2011.

(一)设计独特的园艺之美

布查特花园位于维多利亚市的托德湾。托德湾海口一带依山傍海,地势跌宕起伏,森林茂盛,且当地的气候条件优良,太平洋暖流使得这个城市冬暖夏凉,雨量少、阳光多,良好的气候为各类植物提供了优渥的生长环境。

布查特花园用独具匠心的设计完美地展现出花园美景。它融合了东西方花园特有的技艺,在造林时根据树种对光照、温度、水分的要求,以及对土壤养分、土壤物理性质的需求来进行树种的选择。在栽花时根据四季变化对花色品种进行甄选培育、精巧搭配,真正体现出了因地制宜、适地适树、巧妙融合的原则。

布查特花园种植了来自全世界的上万个品种的园林植物,花园每年培育花草植物达 250 万株,百万株时令草本花卉精心搭配种植,全年鲜花盛放,满园春色。花园景色随四季而变,漫山苍翠,一水碧波,芳草茵茵,鸟语花香,百花争妍竞相开放。那芬芳迷人的花香、葱葱茏茏的树木、翩翩飞舞的蝴蝶、充满着芳草香味的空气,使无数漫步在花园中的游人如痴如醉,宛若置身于仙境一般。其精湛的庭园造景和热情迎宾的氛围吸引全球上百万人潮前往。

布查特花园共分为新境花园、意大利花园、日本花园和玫瑰花园 4 个部分,每个部分又由若干个小的主题花园组成。每一个主题花园无论规模大小,均设计元素多样、主题特色鲜明、园艺展示精致、功能设施完善,是世界花园建设中的模范标杆。❶

一是秀丽的新境花园(也称下沉花园、凹陷花园、洼地花园、矿坑花园)。这座花园巧妙地依傍着山谷地形而建,原为石灰矿场,随着石灰石的开采殆尽,这里形成了一个深约 20 米的矿坑。新境花园是布查特花园中最主要的景观展示区,分为瞭望台、秘境花园、观景台、罗斯喷泉 4 个层次,并呈阶梯状排列。这个花园巧妙地利用深坑的地形,用植物造景手法将花园中满目疮痍的矿坑附上生命的色彩。原先那污水横流、寸草不长的坑底长起了茂密的花树和灌木,那些裸露的山崖石壁爬满了藤类植物。四周环绕着蜿蜒的曲栏,栏外是缓缓倾斜的坡地,上面覆盖着各种珍稀花卉,竞相绽放。山麓之下,一条蜿蜒的小径悠然环绕,一股清澈的山泉自高处奔腾而下,水花直注水中,淙淙有声。错落有致的景观分布、对比鲜明的色彩层次,特别是应季草花的应用,使花园四季都展现出不同的美景。

那远处高高耸立的烟囱在一片绿意盎然的花树中是那么独一无二,虽历经百年沧桑,却见证了矿坑从千疮百孔幻化成精美绝伦的盛世花园。在它不远处,与它遥遥相对的是一个积水深坑建成的罗斯音乐喷泉,是布查特夫妇孙儿罗斯在 1964 年为庆祝建园 60 周年建造的。罗斯音乐喷泉是采石场静湖和周围茂密植物中唯一的动态景观,动静结合,给人以视觉和听觉上的双重体验。

二是优雅的意大利花园。意大利花园是按古罗马宫苑设计的,整个花园为对称

---

❶ 田娅玲. 从废弃矿坑到精致花园——加拿大布查特花园 [J]. 园林,2019(4).

的图案式结构。主轴线由一条笔直的林荫大道构成，大道两侧布局呈现严谨的左右对称之美，花木经过精心修剪，展现出规则的几何图形，方形与圆形巧妙融合，共同营造出一种和谐而有序的视觉效果。花园入口修剪整齐的高大绿墙在景观空间上起到了隔景和障景的作用。沿池塘边缘布置的应季草本花卉加强了中轴线的视觉冲击力，形成了深远的透视画面，围绕中轴线搭配的植物无论从种类上、数量上还是色彩上都呈现出对称式布局的特点。❶喷泉、水池与雕像错落有致地分布于园中，每一处都散发着浓郁的古典艺术韵味，令人沉醉。园内所有建筑及景观元素均排列得井然有序，巧妙地运用透视原理营造出一种由近及远、层次分明的视觉盛宴。

三是雅致的日式花园。日式花园是由布查特夫人特邀日本设计师设计，融合了东方造园精髓。首先映入眼帘的是那座标志性的红色神宫门楼，引领着游人步入充满异域风情的日本庭园，园中精心栽种了日本樱花、加拿大枫树等特色植物，与松、竹、梅、菊等传统元素交相辉映，共同编织出一幅幅精致而简洁的画面。小桥流水潺潺，茅舍凉亭静谧，假山叠石错落有致，樱花垂杨随风轻摆，每一处细节都透露出恬静淡雅的意境。尽管园子面积不大，但其蕴含的深远意境却让人回味无穷，仿佛置身于一个微缩的世外桃源。

四是浪漫的玫瑰花园。玫瑰园面积宽广，花园中间的圆形草坪衬托四周玫瑰的百花齐放，玫瑰品类繁多，全园种植了 250 个品种约 2500 株玫瑰。园内花团锦簇，每个品种的玫瑰都标明了品名、原产国、在美国玫瑰协会注册的年份，让游客一目了然。每年的七八月是玫瑰花园最美丽的时节，姹紫嫣红的玫瑰令人流连忘返。

布查特花园利用高低起伏的地形打造变幻丰富的花园景观，总体设计采用"园中园"的布局形式，园林划分为多个园区，每个园区都有自己的主题和特色，四时交替，晨昏雨露，四季皆有特色，每株花卉都以最绚丽的姿态展示生命的张力。布查特花园成为今天享誉世界的一座精致花园，正是因为它那精湛的园艺艺术搭配、出类拔萃的景观设计风格、精彩纷呈的特色主题活动和精细化的治理。园林每年吸引世界各地成千上万的游客前来游览。人们漫步在布查特花园里，除了欣赏它的美景，还感叹发生在这里的传奇故事。

（二）人工修复的自然之美

布查特花园的前身是矿山，因常年挖采取矿，遍地是坑洼深地，因此对此矿山的治理重点便是生态修复和矿坑的绿色化发展。布查特先生的夫人珍妮女士根据不同的地势地形，分区域、分功能精心设计了多个修复方案。经过多年的治理恢复，布查特花园的生态环境日益得到改善，整个园区的建设突出了生态多样化原则，是一个非常成功的矿山生态和环境治理的案例。从最初的坑坑洼洼、满目疮痍，到如今的鸟语花香、生机盎然，真正实现了经济建设与社会文化的和谐统一。

布查特花园以其精湛的园艺技巧巧妙地将世间罕见的奇花异木融为一体，同时

---

❶ 田娅玲. 从废弃矿坑到精致花园——加拿大布查特花园 [J]. 园林，2019（4）.

充分利用原有地形的独特优势，匠心独运地打造出了一座举世闻名的低洼花园。上下四层，梯次展开，错落有致，无论从上往下看，还是从下往上看，都是一幅美丽的图画，栏外斜坡均有名花覆盖，山下有曲径环绕。

布查特花园广泛种植了来自世界各地的花草植被，有中国的高山杜鹃、美国的落羽杉、西伯利亚的云杉、大洋洲的蓝冰柏、南非的珍稀百子莲等，以及品种繁多的草本植物，共同编织了一年四季的花卉盛宴。春日郁金香竞相绽放，绚烂夺目；夏日入蜡红如火如荼，热情洋溢；秋日球根海棠亭亭玉立，温婉动人；冬日洋水仙凌寒独自开，清雅脱俗，以及全年花开不断的玫瑰与宿根花卉，它们此起彼伏、花团锦簇，为这片土地披上了永不褪色的彩衣。

从一个满目疮痍的矿坑到享誉世界的花园，布查特花园展现出的是人类不断向地球索取、破坏生态到主动修复生态的历史。布查特夫妇的远见卓识使这块千疮百孔的土地有了更深远的意义和文化内涵，向世人传递了"取之自然，回馈自然"的生态保护理念，同时展示了环境修复所带来的无限社会效益、经济效益和生态效益。

| 课堂审美活动 4-2 |

运用审美知识，填写园林审美赏析体验表

一、活动安排

时间：25 分钟。

参与人员：全体同学。

工具：准备好活动工具卡 4-2 和笔。

二、活动目标

1. 切实转变思维方式，熟练运用园林美学中关于审美意境整体生成的原理知识，从形式美、意境美、自然美、生态美、和谐美和艺术美等多维度，精准分析不同园林审美对象蕴含的美。

2. 培养观察能力、分析能力和批判性思维，深度挖掘园林审美对象在物质与精神层面的独特之处，提升对园林审美意境的鉴赏水平和分析能力。

3. 通过小组讨论和分享促进学生间的交流与合作，增强团队协作意识，学会倾听他人观点，拓宽思维视野，提高沟通和表达能力。

4. 引导学生将园林审美与现实生活相联系，通过感官、情感和思考体验体会园林审美所带来的哲学、历史和文化感悟，提升整体审美鉴赏水平。

三、活动步骤

1. 分组：自行组成学习小组，每组 5～8 人。建议与不同专业背景的同学合作，从多学科视角对园林审美对象进行全面分析，实现知识互补和思维碰撞。

2. 复习回顾：小组成员共同复习园林美学中审美意境整体生成的原理，包括形式美中规则、对称等要素，意境美中有限物质创造深远意蕴，自然美和生态美通过山水植被体现，和谐美强调人与自然共生，以及艺术美在园林中的呈现。回顾审美赏析中感官、情感和思考体验的分析思路，为本次活动做好准备。

3. 选择与分析：各小组从审美赏析中选择一个审美对象，结合所学专业，从形式、意境、自然、生态、和谐、艺术等方面进行分析，将讨论中的重要观点和分析结果记录在"活动工具卡 4-2"上。

4. 小组展示：各小组组长上台展示小组的填写成果。组长需要清晰阐述小组选择该审美对象的原因，详细介绍从不同维度进行的分析内容，以及小组在分析过程中的思考和收获。展示过程中鼓励与其他小组进行互动交流，回答其他小组的提问，分享不同的分析视角和观点。

5. 教师点评总结：教师根据各小组的展示情况，从填写内容的准确性、全面性、独特性，分析的深度和逻辑性，以及小组展示时的表达流畅性、团队协作情况等多个维度进行点评。肯定学生的优点和创新之处，指出存在的不足并给予具体的改进建议。总结本次活动中大家对园林审美的理解和发现，进一步强化学生对园林美学知识的掌握和运用，引导学生在今后的学习、生活和未来的工作中持续关注和欣赏园林之美。

活动工具卡 4-2

园林审美赏析体验表

美的类型	美的释义	美的发现（请结合所选园林审美对象，详细描述该园林在相应美的类型方面的具体体现）
形式美	形式美体现在如规则、对称、比例、节奏等园林空间及构成园林空间的各要素如植物、地形、水体、建筑等上，通过这些要素的布局和组合创造出一种综合的园林艺术之美	
意境美	通过有限的物质元素创造出一种深远的、意蕴的美感	
自然美	通过山水的布局和组合可以创造出不同的景观效果，如峰峦叠嶂、溪流潺潺等，给人以宁静、舒适和自然的感受	
和谐美	现代园林设计注重生态平衡与互惠共生，通过人与自然的融合达到一种高度适应与协调统一的状态	
艺术美	艺术美体现在园林空间内使用的艺术门类的美和园林自身具备的艺术美，例如雕塑、喷泉、树丛、假山、花坛等可以创造出不同的景观效果，给人以清新、自然和美丽的感受	

审美创造：园林品赏，澄怀观道

德国哲学家黑格尔曾说："美是理念的感性显现。"在人们生活水平不断提升的当下，对生活环境与品质有了更高的追求，渴望一方能让人身心放松的自由天地。园林，在这忙碌而喧嚣的生活中愈发彰显其重要性，唯有亲身走进，方能领略那份旷志怡神之美。建议2～3名同学自由组建一个学习小组，挑选一处心仪且就近的园林，运用所学的园林审美方法深入其中去发现、欣赏并创造美。

一、活动主题

深入园林之境，感受园林之美。

二、活动目标

1. 深度沉浸园林艺术，敏锐洞察布局、建筑、植物之美，提升审美鉴赏力，从专业角度精准剖析形式、意境、自然等多维度园林之美。

2. 感悟园林深厚文化内涵，挖掘历史人文，领会"虚静"美学境界，培养人文情怀，增强文化传承保护责任感。

3. 借小组活动提升团队协作与沟通能力，培养跨学科思维，融合园林与其他学科知识，促进人格和综合素质提升。

4. 掌握园林审美方法，并灵活运用于实践，深化对园林要素服从意境规律、体现空间观的理解，提升艺术文化素养。

三、活动途径

审美创造途径		
第一步	发现美：活动前做准备	复习园林之美理论，同时利用手机或计算机查阅本校园林景观的历史、设计特色、植物种类等资料。探访前做好安全准备，穿着适宜，了解园林地形，注意防滑防摔，确保在欣赏园林之美的同时保障个人安全
第二步	欣赏美：探寻园林之美	由2～3名同学组成学习小组，一同游览身边的特色园林区域。漫步其中，用心感受园林之美。从植物形态的错落有致、景观布局的精巧合理体会身体与自然交融的和谐之美；欣赏园林中建筑与山水的相映成趣，感悟运动般的灵动之美；感受园林所承载的文化精神，领略精神之美；沉浸于园林营造的宁静氛围，享受环境之美
第三步	创造美：表达感悟体验	结合园林美学理论，将领略到的园林之美凝练升华。运用园林要素分析方法剖析植物的层次搭配、水景的灵动形态、建筑的和谐布局等，品味园林布局美；从园林中亭台楼阁的文化内涵、山石花木的意境营造领悟园林精神美；沉浸于园林的宁静氛围与自然韵律，感受环境和谐美。将审美感悟制成图文PPT，与大家共享园林之美

四、活动成果

1．记录与分享：在探寻园林之美时，凭借敏锐的观察力与细腻的感知力，捕捉园林多维度美学元素，体会"天人合一"与"虚静"之美。将各维度美感及对园林美学价值的思考记录在"活动工具卡4-3"上，包括园林要素与意境生成规律的关联。记录后，组长组织"头脑风暴"，整合观点，推选代表上台，详述运用审美方法分析园林的过程与结论。

2．PPT制作与展示：课后，小组制作不少于10页的图文并茂的PPT，涵盖：

园林概况：介绍背景、理念、布局，突出形式美与意境美设计追求。

分工协作：呈现成员在各环节的分工及协作过程。

审美分析：运用理论剖析园林多维度美学特征与意境生成规律。

收获体会：分享对园林美学的新认知、审美提升及文化传承思考。

美育价值：结合社会主义核心价值观中的文明、和谐、美丽等价值理念探讨园林美育的意义。

3．评价标准：小组推选汇报人进行课堂分享，从内容准确性、分析深度、团队协作、表达流畅性等方面综合评价PPT展示与汇报，确保活动达到预期效果，促进相互学习。

活动工具卡 4-3

记录自己发现感悟到的园林之美
观赏游玩过的园林名称：
1. 在观赏游玩中哪些地方让你感受到了形式美？（如规则、对称、比例、节奏等园林空间及构成园林空间的各要素的布局和组合）
2. 在观赏游玩中哪些地方让你感受到了意境美？（如园林通过山水、植物、建筑等搭配出的自然界黑白昼夜、昏暗虚实，引发的共鸣、联想与感动，体现的"意境深远"）
3. 在观赏游玩中哪些地方让你感受到了自然美？（如山水、地形、建筑、植被等要素体现出的自然环境的美和构成风景的自然材料的美，如峰峦叠嶂、溪流潺潺等景观效果）
4. 在观赏游玩中哪些地方让你感受到了和谐美？（如人与自然的和谐相处、注重生态平衡与互惠共生等）
5. 在观赏游玩中哪些地方让你感受到了艺术美？（如雕塑、喷泉、树丛、假山、花坛等）
6. 体验感悟：

项目五

服饰之美：
华服璀璨映日辉

知识目标

1. 掌握服饰文化的审美特征,深入了解其历史演变、民族符号、社会象征和文化内涵;精准辨别中西方服饰文化审美体系差异,明晰传统与现代服饰在审美表达上的传承、创新、联系。

2. 借助实物观摩、数字化展演等方式充分认识服饰形式美学关键要素;掌握造型语言(廓形结构、比例关系)、色彩体系(传统五色观、民族色谱应用)、材质肌理(纺织工艺、装饰技法)和动态表现(服饰与人体运动的韵律),构建完备的服饰形式审美认知体系。

素养目标

1. 建立中国旗袍的多维审美认知,增强对东方服饰美学的鉴赏力,培育文化自信与审美批判能力,从社会学视角解读旗袍所体现的女性意识觉醒及时代审美变化。

2. 经跨民族服饰对比研究认识中华民族"多元一体"的审美共同体特点;提升少数民族传统服饰审美素养,铸牢中华民族共同体意识。

3. 剖析服饰设计与舞蹈语汇的共生关系,激发传统服饰文化创造性转化的创新思维,培养守护文化遗产的使命感;提升学生民族舞剧服饰审美素养,激发对民族传统服饰文化艺术的热爱。

技能目标

掌握服饰审美分析方法,能从历史、文化、形式、功能角度对各类服饰精准审美,理解服饰文化与形式之美,提升着装品味与审美能力,为未来从事服饰相关职业或个人形象塑造筑牢专业基础。

"人类的身体是着衣的身体,社会世界是着衣的身体的世界。……所有人都以某种方式给身体'着衣',通过衣服、刺青、化妆或其他对身体绘饰的方法。没有一种文化会听任身体一无装饰,凡是文化,总要给身体增加一点什么,总要对身体进行梳妆打扮,以提高它的吸引力。……衣着或饰物是将身体社会化并赋予其意义与身份的一种手段。"

——[英]乔安妮·恩特维斯特尔《时髦的身体》

审美导入：衣袂翩翩尽显舞裙魅力

"爱美之心人皆有之"，服饰是人类文明的重要标志，服饰除了是一件日常用品外，也是审美对象。服饰之美不仅具有装扮自身形象的设计作用，同时还具有美化生活陶冶情操的教育意义。服饰之美的美感创造来源于外在形式美和主观审美意识，这两者构成了服饰美。服装通过一定的材料、款式、色彩、配饰等，不仅能揭示穿衣者的身份、地位，展示出鲜明、光彩照人的形象，还能反映一个国家的政治、经济和科学文化水平，体现社会物质文明和精神文明。

2024春晚《舞乐新疆》

2024年央视春晚舞台上，演员迪丽热巴的临场反应（不动声色地踢走舞台上的杂物），这个抖音视频使她的个人赞誉冲上了热搜。其实，更受大众喜欢的还是迪丽热巴身穿民族服饰，带来美丽的新疆舞，还有的便是她身穿那条Laurence Xu品牌的定制款维吾尔族裙子，鲜艳夺目、摇曳生姿，为她和舞台瞬时增色，整个人神采飞扬、活力四射，散发迷人的女孩魅力。

那为什么一条裙子能让我们感觉美，并且印象深刻呢？这就是我们要与大家详谈的服饰之美。

原理解读：服饰美的"内外兼修"

服饰美是适宜、适时、得体的服装及其佩饰所呈现的美，包括衣着服装的美和佩戴饰品的美。这种美不仅体现了个人对美的追求，也是社会文化、时代精神的一种反映。服饰美不仅是外在的装饰，它还涉及文化教养和社会礼仪，反映了穿着者的内在素质和对美的理解。图5-1为服饰之美的原理导图。

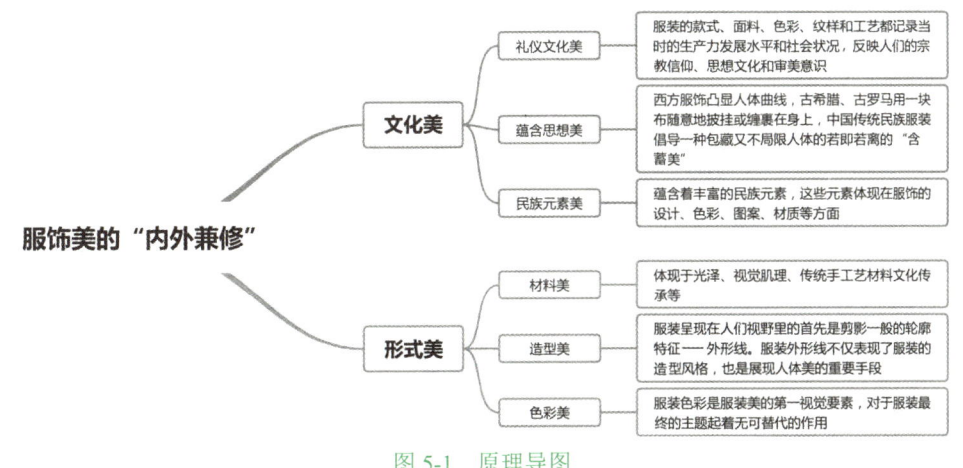

图5-1 原理导图

一、"垂衣裳而天下治"——服饰的文化美

服饰是一种"无声的语言",任何服饰都是人类物质生产与精神生产共同创造出来的,是文化发展的必然结果,又承载着文化继续前行,它不仅反映穿着者的性别、种族、群体身份,还作为一种展示媒介传达一定的美学信息。❶

1. 礼仪文化美

所谓"华夏",指的就是色彩斑斓和盛大美好;所谓"中国",乃云"有文章光华礼仪之大",数千年焕然成章的服饰文化就是这个古老国度为整个世界贡献的"美的哲学"。中国传统服饰不是一种孤立的存在,而是物质与精神的统一,在满足人们日常生活物质需求的同时,代表着当时当地的文化特点。服装的款式、面料、色彩、纹样和工艺都记录当时的生产力发展水平和社会状况,反映人们的宗教信仰、思想文化和审美意识。中国传统服饰既注重形式美的创造,又崇尚情感意念的表达,既主张象征表意性,又倡导审美愉悦性。

中国历代的统治者都注重服装的礼制作用,服装在封建社会时期是维护国家和谐有序发展的基本保证,服饰有贵贱,不可随意穿之。从周代开始,我国的服装体系就有了根本性的变革。冕服制度的推行充分展示了奴隶社会的等级制度。冕服作为一种礼仪性的服装,往往在其前胸、后背、双肩、两袖、衣裳前等部位绘或绣有十二章纹,它们分别具有不同的象征意义。其中,天子的服装可以绘所有的图案,公侯的服装只能绘山和龙,九卿的服装只能选择华虫以下。另外,中国古代社会对服装色彩也有严格的规定,据《中国历代服饰》中对秦汉巾帻的记载:"庶民为黑,车夫为红,丧夫为白,轿夫为黄,厨人为绿,官奴、农人为青。"通过这些图案和色彩的排列顺序,我们可以见到权力和地位的显著区别。

2. 蕴含思想美

中国传统服饰还体现中国传统的儒家思想。儒家"中庸"之"中"、华夏"中国"之"中",皆强调"不过分而和谐"。中国传统民族服装既不像西方服饰那般凸显人体曲线,也不像古希腊、古罗马那样用一块布随意地披挂或缠裹在身上,而是采取"半适体"的样式,即倡导一种包藏又不局限人体的若即若离的"含蓄美"。中式服装的十字形平面剪裁结构让服饰没有过分夸张的造型,人体曲线也会隐藏于衣服里,给人含蓄平和、端庄稳重的美感。中国人对生活美好的祝福(伦理美)也非常含蓄地借用各种图案的谐音和寓意来表达,比如"蝶恋花""马上封侯""石榴花"等纹样都是表达中国文化的深厚内涵和伦理美。

近年来,随着我国经济的发展、文化自信的提升,越来越多的年轻人喜欢穿"汉服"来彰显中国文化之美。有更多的汉服社团组建,互联网的汉服品牌也层出不穷,尤其是2023年以来时尚界中国元素的出现达到了一个井喷的程度。虽然中国服饰

---

❶ 任安静. 浅谈中国服饰中的美学意蕴[J]. 汉字文化, 2020(18).

历经漫长的时代变迁，发展到今日已彻底改变了往日的面貌，但是传统服饰所具有的那种深层意蕴表现出的自然含蓄的特点却依然潜移默化地影响着国人的审美观念和着装行为。中国传统服饰之美更在中国经济高速发展的今天焕发出新的生机与活力。

3. 民族元素美

服饰是民族文化的重要组成部分，它蕴含着丰富的民族元素，这些元素体现在服饰的设计、色彩、图案、材质等方面，展现出了独特的美学价值。

首先，服饰的设计体现了民族元素之美。不同民族的服饰设计风格各异，有的注重简洁大方，有的注重装饰华丽，有的注重线条流畅。例如，中国传统的旗袍，它的设计融合了中西方元素，体现了中国女性的优雅和温婉；蒙古族的传统服饰，则注重装饰和细节，通过刺绣、饰品等展现出蒙古族的豪放和粗犷。

其次，服饰的色彩蕴含着民族元素之美。不同民族对色彩的喜好和运用有所不同，这些色彩反映了民族的文化内涵和审美观念。例如，苗族的传统服饰以红、黑、白三色为主，红色代表吉祥和繁荣，黑色代表庄重和神秘，白色代表纯洁和善良；藏族的传统服饰则以红、黄、蓝、绿、白五色为主，这些色彩象征着佛教中的五智和五方佛。

再次，服饰的图案是民族元素之美的重要体现。不同民族的服饰图案具有独特的寓意和象征意义，这些图案反映了民族的历史、文化和信仰。例如，维吾尔族的传统服饰上常常绣有各种花卉和几何图案，这些图案代表着维吾尔族人民对美好生活的向往和追求；彝族的传统服饰上则绣有日月、鸟兽等图案，这些图案反映了彝族的历史和文化。

最后，服饰的材质体现了民族元素之美。不同民族的服饰材质多种多样，有的使用丝绸、棉麻等天然纤维，有的使用皮革、羽毛等动物材料。这些材质不仅具有实用价值，还体现了民族的传统工艺和文化特色。例如，傣族的传统服饰通常使用丝绸制作，这种材质体现了傣族的优雅和细腻；藏族的传统服饰则使用皮革和牦牛皮等材料，这些材质反映了藏族的游牧生活和坚韧性格。

总之，服饰蕴含的民族元素之美体现在设计、色彩、图案、材质等方面，这些元素反映了民族的文化内涵和审美观念，是民族文化的重要组成部分。通过对服饰的研究和欣赏可以更好地了解和感受民族文化的魅力。

二、"一见倾心"——服饰的形式美

服饰设计是一种自由的创作，在自由创造的过程中，设计师赋予服饰以美的生命，并带给人愉悦的审美体验。服饰美是一种具有感染力的形象，通过形式美予以表现。

形式美是指客观事物外观形式的美。外观形式指的是客观事物的外在形象材料

的形式因素，如点、线、面、形、体、色、光、声、制、动等。服饰的形式美即服饰的外观美，是通过视觉能直接感知到的服饰的外观形象，也是服饰审美第一个具体可感的美。服饰的美的形象离不开服饰的款式造型、色彩、纹样、面料等感性形式。

1. 材料美

服装材料的视觉特征指的是服装材料的外观表现效果。服装材料是构成服饰的面料。服装材料的光泽、肌理、人的心理感觉共同构成服装材料审美艺术的视觉特征。

任何一件服饰都是由服装面料构成，不同的材料带给人的感受也不尽相同。服装设计就是发掘面料最终的呈现效果的过程，把"质地"所确定的审美框架填充起来，使材料风格定型为服装作品。我们在购买或者欣赏一件服饰的时候，不仅是看一看，而且还要摸一摸，来判断眼前的这件服装的面料质感如何，对质感的视觉效果是触觉转化来的通感效应。触觉是给人舒适与否的感觉，舒适感也是快感，快感是美感的生理基础。同样是黑色的服装，面料不同给人的感觉就不一样，黑色真丝面料给人华丽飘逸之感，黑色呢绒面料给人富贵高雅之感，黑色棉麻布给人庄严肃穆之感。

服装材料的美，从以下几个方面体现：

（1）材料的光泽。如今，光泽感已成为服装材料中比较重要的一个流行元素，尤其是服装界中未来主义的兴起，使得光泽感越来越受到设计师们的青睐。纯棉、棉麻织物和毛织物，多为无光泽材料，在视觉上给人温暖和质朴的感觉。强光泽材料具有很强的时尚表现力，光泽的韵律动感会产生华美耀眼的视觉刺激感。涂层技术不仅使织物外观光滑度提高了，还赋予面料许多新的外观和手感的不同，使表面纹理组织比较简单的面料更具现代感。

（2）材料的视觉肌理。织物纤维的特性和组织结构的变化产生了最初的面料外观效果，也就形成了粗糙与细腻、厚重与轻薄等的肌理变化。在自然肌理之上进行加工整理所形成的外观效果，增强肌理的凹与凸、疏与密、明与暗的空间变化，凸显了面料的视觉感染力。比如，古代染色后的布匹经过砑光，使布质薄而有光泽。这是非常传统的工艺，先将布卷在木轴上，再下置磨光石，上压大石，为凹形，操作时一人踏两端，往来辗转，直到出现满意的效果为止。如果碾石质量好，则摩擦而不发热，无损布料。此外，通过织印、手绘、喷绘、扎染、拼贴、刺绣、镂空等方法所形成的图案肌理常采用一些让人在视觉上感觉非常悦目的形象。而这样的服装材料的美是通过材料外观的视觉观察产生的一种心理感觉。比如棉布温暖，丝绸冰冷；呢绒温暖，皮革冰冷；丝绸、针织面料柔软，麻料、皮革硬挺；刺绣、蕾丝、镶珠构成华丽感，棉麻则朴素。薄纱的透感、浪漫、梦幻等都是服装材料带给人的感受。因此，加工技术的高度发展和装饰艺术的广泛性，可以使服装材料的质感更加多姿多彩，使人们的审美心理得到了满足。

（3）材料的文化美。文化和材料共同影响人们的对材料性能的价值取向。服饰材料的应用与社会文化倾向有很大的关系。我国原生态的优秀传统手工艺——扎染、蜡染、蓝印等为基础进行的艺术染整工艺是目前倡导可持续发展理念下新的时尚潮流。传统手工艺结合西方现代艺术设计，可以创造出新的时尚风貌。服饰材料的再创造不是对传统文化的简单继承，而是在继承基础上的发展。

2. 造型美

服装作为直观形象，呈现在人们视野里的首先是剪影一般的轮廓特征——外形线。服装外形线不仅表现了服装的造型风格，也是展现人体美的重要手段。A形以细腰大裙的外形轮廓充分展示了女性的曲线美；X形即束腰，由于腰部紧束，能显示出女性窈窕的身材，给人以轻柔、纤细之美；H形即松腰，腰部不束，便于活动，呈现出宽松、自由形态，具有简洁、庄重之美；△形形成强烈的对比视觉，给人以强烈鲜明的感观印象；梯形腰部、臀部合体，下摆处稍松，具有端庄、大方、干练之美。例如，西方服装史上的20世纪50年代，源于法国文化的优雅传统发展得更加洗练、更加成熟，以迪奥为首的一代名师又一次左右世界潮流的辉煌，1947年迪奥"新样式"发表，服装外形为"花冠形"，自然肩线、丰胸夸臀、纤细腰身、花一样的美展现长裙；1953年，迪奥推出著名的"郁金香形"，强调半胸和袖子的膨胀、腰身纤细、裙子细窄；同年冬季发表了"埃菲尔塔形"从高腰处向下摆优雅张开；1954年迪奥尔提出H形，把腰线提高，腰部放松，便于活动；1955年推出Y形，把胸部位置提高，以下处理成细长紧身形；1956年提出F形和磁石形；1957年推出自由形和纺锤形等。被誉为"流行之王""时装之王"和"时装界的独裁者"的迪奥是一位典型的靠造型之美饮誉世界的时装大师，直到21世纪的今天，怀旧风吹起时依然能够卷土重来。

3. 色彩美

色彩是人们日常生活中不可缺少的一种视觉享受，具有最通俗、最普遍的形式美。色彩在服饰中占据非常重要的位置，人们通常都是先注意到服饰的色彩，然后才会去留心观察材质、款式和工艺，所以材料的色彩往往是引起服饰美感的第一要素。俗话说："远看颜色，近看花。"可见，服装色彩是服装美的第一视觉要素，对于服装最终的主题起着无可替代的作用。客观地讲，任何一种色彩都无所谓美与不美，赤橙黄绿青蓝紫、黑白灰都有自己独特的风格，传达出不同的美感。只有当它和另外的颜色搭配时，才能评价其是否美，所以当下还有一个专门运用色彩搭配来服务生活生产的职业"色彩搭配师"，说明了色彩搭配的重要性。

课堂审美活动 5-1

谈谈自己对"服饰美"的认识

一、活动安排

时间：25 分钟。

参与人员：全体同学。

工具：准备好活动工具卡 5-1 和笔。

二、活动目标

1. 认识"服饰美"的概念与丰富内涵，清晰把握其在不同文化、时代、场合下的独特呈现，准确区分服饰美与其他艺术形式美的差异。

2. 运用服饰美相关知识对各类服饰进行分析，从多维度视角（如文化美、形式美，包含材料美、造型美、色彩美等）全面审视"服饰美"，有效提升审美鉴赏能力与批判性思维水平，深度剖析服饰作品的美学价值。

3. 学会认真倾听他人观点，能够清晰、有条理且逻辑严密地表达自己的观点，拓宽对服饰美的认知视野，丰富对服饰文化的理解层次。

4. 建立"服饰美"与职业发展之间的紧密联系，理解服饰美在服装设计、时尚营销、形象设计、文化创意、服饰制作工艺等职业领域的具体应用价值，为未来的职业发展筑牢扎实的理论与审美基础。

三、活动步骤

1. 分组：学生自主组成学习小组，每组 5～8 人。建议与不同专业背景的同学组合，从多学科角度探讨"服饰美"，实现知识互补和思维的多元碰撞。

2. 查阅资料：学生自主通过多种渠道查阅资料，回顾服饰美的相关知识，为后续讨论做好充分的知识储备。

3. 小组讨论与记录：各小组依据从多渠道获取的资料展开深入讨论。每位组员积极踊跃发言，分享自己的理解并结合实际案例进行阐述，将重要观点和独特见解记录在"活动工具卡 5-1"上。

4. 小组汇报：各小组组长向全班汇报小组对"服饰美"的理解。内容需要涵盖小组的主要观点、结合具体服饰案例的详细分析过程、与职业发展的关联思考、小组讨论过程中的收获和体会。汇报过程需要逻辑清晰、重点突出，准确且生动地传达小组的讨论成果。

四、评价标准

1. 内容准确性：对服饰美知识的理解和运用是否准确无误，观点是否有充分且可靠的理论依据和实际案例支撑，对服饰作品的分析是否精准符合其美学特点和文化背景。

2. 独特性：观点是否新颖独特，能否从与众不同的角度结合服饰美知识看待问题，提出具有创新性和启发性的见解和分析思路。

3. 逻辑性：汇报内容的逻辑是否清晰连贯，观点之间的衔接是否自然合理，论证过程是否严谨且有说服力，是否能够自圆其说，形成完整的逻辑体系。

4. 表达流畅性：组长表达是否清晰、流畅，能否准确且生动地传达小组的观点和想法，语言组织是否合理，专业术语的运用是否恰当，是否能够吸引听众的注意力并引发共鸣。

5. 团队协作：观察小组在活动过程中的协作情况，包括成员的参与度是否高，意见交流是否充分且有效，是否尊重并合理整合了不同成员的观点，团队氛围是否积极良好，是否共同努力、高效地完成小组任务。

活动工具卡 5-1

一起畅谈"服饰之美"
理解 1：
理解 2：
理解 3：
理解 4：
理解 5：

审美赏析：把美丽穿在身上，让美感灌溉心田

一、万千风情中国女性服饰美的最强代言——中国旗袍

旗袍，起源于满族的袍服。袍服这种服装形式早在商代就已在汉族中形成，并作为基本款式沿用。图 5-2 为美丽的旗袍。

花样旗袍

美丽的旗袍

图 5-2　美丽的旗袍

满族人不分男女老幼皆着袍服，但是只有旗女之袍才与后世的改良旗袍存在渊源关系。何谓旗女，这要从八旗制度说起。1583 年，努尔哈赤开始统一女真各部的战争。在战争中为了加强对军权的控制，1601 年努尔哈赤在牛录制的基础上建立了黄、红、白、蓝四旗，1615 年扩大为八旗（原四旗名称冠以"正"，另四旗名称以黄、红、白、蓝冠以"镶"）。八旗制度从此成为满族社会的根本制度，满族人穿的服装就被称为旗装。因为满族常服一般为袍服，其形式世代相传，一直以简约的直身为基本样式，外族人称之为旗袍。有文献记载，早期的满人旗袍主要为"圆领、直筒、

右衽大襟"，不仅如此，为实现身份区分，满族人平民的旗装长袍大多为不开衩或两开衩，而皇帝所着的常服袍则往往为四开衩。长袍镶领袖边，长袖接马蹄形袖端，由于款式形状接近于马蹄，因此又被称为"箭袖"或"马蹄袖"。这种造型设计不仅是出于御寒考虑，同时也是行礼的一个辅助物品，如满人入关之后，在向高级当权者行礼时必须要放下袖口，待行礼后才可以卷起。

20世纪初，新文化运动以及西方思想文化的兴起和传播在一定程度上推动了中国群体服饰观念的改变，随着各种新观念及新思想的普及，以中国旗袍为代表的传统服饰开始积极融入多元化的西方流行元素，在中国服装中加入国外款式及面料，由此改变了传统旗袍宽松的特点，使得旗袍更有助于凸显中国女性身材的凹凸感和曲线感。不仅如此，西方裁剪及缝纫技术的引入，在一定程度上简化了中国传统服饰繁杂的缝纫方式，裁剪及制作也开始变得更加立体，更凸显了中国女性的韵味和美感，由此也带动了整个旗袍领域发展的新旅程。

在电影《花样年华》中，影星张曼玉换了23件旗袍，在这短暂的一个多小时中，观众被女主角不同心情下穿着的花样旗袍深深吸引。她心情愉悦时穿鲜艳的旗袍，失落时穿素色旗袍，旗袍的多样展现了女主人公情绪的起落。多年以后，也许你不记得电影的情节，但是这绚丽夺目的旗袍必定令人印象深刻、回味无穷。

我们可以从下述几个方面来欣赏旗袍之美。

1. 旗袍的色彩

众所周知，在服装设计中，色彩的重要性不言而喻，一套服装在展示过程中最先引人瞩目的往往是色彩，可以说，色彩是服装最为重要也最为主观的要素。作为中国流传几百年的服饰代表，旗袍经过不断创新发展，不仅展现了中国绘画色彩的亮丽、斑斓、缤纷之感，还能凸显女性的端庄、典雅、朴素、秀丽之美。通过在旗袍中融入中国色彩丰富、技艺多元的绘画手艺，往往更能够展现出不同文化内涵和韵味，从而给旗袍带来更加多元的视觉感受。

2. 旗袍的造型

作为服装的一个基本要素，造型往往包含点、线、面等几个方面，在服装设计中，造型往往能够很好地凸显出服装的美感。一般而言，对造型美的解读往往可以从外轮廓、领子、衣襟、盘扣等部分来进行，具体来讲可概括如下：第一，现代旗袍外轮廓设计较为贴合女性身材，能够很好地展现出中国女性的典雅、端庄、柔和之美；第二，在旗袍整体造型中，领子可以说占据非常重要的地位，尤其是作为服装的视觉中心，旗袍领子的形状更有助于彰显中国女性颈部的美；第三，衣襟及盘扣在旗袍整体造型设计中主要起到点缀作用，也由于其独特性而使得旗袍极富传统韵味。

3. 旗袍的纹样

受中国传统观念的影响，在旗袍纹样创作设计中也非常重视图案纹样的寓意，所涉及的题材领域非常宽广，例如有描绘祖国山水景象、各种动植物图画、蕴含吉祥祝福寓意的文字等。无论是何种题材都无一不在表明设计者对于美好生活及中国传统特色文化的向往及展现，极大地彰显了中国传统文化观念和特有的民族风情。

二、各美其美、美美与共——广西少数民族传统服饰

广西壮族自治区是一个多民族聚居的地区，历史文化悠久，12个世代居住民族的传统服饰是中华民族文化宝库中不可多得的珍宝。广西民族服饰历史积淀丰厚，绚丽多姿。不同的民族传统服饰构成了一个五彩斑斓的服饰世界。这些精美的少数民族传统服饰集中反映了一个民族或者一个地区的社会风貌、历史文化、经济水平、民情风俗和审美观念等。它们不仅直接显示和衬托外在美，还体现了各民族群众的心灵美。图5-3为五彩的少数民族服饰。

广西民族服饰秀燃爆

五彩的少数民族服饰

图5-3 五彩的少数民族服饰

1. 材料美和工艺美

广西民族服饰制作历史悠久。1956年，考古学家在柳州白莲洞发现一枚旧石器时代晚期的骨针。直到现在，在广西融水安陲的苗族在新春伊始，还会上山割芒草，编成衣裳披在身上，这种芒草衣反映了最原始的服装材料使用。

古老的纺专和纺车被广西先民广泛使用，直到20世纪末，在广西南丹、三江等地依旧有少数民族在用手摇式纺车纺纱，而广西少数民族仍旧广泛使用原始腰机织花带。广西壮族、瑶族、侗族等少数民族还有人在用织布机织布。此外还有工艺精湛的染色和刺绣挑花工艺，更是服饰装饰工艺不可或缺的重要部分。

广西各民族的染料多以原生态植物为主，染色工艺大致有树汁染、蓝靛染、蜡染、扎染和豆浆染等。在广西南丹县白裤瑶地区有一种粘膏树的树汁可作为防染剂，把树汁取下和蜂蜡及牛油一起煮沸成溶液，用自制画蜡刀蘸取这种溶液，在白布上绘制纹样，投入染缸后取出，再投入稻草灰煮的水中，蜡去花现。广西少数民族服饰上的纹样除了蜡染、扎染工艺形成，更多的是由刺绣工艺形成。壮族、瑶族、苗族和侗族服饰上都有精美的刺绣和挑花工艺。

2. 色彩美和造型美

广西少数民族服饰色彩鲜艳，纹样繁多。这些纹样和色彩记录了本民族的历史文化和宗教信仰，堪称"无字的史书"。广西南丹县白裤瑶，因男子穿白色灯笼裤而得名。在这白色裤子膝盖处用红色丝线刺绣5条长短不一的条纹，像人的手指。关于这个五指纹印有一个传说，白裤瑶的祖先为了反抗莫氏土官的压迫，率领族人与土官斗争，为保护民族尊严，在斗争过程中负伤流血，在裤子膝盖处留下五指血痕。为了纪念英雄的祖先及其功绩，白裤瑶男子们的裤子膝盖处都绣上了5条垂直的红色条纹。在广西隆林各族自治县猪场乡，有一个被称为"花苗"的苗族。花苗是苗族的一个支系，是远古时期九黎、三苗部落的后裔。约4600年前，生活在黄河下游的九黎部落与黄土高原的炎帝、黄帝部落发生冲突；后来，生活在长江中下游的三苗部落又与尧、舜、禹部落多次交战。苗族先民战败后被迫渡过黄河、长江，往南方迁徙，花苗支系最终迁徙到了广西隆林猪场乡一带。至今，猪场当地的花苗仍然穿着鲜艳的民族服饰。上衣用红、绿、黄等色线绣满各种纹样，下穿蜡染猫步百褶裙，扎绣花腰带，系绣花围裙，小腿缠绣花绑腿。传说花苗祖先打仗的时候，曾经用竹片作铠甲保护身体，后来花苗妇女为了纪念祖先，便用花腰带扎身代替铠甲。裙幅上的3条不同色彩的条纹表示他们的祖先在迁徙过程中经过的3条江河，四方形纹样则代表他们曾聚居过的城郭形状，这些思想厚重的纹样在外人看来是形式美的表达，但是在苗族民众心里则是承载民族历史的一部史书。以上这些服饰的色彩美和造型美背后都离不开民族的文化历史，所以也是民族文化美的体现。

三、舞台服饰里的江山画卷——《只此青绿》舞剧流光溢彩的服饰

2022年央视春晚舞台上，舞蹈诗剧《只此青绿》选段以一股"青"流博得满堂彩。该剧讲述了一位故宫青年研究员"穿越"回北宋，以"展卷人"视角"窥"见画家王希孟创作《千里江山图》的故事。

舞蹈诗剧《只此青绿》选段

《只此青绿》舞台服装

其中，设计师阳东霖担任服装总设计的工作。在创作中，他将画中意象、宋代美学呈现在舞台上。在他看来，衣服是穿在身上的文化，将传统文化融入服装设计是《只此青绿》引起人们共鸣的原因。图5-4为《只此青绿》舞台服装。

图 5-4 《只此青绿》舞台服装

1. 材料美和造型美

舞蹈诗剧《只此青绿》服装设计理念体现的是对传统文化的传承。《只此青绿》的服装造型中饱含宋代美学的清丽和雅致,通过抽象概念的服装展现画卷中亦实亦虚、亦真亦幻的青绿世界。在服装用色上,它以《千里江山图》为依据进行提取,服装制式在翻阅大量宋代古画与文献之后进行意象化提炼。舞者身姿绰约,好似在不断变化的重峦叠嶂中踏水望月而来,这样震撼的画面离不开服装的巧妙设计。他们采用不同种类的棉麻布质,从服装的款式上强调宋代美学的雅致感,用石青与石绿作为底色,袖子叠搭在一起时犹如山峦起伏,裙型将襦缠绕至腰间,用其层叠感形成山峦层叠之势。

2. 色彩美和文化美

对于每一幕服装的设计,都会根据不同场景、不同情境、不同人物的身份进行。无论是面料选择还是调配色彩,可以说是反复推敲,力求臻于完美。

设计师为王希孟这个人物设计服装时,从色彩、面料、款式等方面力求契合人物的身份、性格特征和时代背景。剧中的王希孟服装的色彩提取以绢纸的"茶色"为主色调,材质选用中国传统真丝面料,通透飘逸。服装结构在保留传统风格韵味的同时,融入了现代的结构处理,裙片的分割使这个人物在举手投足间尽显钟灵毓秀、超凡脱俗。剧中对篆刻、织绢、采石研磨、制笔、制墨等相关传统工艺行为进行了艺术化再现。五位工艺人的服装造型以宋代民间匠人为原型,在此基础上进行艺术化概括和解构,使得每个人物的服装都蕴含着鲜明的文化特征,体现不同行业匠人们劳动的特点。剧中无论是宋代的手工艺传承人:篆刻人、织绢人、磨石人、制笔人、制墨人,还是当代文物修复者,都是可敬的传统文化传承者。这样的舞台剧服饰创作,是在为他们画像,也是为他们立传,向他们致敬。

基于这样对传统文化的深入研究,才能让每一个看过《只此青绿》舞剧的观众感受到传统服饰和中国文化之美。

> 课堂审美活动 5-2

运用审美知识，填写服饰审美赏析体验表

一、活动安排

时间：25 分钟。

参与人员：全体同学。

工具：准备好活动工具卡 5-2 和笔。

二、活动目标

1. 熟练运用所学的服饰之美相关知识对不同的服饰审美对象进行全面且深入的系统分析，精准捕捉并清晰阐释其蕴含的各种美。

2. 能够顺利实现从理论学习到实际审美应用的过渡，针对具体的服饰作品，从文化和形式等多个维度进行深度的审美思考与细致分析，切实提升学生的审美鉴赏能力。

3. 通过小组协作、展示、交流等环节显著增强团队合作意识，有效提高学生的语言表达能力。

三、活动步骤

1. 分组：自行组成学习小组，每组 5～8 人。鼓励与不同专业背景的同学合作，以便完成任务。

2. 复习回顾：各小组利用 5 分钟时间共同回顾之前所学的服饰美的审美原理，梳理分析思路，为本次活动做好准备。

3. 选择与分析：各小组从审美赏析案例中选择一个审美对象。小组成员深入分析该审美对象在文化美和形式美各个方面的具体表现。每位组员积极发言，分享自己的独特发现和深刻理解，并结合服饰的款式、图案、材质纹理、色彩组合等进行详细阐述。组长负责认真记录小组讨论的重要观点和分析结果，填写在"活动工具卡 5-2"上。

4. 小组展示：各小组组长上台用 3～5 分钟展示小组的填写成果，展示过程中鼓励与其他小组进行互动交流，解答疑问，分享不同的分析视角。

5. 教师点评总结：教师根据各小组的展示情况，从填写内容的准确性、全面性、独特性以及分析的深度等维度进行点评。肯定学生的优点和创新之处，指出存在的不足并给予改进建议。同时，对本次活动进行系统总结，强调运用所学知识进行审美实践的重要性和实际意义，鼓励学生在今后的学习和生活中持续关注和欣赏服饰之美，不断提升自身的审美素养和文化品味。

活动工具卡 5-2

服饰审美赏析体验表

服饰美	审美类型	美的种类	美的发现（结合案例详细阐述）
服饰美的"内外兼修"	文化美	礼仪文化美	
		蕴含思想美	
		民族元素美	
	形式美	材料美	
		造型美	
		色彩美	

审美创造:"绣"美民族风,闪亮服饰秀

服饰之美,深植于生活土壤,与我们的个体体验及当下社会紧密相连。探寻与挖掘服饰文化中蕴含的文化与形式之美,积极开展"审美发现""审美赏析""审美创造"等系列活动,不仅能巩固本模块的学习成果,更能让我们深刻领略服饰文化的独特魅力。

一、活动主题

"绣"美民族风,闪亮服饰秀。

二、活动目标

1. 深入学习中国服饰文化,尤其是少数民族服饰的丰富知识,拓宽文化视野,增强对民族文化的认同感与自豪感,提升文化自信。

2. 通过实地参观博物馆、亲身体验民族服饰与汉服,细致入微地观察服饰之美的细节,全面提升审美感知能力,深刻感受服饰所承载的深厚文化内涵、精湛艺术魅力和独特情感价值。

3. 以小组合作的形式开展活动,有效培养团队协作、沟通交流能力,切实锻炼将审美理论转化为实践的能力。通过制作与分享图文并茂的PPT显著提高信息整理、图文设计和语言表达水平,促进综合素养的提升。

三、活动途径

审美创造途径		
第一步	发现美:参加活动前的准备	复习服饰审美原理,并借助手机或计算机等设备广泛查阅资料,聚焦本地某一民族服饰,深入收集其起源、发展演变历程、制作工艺(如刺绣、印染、编织等)、文化寓意(服饰在民族生活、信仰、社交中的作用)、特色图案(图案的象征意义、创作灵感来源)等相关资料,为后续的参观和体验活动筑牢坚实的知识基础
第二步	欣赏美:浸润探索发现	2~3名同学自由组建一个学习小组,课余结伴前往博物馆或学校周边留存民族特色服饰风格的乡村。仔细观察传统民族服饰的材质、色彩、造型与装饰,如丝绸之柔、刺绣之美。深入挖掘服饰背后的文化脉络与历史底蕴,感受其承载的记忆传承。在乡村,亲身体验传统服饰经现代设计后的创新蜕变。成员间积极交流,分享感悟,相互启发,共同探寻服饰之美,提升职业美育实践能力
第三步	创造美:表达感悟体验	结合服饰之美理论,将感悟到的服饰之美凝练、提升、总结,将通过学习而形成的正确的审美观转化为图文并茂的PPT,分享给大家

四、活动成果

1. 记录与分享：在欣赏美的环节，组员用发现美的眼睛观察、用感知美的心灵存储、用传承美的文字记录自己感悟到的美，将自己认为最美的民族服饰穿搭记录在"活动工具卡5-3"上，组长组织汇总大家的成果，上台展示本小组感悟到的服饰之美。

2. PPT制作与展示：课后，每个小组制作一个不少于10页的PPT。内容力求丰富全面、图文兼具，既要介绍广西民族博物馆和相思小镇的简介与特色，也要呈现所体验服饰的名称、所属民族和历史背景。还需要包含欣赏发现、审美分析、成员感悟总结，以及对民族服饰文化传承创新等方面的展望。小组推选汇报人，于下节课分享。

3. 评价标准：对于PPT和展示进行评价，评价内容包括PPT的内容完整性（是否全面介绍民族服饰及其历史文化背景，并深入分析其文化美与形式美）、图文搭配合理性（图片与民族服饰内容的相关性、图片与文字的协调性）、讲解的清晰流畅性（汇报人是否能够清晰、流畅地表达小组的观点和感悟，语言组织是否合理）等方面。

活动工具卡 5-3

记录自己感悟到的服饰之美
民族服饰穿搭照片（此处可粘贴或插入照片）：
收获的审美感受（例如所选穿搭中服饰的材质触感、色彩搭配的视觉效果、纹样蕴含的文化寓意，以及穿搭时对民族服饰"传统与现代融合"的体会等）：

项目六

旅游之美：
不止有诗与远方

知识目标

1. 了解旅游审美原理，构建起系统的旅游审美知识框架，为后续的审美实践奠定坚实的理论基础。

2. 全面认识旅游审美活动在美育方面所发挥的积极且独特的作用，理解其如何通过丰富的旅游体验潜移默化地提升个人的审美素养和人文情怀。

素养目标

1. 熟练掌握在旅游活动中进行审美鉴赏的多样化方法与实用技巧，能够敏锐地捕捉自然景观、艺术景观和人文景观中的美学元素，提升审美鉴赏的精准度和敏锐度。

2. 着力培养旅游审美活动中的生态美学意识，深刻领悟人与自然、人与环境和谐共生的重要意义，树立正确且科学的美学观，自觉成为生态环境保护的倡导者和践行者。

技能目标

通过参与旅游活动学会从不同角度对自然景观的壮丽、艺术景观的深厚底蕴、人文景观的独特风貌进行深入的审美欣赏，在欣赏过程中不断陶冶自身情操，实现心灵与山水、艺术、人文的深度融合，让自身的审美境界与外在的美好景观同频共振，共同升华。

一个人如果能够离开浮华的居室而欣赏大自然的美，他的内心肯定"具有一颗优美的灵魂"，而且值得"令人尊敬"。

——（[德]康德《判断力批判》）

从本质意义上看，旅游观光是一项综合性的审美实践活动。它集自然美、艺术美与社会生活美之大成，熔文物、古迹、建筑、园林、绘画、书法、雕塑、篆刻、音乐、歌舞、服饰、陈设、烹饪、民情、风俗……于一炉，涉及审美的一切领域和一切形态。

——（[中]王柯平《旅游美学纲要》）

审美导入：用脚步丈量世界，用心灵感受生活

从庄子"乘云气，骑日月"的"逍遥游"到唐代诗人李白的"五岳寻仙不辞远，一生好入名山游"，从"小砂糖橘勇闯东北冰雪季"带起研学旅游之热到广西"三月三"歌圩节穿越古今依旧人潮如海，旅游是人们日常审美生活的一部分，在丰富人类物质文明与精神文明、调节其情感与生存状态、提高其生活质量和促进社会审美活动等方面，具有特殊价值和推动作用。❶在旅游活动中，我们不仅可以感受自然之美、领略辽阔大地上的大山大河，还可以增长见识和经验，了解各地各种文化的博大精深，陶冶情操，体会人间百态。

"三月三"壮乡大地歌如海

有人说："生活不止眼前的苟且，还有诗和远方。"当旅游者离开他熟悉的环境，踏上旅途之后，无论是自然景观、人文景观、社会景观，还是旅游从业人员都是旅游者的审美对象，旅游者因此得到美的享受和精神的愉悦。❷旅游不仅是一种休闲活动，更是一种审美体验；不仅是一种怡情悦性的综合性审美实践，还饱含了充满哲理的人生态度和深刻感悟。我国古代哲人庄子所描绘的"逍遥游""驾云而行，日月为骑，遨游于四海之外"，这种自在与豪迈，这般豁达与气魄，实乃人生至高的追求与向往。"身未动、心已远"，让我们一起跟随旅游者的步伐，在旅游活动中来发现美、感受美、体验美。

原理解读：旅游主体与客体的多维度互动

旅游本质上是一场融合了多重元素的审美实践之旅。无论是壮丽的自然风光、多元的人文风物还是丰富的艺术风貌，我们在旅途中所遇到的各种人、事、物都能成为审美的景观，旅游者因此能够体验到精神的愉悦和美的享受。

然而，并不是每个人都能在旅游活动中轻易获得这些审美感受。在审美体验中，多种因素无形中影响着审美情趣的获得和审美修养的提升。这些因素包括但不限于景观的特征、审美方式的选择、审美主体的个人素养与兴趣、当时的心境状态等。这些因素在不同阶段和层面，以不同方式深刻影响着旅行者的审美体验。

因此，我们学习旅游美学，所要达到的目的，就是要学习如何在旅游活动中提高旅游审美感悟力，使旅游审美主体能够满足审美的需要。在本项目模块学习中，

---

❶ 王柯平. 旅游美学论要 [M]. 北京：北京大学出版社，2015：20.
❷ 马莹. 旅游美学 [M]. 北京：中国旅游出版社，2009：1.

我们将从旅游者视角出发，探索旅游中各类景观的审美特征，分析不同景观给审美主体带来的审美感受与体验，运用我们掌握的基础美学理论知识获得旅游审美的基本方法，从而提高审美修养，陶冶审美情趣，提高审美水平。图 6-1 为旅游之美的原理导图。

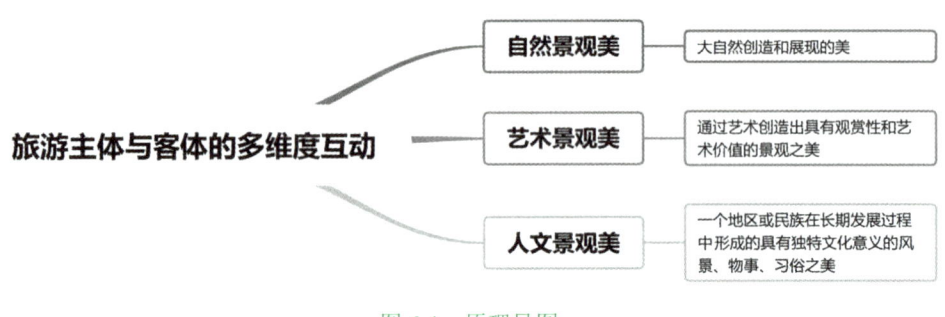

图 6-1　原理导图

一、旅游活动的审美性：山川万里，心随景动

旅游活动的审美性，是指旅游者在旅行过程中所体验到的对自然景观、人文景观、艺术景观以及各类旅游对象的美的感受和领悟。这种审美性不仅体现在对景观外在美的欣赏上，更在于对景观所蕴含的文化、历史、人文精神的深层次理解和感悟上。

旅游活动的审美性具有以下特征：

（1）旅游活动的审美性具有主观性，这种主观性源于每个旅游者独特的文化背景、审美素养和兴趣爱好。审美活动本身就是一种个体化的心理过程，不同的旅游者由于文化背景、审美素养、兴趣爱好的不同，会对同一景观产生不同的审美感受。

（2）旅游活动的审美性具有综合性，它要求旅游者调动多种感官，全方位地感知和体验旅游对象的美。旅游者在旅行过程中，会接触到各种类型的景观，包括自然景观、人文古迹、民俗风情等，这些景观以不同的方式展现着美的魅力，旅游者需要综合运用视觉、听觉、嗅觉等多种感官去体验和领悟。

（3）旅游活动的审美性具有动态性，随着旅行的深入，旅游者的审美感受会随着景观的变化而不断演变和深化。旅游者在旅行中的审美体验是一个不断变化的过程，随着旅行的深入和景观的变化，旅游者的审美感受也会不断发展和升华。

旅游活动的审美性对于旅游者来说具有重要意义。它不仅可以丰富旅游者的精神文化生活，提升审美素养和审美能力，还可以帮助旅游者更好地理解和欣赏人类文明的多样性，拓宽视野，增长见识。同时，通过旅游活动的审美体验，旅游者还可以获得心灵的愉悦和放松，缓解压力，提高生活质量。

因此，旅游活动的审美性是旅游体验的重要组成部分，也是旅游活动区别于其他休闲活动的重要特征之一。在旅游过程中，注重审美体验，用心去感受和领悟景观的美，将会使旅游活动更加丰富多彩，更加有意义。

二、旅游的审美对象及范围：风月无边心自远，旅途处处是诗情

旅游的审美对象集自然美、艺术美、社会美、生活美之大成，其对象和范围都是非常具体的，从衣、食、住、行到游、食、购、娱，旅游活动中的各类自然、艺术、人文等景观都可以进入审美视野，无一不体现了我们对当下日常生活的关注，其基本内容离不开"实践出真知"。总的来说，旅游活动的审美对象主要是景观，也就是在一定时空背景中由自然景观、人文景观、艺术景观构成的旅游审美对象。

自然景观包括山水树木、风花雪月、云霞鸟兽等。人文景观包括文物古迹、历史名城、园林建筑、民俗风情、社会生活以及各种形式的文化、艺术和娱乐活动等。艺术景观则指的是通过艺术手段创造出的具有观赏性和艺术价值的景观，这些都能成为旅游审美的对象。

（一）天地有大美而不言，美在自然间

自然景观美是由大自然所创造和展现的美的形态，它涵盖了山水草木、飞鸟走兽、日月云雾等自然现象和景观。这种美是由多种因素、多种成分融为一体的综合美、整体美，具有原生性、地域性、多样性、古老性、独特性、变化性等特点。

自然景观美的基础和核心是形状美，即其空间形式给人以美感，如奇峰怪石、重峦叠嶂、江河湖海等，这些千姿百态的自然景观让人产生美感。同时，自然景观也具有色彩美，蓝天、白云、青山、绿水、红花、绿叶等丰富的色彩给人们带来了愉悦的心情。此外，自然景观还有声响美，如鸟鸣、风声、水声等，让人在获得视觉享受的同时也获得听觉享受。

自然景观美的种类丰富多样，可以从多个角度进行分类和描述。

（1）自然景观美可以体现在"海、陆、空"各个自然景观中。在海上，我们可以看到潮汐的起伏、波浪的翻涌、珊瑚的瑰丽，这些都构成了海上特有的自然景观美。在陆地上，山脉的雄伟、河湖的宁静、草原的广阔、沙漠的荒凉，以及沼泽、草地等各种地形地貌，都展现出陆地自然景观的多姿多彩。而在空中，日、月、星辰、云、雾、雨、雪等天气现象，也为我们呈现出一幅幅壮丽的天空画卷。

（2）自然景观美可以根据其特点进行细分。例如，有奇险美，如悬崖峭壁、古树参天、惊涛骇浪等自然景象，令人产生惊心动魄的感觉；有壮丽美，如辽阔的大海、浩瀚的沙漠、旭日东升、夕阳晚照等，常常给人以胸怀开阔的感觉；有幽静美，如幽谷溪流、清潭印月、空山鸟鸣等景色，再配以幽雅的人文景观，令人觉得似在"世外桃源"之中；有秀丽美，如花红柳绿、彩蝶翩翩、小溪叮咚等，给人的是一种清新秀美的感受。

（3）自然景观美可以从雄、秀、奇、险等角度进行描述。雄即雄伟，如泰山等山岳的壮美景色；秀即秀美，如峨眉山的柔和秀丽；奇即奇特，如黄山等自然景观的独特形态；险即险峻，如华山的陡峭险要。

总之，自然景观美是一种综合的、多层次的、具有丰富内涵的美。当我们通过旅游活动欣赏自然景观，感受到大自然的神奇和魅力后，不仅可以丰富精神文化生活，提升审美素养，还可以促进人们对自然的认识和保护，实现人与自然和谐共生。

（二）让理想与现实交融，美在艺术里

艺术景观美指的是通过艺术手段创造出的具有观赏性和艺术价值的景观所带来的美感。它是艺术与自然的完美结合，旨在给人们带来审美的享受和情感的共鸣。艺术景观不仅体现了艺术家的创造力和想象力，也反映了人们对美好生活的追求和向往。

艺术景观美在城市规划、园林设计、公共空间营造等领域发挥着重要作用。它不仅能够提升城市的文化品位和形象，也能够改善人们的生活环境和品质。通过欣赏艺术景观美，人们可以感受到艺术的魅力和力量，体验到生活的美好和丰富。

旅游中的艺术景观美可以从多个维度进行分类，根据其特色、表现形式和所蕴含的文化内涵，大致可以分为以下几类：

（1）自然艺术景观。

山水景观：包括壮丽的山脉、秀美的溪流、宁静的湖泊、独特的峡谷地貌，它们以其自然之美吸引着游客，展现大自然的鬼斧神工。

生态保护区：如国家公园、自然保护区等，这些地区不仅保护了珍稀动植物，也提供了游客亲近自然、感受生态平衡的场所。

（2）人文艺术景观。

古建筑景观：包括历史悠久的寺庙、古塔、宫殿、城墙等，它们以独特的建筑风格和深厚的历史文化底蕴吸引着游客。

文化遗址：如古战场、古村落、考古遗址等，这些地方保存了丰富的历史信息，让游客能够穿越时空，感受历史的厚重。

艺术博物馆与画廊：集中展示各种艺术作品（如绘画、雕塑、手工艺品等）的场所，为游客提供了一个欣赏艺术、了解文化的平台。

（3）创意艺术景观。

主题公园与景区：如迪士尼乐园、影视城等，这些地方通过创意设计和各种娱乐设施为游客提供了一个充满乐趣和想象力的空间。

特色文化街区：保留或再现了特定历史时期或地域文化的街区，如古镇、民俗村等，游客可以在这里体验传统的生活方式和文化氛围。

（4）现代艺术景观。

现代建筑景观：包括具有现代设计理念和独特造型的建筑，如摩天大楼、桥梁、体育馆等，它们以创新的形象和实用的功能吸引着游客。

光影艺术装置：利用灯光、投影等现代技术手段创造出的艺术景观，如灯光秀、互动艺术装置等，为游客带来视觉和感官上的新体验。

这些分类并不是绝对的，很多旅游艺术景观可能同时具有多种特点和元素。在旅游过程中，游客可以根据自己的兴趣和需求选择适合自己的艺术景观进行欣赏和体验。

总之，旅游艺术景观美的特征多种多样，它们共同构成了丰富多彩的旅游艺术世界，让游客在旅途中能够享受到美的熏陶和艺术的滋养。

（三）当民俗与旅游相遇，美在人文中

人文景观美，是指一个地区或民族在长期发展过程中形成的具有独特文化意义的风景、事物、习俗等所展现出来的美感。它涵盖了文化传统、生活习俗、传统节庆等多个方面，体现了人类社会和谐共生的关系，以及地方文化的独特魅力。

人文景观美是旅游审美对象的重要组成部分，它通过具体的物质和文化形式，将地方的文化特色和精神内涵传递给人们。当人们欣赏人文景观美时，不仅能够感受到视觉上的愉悦，更能够领略到其中蕴含的文化底蕴和精神价值。

同时，人文景观美也是地方旅游业发展的重要资源。通过挖掘和展示地方的人文景观美，可以吸引更多的游客前来观光旅游，促进地方经济的发展。因此，保护和传承人文景观美，对于维护地方文化的独特性和多样性，推动旅游业的可持续发展具有重要意义。

人文景观的种类繁多且各具特色，与日常生活的方方面面密切相关，主要分为以下几个种类：

（1）物质生产：包括采集、狩猎、畜牧、农耕、手工业等生产活动的人文景观，这些人文景观反映了不同地区和民族在特定历史条件下的生产方式和劳动智慧。

（2）物质生活：主要涉及衣、食、住、行等物质消费方面的民俗，比如各地的服饰特色、饮食习惯、居住风格、交通方式等，都是物质生活的重要体现。

（3）社会组织：包括村落、乡规、集市等社会组织和规范，这些民俗反映了社会结构和人际关系的形成与演变。

（4）岁时节日：节日是民俗文化景观的重要载体，不同地区和民族都有自己独特的庆祝方式和节日习俗，如春节、中秋节、端午节等传统节日，以及各民族的特色节日，都充满了浓厚的民俗色彩。

（5）礼仪民俗：包括诞生礼、婚礼、寿礼、葬礼等人生重要阶段的庆祝和仪式，这些民俗体现了人们对生命的敬畏和尊重，也反映了社会文化的传承和变迁。

（6）游艺竞技：包括民间游戏、竞技活动以及各种娱乐活动，这些人文民俗不仅丰富了人们的日常生活，也体现了人们的智慧和创造力。

（7）民间信仰：涉及各种宗教信仰、神话传说、民间禁忌等，这些人文景观反映了人们对自然的敬畏和对超自然力量的信仰，也体现了人们对生活的美好愿景和期望。

每一种人文景观都是特定地域、特定社会群体在特定历史条件下的产物，它们共同构成了丰富多彩的人类文化景观。通过对这些人文景观的欣赏与观照，我们可以更深入地认识和理解人类文化的多样性和复杂性，实现审美的体验。

总之，人文景观美是一个地区或民族文化的独特体现，它通过具体的物质和文化形式展示了地方文化的魅力和价值。欣赏和保护人文景观美，不仅有助于丰富人们的精神文化生活，也有助于推动地方文化的传承和发展。

> 课堂审美活动 6-1

谈谈自己对"旅游美"的认识

一、活动安排

时间：25 分钟。

参与人员：全体同学。

工具：准备好活动工具卡 6-1 和笔。

二、活动目标

1. 深度理解"自然景观美""人文景观美"和"艺术景观美"的概念和内涵，精准把握它们各自的特征和表现形式，清晰区分不同类型景观美的独特之处。

2. 运用审美原理分析旅游景观，从多个角度（如自然属性、文化背景、艺术创作等）审视"旅游之美"，切实提升审美鉴赏和批判性思维能力。

3. 促进学生之间的广泛交流与紧密合作，增强团队协作精神。通过小组讨论和汇报学会倾听他人观点，能够清晰、有条理地阐述自己的观点，有效拓宽对旅游之美的认知视野，丰富审美体验。

4. 建立"旅游之美"与专业学习（如旅游管理、艺术设计、建筑工程等）的联系，理解不同类型景观美在旅游相关职业领域的应用价值，为未来从事相关职业奠定坚实的理论和审美基础。

三、活动步骤

1. 分组：根据自身兴趣和交流便利性自行组成学习小组，每组 5~8 人。建议不同专业背景的同学相互搭配，以便从多学科视角探讨"旅游之美"，实现知识和思维的优势互补。

2. 资料查阅：通过多种途径查阅资料，如专业书籍、学术论文、旅游纪录片、相关网站等。收集自然景观（山川湖泊等）、人文景观（古村落等）、艺术景观（雕塑等）的资料，了解其形成、文化内涵、创作手法等。同时结合专业知识，思考景观美在旅游领域的应用，为讨论做好准备。

3. 各小组依据从多渠道获取的资料展开深入讨论，思考以下引导性问题："自然景观美从地质学、生态学等角度是如何形成的，其独特自然属性有什么影响？""不同文化背景下人文景观美在建筑风格等方面有哪些差异，反映了什么文化内涵？""艺术景观美如何借创作手法传达情感思想，与自然、人文景观美相比独特价值何在？""结合专业，旅游开发等领域怎样更好地展现利用三类景观美？"。每位组员踊跃发言，畅谈对三类景观美的独特认识，并详实记录在"活动工具卡 6-1"上。

4. 小组汇报：各小组组长上台汇报小组对"自然景观美""人文景观美""艺术景观美"的理解。内容涵盖主要观点、案例分析、与专业学习关系的思考，以及收获体会。汇报需要逻辑清晰、重点突出，准确传达成果，鼓励他组成员提问、交流，促进思想碰撞。

四、评价标准

对于小组汇报，将从下述几个方面评价。

1. 内容准确性：看小组对"自然景观美""人文景观美""艺术景观美"原理的理解运用是否准确，观点有无依据，案例分析是否契合原理。

2. 独特性：判断小组观点是否新颖独特，能否从不同的角度结合原理看待各类景观美，有无创新性见解。

3. 逻辑性：检查汇报内容逻辑是否清晰，观点衔接是否自然，论证过程是否严谨。

4. 表达流畅性：考察组长表达是否清晰、流畅，能否准确传达小组观点，语言和专业术语运用是否恰当。

5. 团队协作：观察小组活动中的成员参与度，意见交流是否充分，是否尊重并整合不同观点，有无良好协作氛围。

活动工具卡 6-1

一起畅谈"旅游之美"

美的类型	概念理解（结合讨论阐述）	具体案例分析（景观名称、美的体现）	与专业学习的联系（结合自身专业）	独特观点（个人或小组独特见解）
自然景观美				
人文景观美				
艺术景观美				

审美赏析：有趣的人生，既有人间烟火，又有山川湖海

一、风光时时新，美景古今同——南宁青秀山之美

早在明朝时期，青秀山便已成为广西南宁的旅游胜地。1613年，徐霞客踏上了他中华大地上的万里征途，为后世留下了不朽的《徐霞客游记》。其中，《粤西游日记》占据了全书约三分之一的篇幅，长达20余万字，足见徐霞客在广西游历时间之久，对广西的山水、人文与美食热爱之深。

徐霞客曾游览青秀山，并在其游记中描绘道："有土山兀出北岸，是为青秀山，上有浮屠，五级出青松间，乃南宁东南出水口也。"这段文字生动地展现了青秀山的自然风光与人文景观，为我们留下了一幅生动的历史画卷。

广西南宁青秀山

邕江蜿蜒处与城相融的南宁青秀山

通过徐霞客的游记，我们不仅可以领略到青秀山的美丽风光，还能感受到他对大自然的敬畏与热爱。图6-2为邕江蜿蜒处与城相融的南宁青秀山。

图6-2　邕江蜿蜒处与城相融的南宁青秀山

（一）青秀山美在"悦耳悦目"的自然之美

乔修业先生在《旅游美学》中提到："风景中最显著的特征是形象美，而且形象是万象纷呈、千姿百态的。正是这各种各样的形象吸引着旅游者，使他们获得美的享受。"对于大多数旅游者而言，旅游审美体验往往始于对自然风光和山水形态的沉醉。在旅游审美的初级阶段，基于感性的"悦耳悦目"成为首要体验。

踏入青秀山景区，首先映入眼帘的是连绵起伏的山峦，它们宛如一幅幅立体的山水画卷，展现出独特的形态美。山间云雾缭绕，营造出一种神秘而宁静的氛围。沿着山脚蜿蜒的小路前行，可以近距离领略到各种植物的千姿百态，感受大自然的神奇创造力。

青秀山景区内，各个园区都有其独特的魅力。在苏铁园，游客可以欣赏到近百株千年树龄的苏铁，感受历史的沧桑；兰花园则展示了国际领先的高品质户外兰花，让人流连忘返；雨林大观汇聚了180多种国家级重点保护植物，是了解生物多样性的绝佳之地；广西珍贵树种展示园则让游客能够近距离接触广西的珍稀树种，感受地域特色的魅力。

不同季节的青秀山也有着不同的风情。春天，桃花岛上的3万多株桃树竞相绽放，为游客带来一片花的海洋；夏天，水生花园的睡莲静静漂浮在水面上，宛如莫奈名画中的场景重现；秋天，桂花园里的上万株桂树散发出浓郁的香气，让人陶醉其中；深冬时节，青秀山的绿树依然郁郁葱葱，为游客带来生命的活力和心灵的洗礼。

因此，作为以自然旅游资源著称的青秀山，人们首先体验到的是其丰富的自然之美。通过对自然之美的深入考察、欣赏和体验，人们能够更全面、更直观地理解自然的奥秘，并重新审视人与自然的关系。在这里，自然不再仅仅是人类生活的背景，而是成为与人类相互交融、和谐共生的伙伴。旅游审美的过程，实际上也是人与自然实现"天人合一"境界的旅程。

（二）青秀山美在"悦心悦意"的理性之美

青秀山凭借自身丰富的自然资源赢得了广大游客的青睐。然而，相较于自然景观的广泛知名度，其人文景观的美学价值却往往被忽视，这无疑是一种低估。如果没有超越感性的理性体验，单纯欣赏自然之美是极易疲乏的；旅游审美需要从自然的感性之美升华到人文的理性之美，人在风景中读到了自我，单纯的风景成为自我的外化，从而达到悦心悦意的理性审美层次。

在设计之初，青秀山便注重展现其独特的亚热带风情与壮族文化特色。景区内，诸如天池、古道（包括著名的阳明石刻）、龙象塔等景观，无不透露出深厚的文化底蕴。游客在古道中漫步，不仅可以领略到诸如仙人插剑石、义虎石等奇特的自然景观，崖壁上镌刻的诗文更是令人陶醉，流连忘返。

此外，青秀山还通过阳明先生过化处和董泉等清幽景点，为游客提供了一个怀古思忧、领悟人生的场所。而青秀山书院更是在清幽的环境中独树一帜，吸引了众多文人墨客驻足，现已成为南宁市的文化与艺术交流的重要平台。近年来，兰园、桂花园等专类园的建成，进一步凸显了青秀山的人文特色。这些园区通过展示国兰造景及其文化特色，打造了梅兰竹菊"花中四君子"的文化符号，并结合古典园林建筑，将国兰艺术的文化精髓融入到景观之中，形成了独具魅力的中式园林庭院。

游客闲逛其间，仿佛置身于一个远离尘嚣的"世外桃源"。这种静谧的环境不仅为游客带来了审美意境的升华，更让他们体验到了超越感性的理性回归之美。青秀山所营造出的这种文化氛围，使游客能够身临其境地感受到回归自然的强烈愿望，从而吸引了更多的休闲游客前来探访。图6-3为城厦映金花海南宁青秀山黄花风铃园。

城厦映金花海南宁
青秀山黄花风铃园

图6-3　城厦映金花海南宁青秀山黄花风铃园

（三）青秀山美在"悦志悦神"的崇高之美

旅游审美的最高境界，是旅游者在欣赏秀美或崇高的自然景色、动态或静态的审美对象时，通过感知、想象、情感、理解等心理功能的交织作用，所引发的精神意志上的愉悦与振奋，以及伦理道德层面的超越与完善动力。这种"悦志悦神"代表着旅游者从个人狭隘视角向更广阔世界观念的转变，是超越感性与理性的审美体验，是实现个人与审美对象间的深度和谐与统一。

青秀山在旅游资源上独具特色，尤其在民族文化展现方面，拥有广西同学军抗日烈士纪念碑、龙象塔、澳门回归林等多处景点，这些景点蕴含着深厚的爱国主义教育意义。广西同学军抗日烈士纪念碑矗立于青秀山帽子岭之上，碑体上雕刻着同学军抗日战斗的生动浮雕，展现了那段英勇的历史。此碑原位于桂林，后于1991年迁至青秀山，成为传承民族精神的重要场所。游客在参观这些充满民族情感的景点时，会自然而然地感受到强烈的民族自豪感，进而将个人的情怀融入到国家和民族的宏大叙事中，体验到一种崇高而庄重的美感。

此外，青秀山在宗教文化方面亦拥有得天独厚的资源。景区内的观音禅寺和水月庵等宗教场所为游客提供了体验宗教文化的绝佳机会。例如，观音禅寺的前身白云寺，在北宋时期即有僧侣修行，后逐渐发展为白云精舍、妙超寺、三宝堂等宗教建筑，2000年4月三宝堂更名为观音禅寺，成为南宁市宗教界的重要场所。游客在青秀山的宗教之旅中，能够感受到身心的净化与合一，体验到一种超越世俗的崇高美感。

从自然景观"悦耳悦目"的感性审美魅力，到人文景观"悦心悦意"的理性深厚底蕴，再到"悦志悦神"的崇高境界，青秀山之美，美在自然与人文的和谐共生，美在丰富的历史文化内涵，美在心灵的洗礼和升华。作为5A级重要旅游风景区，青秀山已经成为市民休闲娱乐、观光旅游的好去处，也吸引着区内外越来越多的游客前来探访。

二、冰雕细琢处，流光溢彩时——冰雕艺术景观之美

2024年年初，一群来自广西南宁的萌娃在老师带队下前往哈尔滨开展研学之旅，孩子们迈着小碎步在冰天雪地里摇摇摆摆，或是躺在雪地中撒欢，或是欣赏美妙绝伦的冰雕，或是在积满冰雪的滑梯上嬉戏。因为橘红色的统一着装和整齐划一的队形，其

哈尔滨冰雪大世界

视频迅速在网上蹿红，被网友戏称"广西'小砂糖橘'勇闯哈尔滨"。随着"广西'小砂糖橘'勇闯哈尔滨"的热播，不仅"读万卷书不如行万里路"的研学旅游理念愈发被大众接受，哈尔滨冰雕艺术旅游的热度也被推向了新的高潮。越来越多的游客被网络视频中展现的冰雪奇景所吸引，纷纷涌向哈尔滨，亲身感受冰雕艺术的魅力。哈尔滨的冰雪大世界、太阳岛雪博会等著名景点更是人头攒动，游客们纷纷驻足欣赏，拍照留念。

在冰雪大世界里，人们尤其喜欢欣赏形态各异的冰雕艺术作品，它们有的是巍峨的冰雪城堡，有的是生动的冰雪动物，有的是栩栩如生的冰雪人物等，每一个雪雕都展现了雕刻师的艺术才华，给人以无穷的想象空间。夜晚，整个冰雪大世界被五彩斑斓的灯光所照亮，冰雪建筑和雕塑在灯光的照耀下展现出奇幻的美丽，让人目不暇接。为适应人们不断提高的审美水平和审美需求，冰雕艺术家在创作理念、内容、形式、材料等方面持续创新，进一步强化冰雕的观赏性、体验性、互动性，展现自然、艺术与科技交融共生之美。通过将冰雪艺术与旅游体验相结合，艺术家为游客打造了一个充满梦幻色彩的冰雪世界，这是一个将艺术景观与旅游活动巧妙融合的典范。冰雕艺术作品给游客留下了深刻的印象，不仅因为它绚丽的艺术景观，更因为冰雪这一特殊材质极其奇特的艺术造型所组成的梦幻世界，带给游客新奇、陌生的旅游观感，使人仿佛置身于理想中的童话世界。人们在艺术景观美的欣赏中能够看到理想与现实的碰撞交融，这便是艺术景观在旅游中所承载的审美功用。

（一）自然与艺术的和谐共鸣

中国冰雕艺术源远流长，历史悠久。据史书记载，早在汉代，便已有"积冰为楼"的盛景；至唐代，更有"取坚冰令工人镂为凤兽之形"的记载，冰雕成为赏玩与馈赠的佳品。在民间，冰雕的雏形——"冰灯"应运而生，冬季严寒的北方，人们就地取材，以冰灯照明。而后，每逢春节、元宵节，民众常于门前摆放冰灯，为节日增添喜庆气氛。1963 年，哈尔滨市兆麟公园首创冰灯游园会，尽管当时冰灯作品造型简单、种类有限，却为现代人重新认识这一古老的民间艺术提供了契机，揭开了国内现代冰雕艺术创新发展的序幕。

冰雕艺术之美，在于其以自然之冰为媒介，经过历代冰雕艺术家的不懈探索，冰雕艺术在内容与形式上都发生了翻天覆地的变化，不断刷新着人们对自然之冰的认知。往昔，受限于冰块采集技术，创作者多选用固定尺寸的整块冰作为原料，制作单体冰雕。而今，艺术家们更倾向于将大型冰块分割成小块，再通过组合、堆砌、雕刻等手法创作出更为复杂的大型冰建筑和组合式冰雕，这种创新方式极大地丰富了作品的体积与形态。

在题材选择方面，冰雕艺术多从中华优秀传统文化中汲取灵感。例如，郭兵的《福禄》运用夸张与概括的手法，将传统装饰图案中的蝙蝠纹样转化为符合现代审美趣味的立体形象，其流畅的曲线勾勒出蝙蝠振翅欲飞的生动姿态，表达了纳福迎祥的美好愿景；权振龙的《三星堆》将三星堆文化的代表性符号如太阳神鸟、青铜面具等巧妙地融合在一起，通过精心布局增强了作品的整体感。在阳光的照耀下，冰雕熠熠生辉，折射出古蜀文明的辉煌与神秘。此外，如李向宇的《哪吒闹海》、庞宇的《后羿射日》等作品，均以浪漫主义手法来演绎民间神话故事，为冰雕艺术增添了深厚的文化底蕴。

以冰雕为载体诠释重大主题、反映现实生活，已成为众多创作者的自觉追求。为迎接 2025 年第九届亚冬会，哈尔滨市在主要路段和旅游热点布置了形态各异的主题冰雕，吉祥物"滨滨"和"妮妮"的可爱形象吸引了众多游客驻足合影。在内蒙古自治区呼伦贝尔市，围绕"铸牢中华民族共同体意识""北疆文化""冰雪运动"等主题，当地创作了一系列冰雕作品，放置于城市公共空间，为冬季文旅活动增添了一抹亮色。

冰雕艺术与文化的融合、为旅游业的赋能，不仅提升了城市形象，促进了地域文化的交流，更丰富了大众的精神文化生活，展现了自然与艺术和谐共鸣的美好画卷。

（二）科技与传统交织的华章

在新技术浪潮的推动下，传统冰雕艺术正与科技深度融合，这一变革不仅改变了冰雕的创作媒介、工具和方法，还催生出了全新的艺术风格和形态，为大众带来前所未有、丰富多元的冰雪文化体验。

从天然冰到复合冰的演进，冰建筑形态得以拓展。传统的冰建筑大多依赖天然冰进行切割和砌筑，然而，由于天然冰的强度有限，冰建筑的造型和规模往往受到限制。近年来，冰雕艺术科研团队致力于研究复合冰的应用，通过在水中按比例添加纸屑、纤维等物质，所制成的复合冰强度显著优于天然冰，为打造更大跨度的冰雪建筑提供了可能。

冰雕艺术的视觉效果也从单色走向多色，更加丰富多彩。早期，国内冰雕多依赖发白光的日光灯管作为光源，为追求多彩效果，人们只能将彩色塑料纸包裹在灯管上。这种方式的灯光不仅刺眼而且连续性差，难以充分展现冰雕的美。而现在，节能LED灯带被广泛应用于冰雕展示中，其发光均匀、柔和细腻、通透明亮，并可根据需要调整色度参数。如今，夜间冰雕景观的色彩已远不止赤橙黄绿青蓝紫，大型冰雕与多彩灯光秀的结合更是成为新的创作趋势。通过精心的灯光色彩设计，冰雕的观赏性得到了极大提升，营造出一个绚丽多彩的冰雪世界。

此外，冰雕艺术的呈现方式也从单向传播转变为双向互动，极大地增强了观众的体验感。传统冰雕作品多以静态展示为主，而现在，借助科技媒介，观众可以更加沉浸地感受冰雕艺术的魅力。以哈尔滨冰雪大世界为例，那里的大型冰块钢琴不仅呼应了音乐之城的文化特色，还通过嵌入LED灯带并引入寒地低温数字雷达感应技术，使游客在触碰"琴键"时能够改变灯光颜色并触发美妙音符，实现了艺术与科技的完美结合。

科技的加入不仅激发了冰雕艺术家的想象力与创造力，还推动了冰雕艺术的持续创新。一些创作者运用数字艺术还原冰的质感，创作出令人耳目一新的虚拟冰雕作品。同时，更多的艺术家在冰雕的内容、形式和技法上不断创新，使这一古老的艺术形式焕发出新的活力。

（三）文化交流互鉴的桥梁

冰雕艺术，以其环保的材质、简便的取材方式、多样的制作手法，既彰显了艺术的创造力，又承载了深厚的文化内涵。它唤醒了人们对大自然的敬畏之心，也寄托了人们对美好生活的向往。在各类冰雕大赛与展览的舞台上，艺术家们通过作品交流思想、对话文化，进而加深相互间的文化认同。

例如，2024年举办的第四届全国青年专业冰雕比赛金奖作品《鱼波龙年》凭借其独特魅力吸引了众多观众的目光，赛后也作为景观展出，供旅游者欣赏。人们既为作品的精巧细节所折服，又为冰雕这一"遗憾的艺术"中龙牙、龙须终将消融的命运而感慨。这也使得更多人开始懂得，冰雕之美，贵在短暂，唯有及时欣赏，方能领略其真谛。

冰雕艺术作为一种直观、生动的艺术形式，还具有跨越时空的文化传播力。在"你好！中国"冰雕彩灯艺术展上，中国冰雕艺术家们创作的《吉祥龙》《"你好！

中国"熊猫》等作品向世界展示了中国传统文化的魅力,传递了中国人民对外国友人的友好情谊和热切邀请。近年来,越来越多的冰雕作品走出国门,将中国的冰雪文化带到世界各地。比如,《盛唐颂歌》以精湛的技艺再现了唐代歌舞的盛况,展现了中华文明的深厚底蕴;《中国画·话中国》以清莹透彻的冰雕形式展现了中华书房文化的典雅之美。这些作品在各地的冰雕艺术展上备受瞩目,人们通过欣赏和交流增进了对不同文化的理解和尊重。

冰雪是大自然的馈赠,而冰雕艺术则是文化交流的使者。当夜幕降临,华灯初上,冰雕作品在灯光的映照下熠熠生辉,它们诉说着新时代的冰雪故事,寄托着人们对美好未来的憧憬。通过这些冰雕作品,人们不仅能够欣赏到艺术景观的魅力,更能够感受到文化的力量,在旅游审美中体验到不同文化之间的交流与互鉴。

三、食得花婆粥,一生都有福——人文旅游之美

如果说,旅游中自然景观美的对象是山川湖海、花草树木、鸟兽虫鱼等,那么旅游人文景观美即旅游活动中所经历的各种社会生活所呈现的人文美,如民间习俗、民族节日、民族风情等。例如广西"三月三"歌圩、宾阳"炮龙节"、蒲庙"花婆节"等历史文化

南宁蒲庙花婆送"粥"福

节庆旅游活动,便是我们在旅游中可以欣赏到的人文景观之美。图 6-4 为南宁市邕宁区蒲庙"花婆节"文化旅游活动掠影。

图 6-4 南宁蒲庙"花婆节"文化旅游活动掠影

（一）壮乡非物质文化遗产"花婆节"

花婆节又称花王节、花王圣母节，流行于广西壮族聚居地区。据传说，花王是壮族群众的生育女神和儿童守护神。而壮族始祖母六甲在农历二月初二诞生，专门主管赐花送子之事。相传在南宁市邕宁区蒲庙镇五圣宫对面的大众码头，有一位乐善好施的阿婆常常给过往的客商卖粥，如碰上穷人则免费施粥。阿婆过世后，乡亲们为了纪念她，建有一庙，并在每年农历三月十二举行纪念活动，逐渐形成当地特有的花婆节。"花婆粥，滚碌碌。慢慢食，都有福……"蒲庙花婆节于 2018 年列入自治区级非遗名录后，被当地演绎成多姿多彩的民俗节庆活动。花婆节这天是壮族人民重要的"圩日"，蒲庙镇成为热闹的"圩"，接纳着来自四面八方的游客，在欢乐祥和的节日气氛中传播着乐善好施的传统美德。

（二）在"花婆节"庆典旅游中感受民俗文化

蒲庙花婆节的民俗活动很丰富，有"花婆"施粥、放花灯、花车巡游、百家宴、放祈福水灯等各种民俗庆典，来自四面八方的游客参与其中，体验非遗传统文化的魅力。其中，最引人注目的莫过于"花婆巡街"民俗风情展示。巡游的彩车上端坐着一位

南宁蒲庙"花婆节"

花婆扮演者，两手各托举着一名小女童，一名是向行人送花婆粥的"花仙子"，另一名是提着花婆水灯的"虾仙子"，表演者都身着传统壮族服饰，头戴五彩花卉；慈祥的花婆，寓意勤劳致富的"春牛"，叹唱生活美好的疍家人……节庆展示了蒲庙浓厚的传统民俗文化和人文精神，演员不时与游客们进行互动，引来阵阵欢呼。道路两旁人声鼎沸，游客随着巡游队伍移动，不停地拍照打卡，让"花婆"积德行善的品质得以代代相传。此外还有龙狮队、灯笼队、水上民歌队、腰鼓队、壮族风情表演队、舞春牛队等，在喜庆热闹的锣鼓声中，沿着蒲庙镇主要街道开展巡游，实为一场审美盛宴。

（三）"花婆节"的社会文化审美功能

蒲庙在历史上经常发生洪水、干旱、大风等灾害，人们迫切地希望获得先祖和神灵的护佑。因而，关于花婆的传说很容易就被当地人所接受并且广泛流传。人们敬奉花婆，是希望得到花婆的庇护和保佑，以此祈求福运，摆脱灾厄。通过节庆活动传颂花婆的事迹，本质是在大众间传颂向善向美的崇高品德。

节庆民俗作为社会文化系统中的有机组成部分，在现代旅游中发挥着重要的作用，具有社会文化审美功能。蒲庙花婆节的社会文化审美功能，概括来说主要有三种，即传统民俗审美文化的传承功能、地区审美文化认同的强化功能、对当地民众的美育教化功能。

1. 传统民俗审美文化的传承功能

花婆节作为蒲庙最具代表性的节庆民俗之一，传承年代久远，在蒲庙当地影响

深远，花婆传说也早已成为蒲庙民众的集体文化记忆。在花婆节民俗活动、祭祀仪式的举办过程中，民众关于花婆的文化记忆不断地被唤醒并强化。尤其是近几年，随着花婆节把当地水上民歌、龙狮表演、抢花炮等其他民俗融进花婆巡街活动中后，蒲庙花婆节就越发成为传承当地传统民俗文化的一个重要平台。

蔡元培先生早在20世纪初就倡导"以美育代宗教"一说："美育之目的，在陶冶活泼敏锐之性灵，养成高尚纯洁之人格"，现代"花婆节"庆典本质上是一场传承非遗的美育活动。庆典活动中花婆赐福的仪式不断融入当地民间文化元素，不仅表达了民众祈求家庭兴旺、祛除灾厄等的美好愿望，还向大众传播了向善乐施的美德，担当着维系社会和谐的美育功能，也促进了当地传统民俗审美文化的传承和发展。图6-5为绍兴市孑民图书馆内蔡元培美育理念以文字形式上墙呈现。

蔡元培先生美育理念

图6-5 蔡元培先生的美育理念

2. 地区审美文化认同的强化功能

蒲庙花婆节既是一种节庆民俗，也是一种民间审美文化，它的影响范围主要在蒲庙一带，早已融入当地生活的各个方面。人们用美丽的头饰与服装扮演成花婆，举行缤纷多彩的花婆神祭祀仪式，祈求花婆神保佑已经成为当地的一种地区文化。每年农历三月十二日花婆节将会举行各种民俗活动、祭祀仪式，为当地民众提供了一次人员集聚的重要契机，无论男女老少，当地人还是外地游客，都可以加入这一盛会，这是一场没有门槛的大众审美文化传播活动。花婆节的仪式活动不仅有很强的审美观赏性，还加强了居民彼此之间的联系，尤其是在花婆祈福活动的过程中，

民众的热情参与把彼此联结起来，营造了一种和谐的氛围，强化了对民族传统文化的审美认同。

3. 对当地民众的美育教化功能

大力发展民俗文化旅游活动，能够让人们在丰富多彩的旅游活动中度过闲暇时光，也是对普通民众实施美育教化的重要途径。民俗文化旅游的广泛参与性就决定了它具有重要的美育教化作用。民俗作为一种民间文化形式，本身蕴含着忠义、仁慈、善良、热心助人、勤劳、孝敬等优秀思想内核，对人的一言一行都具有积极的影响，发挥着道德教化的美育作用。以当地的经济社会状况为基础，大力发展民俗文化旅游有利于我国精神文明建设以及全民文化素质的提高。蒲庙的花婆节，正是因为花婆乐善好施的精神，被当地民众广泛传扬，并世代流传下来，使民众潜移默化地接受其中的风俗习惯和道德规范，从而产生了对民众的道德约束力，形成文明乡风。尤其是近几年随着蒲庙"花婆节"被列入广西壮族自治区级非物质文化遗产保护项目，蒲庙"花婆节"的影响力越来越大，针对蒲庙"花婆节"开展的旅游活动也愈加精彩纷呈，在旅游中体验民俗文化风情，使更多人得以了解花婆的传说和精神，让其社会美育教化功能的实现变得更为有效。

> 课堂审美活动 6-2

运用旅游审美原理，填写旅游审美赏析体验表

一、活动安排

时间：25 分钟。

参与人员：全体同学。

工具：准备好活动工具卡 6-2 和笔。

二、活动目标

1. 熟练运用旅游审美原理精准识别并准确表达自然景观、艺术景观、人文景观等审美对象中的美，提升审美感知与表达能力。

2. 培养从自然属性、艺术手法、文化内涵等多元角度剖析审美对象的习惯，提高审美鉴赏与分析水平，挖掘景观美学价值。

3. 促进交流合作，增强团队协作意识。通过小组讨论和展示学会倾听，清晰阐述观点，拓宽旅游美的认知视野。

三、活动步骤

1. 分组：自行组成学习小组，每组 5～8 人。鼓励不同专业背景的同学搭配，从多学科视角探讨旅游之美。

2. 复习回顾：小组成员共同复习旅游之美原理，包括自然景观美（形态、色彩、声音等）、艺术景观美（造型、意境、表现手法等）、人文景观美（历史文化、民俗风情、建筑风格等），梳理审美思路方法，为本次活动做好准备。

3. 选择与分析：各小组从审美赏析中选择一个审美对象，围绕"旅游审美赏析体验表"讨论。从美的类型、释义出发，将审美发现填写到"活动工具卡 6-2"中。如自然景观美，描述地形地貌、植被色彩；艺术景观美，分析表现手法、传达情感；人文景观美，阐述历史故事、文化意义。要求内容具体、有针对性，体现对原理的运用。

4. 小组展示：各小组组长上台展示填写的表格，说明选择原因、分析过程及思考收获。展示时鼓励与其他小组互动交流，解答疑问，分享观点。

5. 教师点评总结：教师从内容的准确性（原理运用、分析合理性）、全面性（多角度分析）、独特性（观点新颖性）上进行点评。肯定优点、亮点，指出不足并提出建议。最后总结活动，强化对旅游审美的理解认识，鼓励在今后的学习生活中发现美、欣赏美。

活动工具卡 6-2

旅游审美赏析体验表

美的类型	美的释义	美的发现（结合具体审美对象填写）
自然景观美	大自然创造和展现的美，包括形态、色彩、声音等方面	
艺术景观美	通过艺术创造出具有观赏性和艺术价值的景观之美，涵盖造型、意境、表现手法等	
人文景观美	一个地区或民族在长期发展过程中形成的具有独特文化意义的风景、物事、习俗之美	

审美创造：世界那么大，我想去看看

世界广袤无垠，充满了无数的精彩与惊喜。旅游，不仅仅是身体从一个地方到另一个地方的移动，更是一场心灵的深度洗礼、一次接受美育熏陶的宝贵旅程。同学们，让我们一同踏上这趟特别的旅途，选取一个自己感兴趣的休闲旅游景点，全身心投入到审美活动之中。仔细观察景点的每一处景观，去感悟其中蕴含的和谐与美丽，感受那份宁静与平和，让我们在放松心情、释放压力的同时，滋养和升华自己的心灵，充分汲取美育的养分。

一、活动主题

探索世界之美，开启心灵之旅。

二、活动目标

1. 通过"打卡"心仪的休闲旅游景点深度挖掘其自然景观美（如奇特的地质风貌、绚烂的植被色彩）、人文景观美（如深厚的历史底蕴、独特的民俗传统）、艺术景观美（如精妙的建筑雕刻、独特的艺术风格），以此提升审美感知的敏锐度。

2. 积极参与"发现美、欣赏美、创造美"的实践活动，巩固旅游审美理论知识，提升运用理论解决实际问题的能力。鼓励探究式学习，培养创新思维，将正确审美观转化为成果展示（如制作精美的PPT），增强审美表达能力。

3. 借助小组活动促进学生间的交流合作，培养团队协作与沟通能力；拓宽对旅游之美的认知边界，丰富审美体验，让学生在合作中共同成长。

三、活动途径

审美创造途径		
第一步	发现美：全面准备，探寻目标景点	在参加活动前，学生需要认真复习旅游之美相关理论知识，包括自然景观美、人文景观美和艺术景观美的特点、构成要素等。同时，利用手机或计算机广泛查阅资料，结合自身兴趣和实际情况在当地寻找一个休闲旅游景点，深入了解该景点的基本信息，如地理位置、开放时间、主要景观特色等，并提前做好"打卡"攻略，规划好行程路线，确定重点观赏的景观和活动安排。此外，还可以查阅一些游客的评价和攻略分享，获取更多实用信息，为后续的审美活动做好充分准备

		审美创造途径
第二步	欣赏美：身临其境，感悟诗意美景	2～3名同学自由组建一个学习小组，利用课余时间一同前往选定的旅游景点。在游览过程中，把旅游当作生动的课堂，全身心地投入到对景点的观察和体验中。从自然景观的形态、色彩、声音等方面，感受大自然的鬼斧神工；从人文景观的历史背景、文化内涵、建筑风格等方面，领略人类文明的深厚底蕴；从艺术景观的造型、表现手法、审美价值等方面，欣赏艺术创作的魅力。鼓励组员之间积极交流，分享自己的发现和感受，互相启发，共同感悟旅游的诗情画意。同时，要用发现美的眼睛仔细观察，用感知美的心灵去体会其中的精妙之处，并用生动、准确的文字记录下自己感悟到的美
第三步	创造美：凝练提升，分享审美体验	结合旅游之美理论，各小组对在景点感悟到的旅游之美进行凝练、提升和总结。小组内明确分工，如有人负责资料整理，有人负责文字撰写，有人负责图片筛选等。运用所学的审美知识和方法，对记录下来的美景和感悟进行深入分析和加工，将通过学习而形成的正确的审美观转化为图文并茂的PPT。PPT的内容应丰富多样，包括对旅游景点的介绍、景观美的具体展示（配以高清图片和详细说明）、小组的审美分析过程（从不同角度阐述对景观美的理解和感受）、个人的感悟和收获等方面。最后，将制作好的PPT分享给大家，展示小组的审美成果

四、活动成果

1．记录与分享：在欣赏美的环节，组员需要用发现美的眼睛捕捉细节，以感知美的心灵留存触动，借传承美的文字详实记录感悟到的旅游之美于"活动工具卡6-3"中。记录涵盖景观细致描述、内心真实感受、深度思考等。记录完毕，组长组织"头脑风暴"，组员踊跃分享发现与见解，彼此交流补充。组长汇总成果后，推选代表上台，清晰阐述景观美的具体表现，如自然景观的壮丽、人文景观的底蕴等，同时介绍小组分析思路与独特感悟。

2．PPT制作与展示：课后，各小组制作不少于10页的PPT，需要图文并茂、内容全面，包含对所选景点的介绍，审美活动中的发现分析，景观在自然、人文、艺术等方面的审美剖析，以及小组感悟总结。小组自主推选汇报人，下节课进行课堂分享。汇报人需要熟知PPT内容，清晰流畅地介绍小组审美活动的过程与成果，与同学有效互动交流。

3．评价标准：对于PPT展示和汇报，从内容完整性（是否全面介绍景点并深入分析其美）、图文搭配合理性（图片与景点的内容相关性、图文协调性）、讲解清晰流畅性（汇报人能否清晰流畅地表达观点，语言组织是否合理）、互动效果（与同学互动是否良好）等方面进行评价，以确保活动达到预期效果。

活动工具卡 6-3

记录自己发现感悟到的旅游之美
旅游景点名称：
1. 自然景观美体验感悟（从景观的形态、色彩、声音、生态等方面描述，如山脉的雄伟、湖水的碧绿、鸟儿的鸣叫等）：
2. 人文景观美体验感悟（从历史文化、民俗风情、建筑风格等方面阐述，如古老的传说、独特的节日习俗、别具一格的建筑等）：
3. 艺术景观美体验感悟（从艺术作品的造型、表现手法、审美价值等方面分析，如精美的雕塑、独特的绘画风格等）：
4. 整体感悟与收获（记录自己在这次旅游审美活动中的整体感受、收获和体会，对旅游之美的新认识等）：

项目七

音乐之美：
音符编织文化与情感的融合

知识目标

1. 认识音乐艺术是情感表达和审美体验的重要形式，通过赏析《侗族大歌》《梁祝》《命运交响曲》中外经典音乐作品进一步把握音乐审美特征，包括声音艺术、时间艺术、抒情性、想象性、表现性、节奏性等。

2. 深入了解并熟悉音乐之美（形象美、情感美、内涵美），学会挖掘不同音乐作品的审美价值，深刻感受音乐带来的直观感受、情感刺激和精神满足。

素养目标

1. 初步掌握音乐要点，通过聆听和体验音乐能够感知音乐的构成要素如旋律、和声、节奏、音色等，从而拓宽音乐视野，提升艺术品味，增强审美感知力。

2. 学习不同文化背景下的音乐，更好地理解和尊重多元文化，增强跨文化交流和理解的能力，树立正确的审美意识和价值观。

技能目标

学会从音乐美的不同审美角度，运用科学合理的审美方法和评价标准，对不同风格、不同国家、不同形式的音乐进行全面、深入且客观的审美分析与评价。

夫音之起，由人心生也。人心之动，物使之然也。感于物而动，故形于声，声相应，故生变，变成方，谓之音。比音而乐之，及干戚羽旄，谓之乐。……凡音者，生人心者也。情动于中，故形于声；声成文，谓之音。

——（[中]《乐记·乐本》）

最好的音乐是这种音乐，它能够使最优秀、最有教养的人快乐，特别是使那个在品德和修养上最为卓越的一个人快乐。

——（[古希腊]柏拉图）

音乐不仅是最原始最普遍的艺术，而且是最完美的艺术，可以普及深入一般民众，从根本上陶冶人的性格。……所以音乐达到了艺术的最高理想。如果美育是教育中一项要目，美育的最好工具就应该是音乐。

——（[中]朱光潜）

审美导入：奏响万物和谐共生的天籁之音

音乐在我们的日常生活中无处不在，无论是电视中传出的影视音乐，还是剧场舞台上流淌的经典乐曲，或是经过艺术加工的民歌哼唱，这些通过旋律、节奏等要素组织起来的声音都是音乐。在广西，每年的"壮族三月三"歌圩节是当地最为盛大的民族传统节日之一，从"传统刘三姐对歌"到新民歌大会，来自全国各地的民歌爱好者和游客聚集于此共同徜徉在民歌的音乐海洋里。

《山歌好比春江水》创演秀

美的形态有自然美、社会美和艺术美等，其中艺术美是对社会生活的集中反映。音乐的艺术美更是将生活现象展现得淋漓尽致，首先是对形象的创造，其次是情感的传递，最后是价值内涵的体现，使得社会生活的形态更加强烈、更加直观地表现出来。听赏诗词歌曲《沁园春·雪》，我们仿佛看到毛泽东在诗词中描绘的具体景象，如冰封、雪飘、长城、大河、蜡像等，将祖国雄伟壮丽的山河生动地呈现在我们面前。除此之外，八度大跳起起伏伏的旋律，加上女高音刚柔并济的演唱，雄壮豪迈、荡气回肠，淋漓尽致地展现了古今英雄的风姿，引经据典，激起亿万人民的自信与抱负。最后一句"数风流人物，还看今朝"重复了三遍，由弱到强，由慢到快，甚至在"还看"与"今"后面都延长拍子，深吸换气后唱出"朝"字，强调了新时代使命的内涵，新一代的革命者要超越历史英雄人物，创造更大的伟业。由此我们可以总结出，音乐的审美是感知—想象—情感的结合。

音乐作为人类社会生活的艺术表现形式之一，它的美可以是优美、壮美、崇高、欢乐、悲伤的，那么到底什么是音乐呢？音乐之美又是如何表现的呢？让我们来一起探究音乐之美吧。图7-1为2025年金葵花之声新年音乐会。

2025年金葵花之声新年音乐会

图7-1 2025年金葵花之声新年音乐会

原理解读：音乐美的感官与内涵统一

音乐，是情感的语言，更是心灵的呼声，旋律之美、声音之美、变化之美、和声之美、配器之美、曲式之美、意境之美，它以多样的形式展示着音乐之美；从体裁形式来看，还有歌剧之美、交响乐之美、弦乐之美、民乐之美、合唱之美等。音乐审美是听觉艺术审美中的最高层次，我们不仅要辨别音乐旋律是否动听，还要深入到灵魂深处，这是一种深刻的审美活动。

当你听到一首乐曲并为之感动，但他人问起：你为什么感动？它给你带来什么感受？音乐反映了生活的什么问题？你是否一时间无法用恰当的语言去描述？黑格尔曾经说过："音乐里灵魂最深刻的亲切情感和最谨严的知解力一样重要，这样，音乐就把对立的情感和思想两个极端结合在一起了。"这表明了音乐具有一定的抽象性，它最擅长表现感情，我们需要提高音乐审美能力去体会音乐的奥秘。

对音乐之美的理解大致可以概括为以下几点：一是感官层面，即音乐带给我们的直观感受；二是思想层面，即音乐所具备的特征、形态和内容对我们思想认知的影响；三是感官与思想相结合层面，在音乐中我们获得了由内而外的审美感受和精神满足。音乐美的形态有很多，本项目模块主要从音乐艺术审美方面进行学习与掌握。图 7-2 为音乐之美的原理导图。

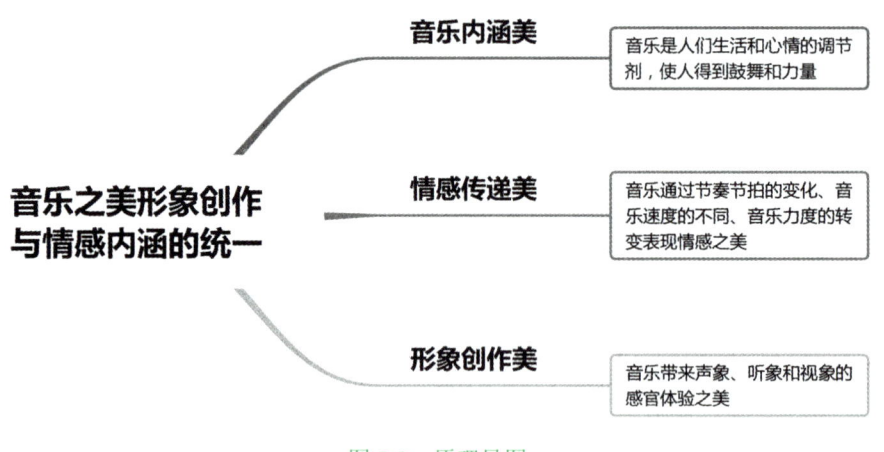

图 7-2　原理导图

一、形象创作之美：声生不息，音乐的活性流动

作为审美的主体，形象美是感性的，在美学范畴里，它与抽象是相对应的关系。音乐中的形象美是声象、听象和视象的实践感官体验，即音乐审美感知，也是听者对音乐的第一印象。音乐家和作曲家们在创作时也是遵循着这样一条音乐审美创作

法则，从生活中去发现美，加以深刻的思考和理解后，转化为音乐形态的美的呈现。我们在演唱歌曲《义勇军进行曲》时，可以从曲名、歌词中了解歌曲大意，而激情豪迈、英勇奋进的形象能通过附点、切分音和模进的音调勾画，塑造中华儿女坚韧不拔、勇往直前的音乐形象。例如《降E大调交响协奏曲》，作曲家莫扎特从小向往自由和浪漫，在创作时期认识了初恋罗希亚，长笛、巴松管、双簧管配合下的旋律充满了温馨甜蜜的味道，洋溢着爱的温度。又如，歌曲《洪湖水，浪打浪》，周恩来同志曾称赞它是"一首难得的革命的抒情歌曲"。"四处野鸭和菱藕，秋收满畈稻谷香，人人都说天堂美，怎比我洪湖鱼米乡"歌曲旋律明快绮丽、亲切动听，富有浓郁的民歌色彩，细致描绘洪湖秀丽的自然风光，令人仿佛置身于美丽的洪湖边欣赏着叠浪层涌的景色，更表达了人民群众对美好生活的向往和信心。

二、情感传递之美：声入人心，灵魂深处的共鸣

音乐可以表现情感，是情感变化催生的产物，具有引导情感的功能，好的情感催化可以制造出好的情感想象，引导人们正确看待人和物。音乐，会以它自身的语言来表现情感，节奏节拍的变化、音乐速度的不同、音乐力度的转变等都能帮助我们去感受音乐的情感之美，进一步挖掘音乐本身的情感性，实现音乐情感的升华，达到陶冶情操的目的。在欣赏歌曲《我和我的祖国》时，我们的情感基调便是对祖国的热爱，从歌词上感受到强大的共鸣点和感召力，而当你聆听协奏曲版的作品时，虽没有歌词，我们也不难听出其中要表达的赞美情怀。这就是音乐的情感传递之美。例如，每年广西"三月三"山歌对唱环节，来自区内各地的少数民族山歌队纷纷登台献艺，对唱的男女声音嘹亮、感情热烈，唱出对家乡山水的深情厚谊，更唱出对爱情与未来的希冀。又如，歌曲《我爱你中国》表现了对祖国母亲的热爱之情，我们可以从高音中感受汹涌的海浪和奔放的赤子之情，从低音、中音和高音的交替中看到潺潺的流水和雄伟的祖国山河，激昂优美的旋律激励着一代又一代中华儿女团结一心、砥砺前行。

三、音乐内涵之美：大音希声，纯粹的美好体验

音乐的真正意义在于使人幸福，使人得到鼓舞和力量，这就是音乐的内涵之美。音乐作为艺术必不可少的一部分，是我们生活和心情的调节剂，也是我们心灵的彼岸、精神的家园。庄重肃穆的音乐使人沉稳如山，轻快活泼的音乐使人飘忽如云，舒缓悠扬的音乐使人心静如水，音乐是人们抒发感情、表现感情、寄托感情的艺术，不论是唱、奏或听，都内含着关联人们千丝万缕情感的因素。在《春天的旋律·2024》跨国春节晚会中，一曲《壮族敬酒歌》在充满广西民族风情的鼓楼前的戏台唱响，激扬欢乐的歌曲表达了壮族人民直爽、热情的待客之道，更将壮族民歌的魅力展示在全国人民面前，这一优秀的传统文化内涵得到了充分展现。歌曲《没

有强大的祖国哪有幸福的家》,从历史、国家、民族、人民和家庭不同维度,从音乐中触碰到音乐背后的文化内涵、历史样态、价值取向,深刻理解"国"与"家"的鱼水关系,真切感受到"乐以天下忧以天下"的情怀和历史担当,从而使人在审美观、历史观、价值观、世界观层面得到内在升华。又如歌曲《歌唱祖国》之所以得到广泛传唱,是因为歌曲时代背景和人心所向造就的,新中国的成立一切都是崭新的阶段,进行曲的风格和跨度小的音区十分便于传唱,充满爱国主义情怀的歌曲准确表达了人民的心声,更教化华夏儿女勤奋自强,努力为国不懈奋斗。

> 课堂审美活动 7-1

谈谈自己对"音乐美"的认识

一、活动安排

时间：25 分钟。

参与人员：全体同学。

工具：准备好活动工具卡 7-1 和笔。

二、活动目标

1. 深入认识"音乐美"的概念和内涵，准确把握形象美、情感美、内涵美在不同音乐作品中的生动体现。

2. 运用音乐审美手段分析音乐对象，培养思考能力和创新思维，从音乐形象、音乐情感、音乐内涵审视"音乐美"，拓宽审美视野。

3. 激发音乐审美兴趣，促进学生之间的交流与合作，提升体验思考能力和表达能力，学会在交流中互相学习、共同进步。

三、活动步骤

1. 分组：自行组成学习小组，每组 5～8 人。尽量与不同专业背景的同学合作，以便从多学科视角探讨音乐美。

2. 资料查阅：通过多种途径查阅资料，除百度百科外，还可以借助专业书籍、学术论文、音乐艺术赛事、CCTV 音乐频道等，全面了解美的释义以及"音乐"在不同社会背景、不同生活场景的体现。重点关注音乐美与社会生活的关联，如在节日庆典、日常劳作、文化传承方面的典型案例。

3. 小组讨论与记录：各小组依据从多渠道获取的资料展开深入讨论，思考以下引导性问题："'音乐美'在我们的生活中体现在哪些方面，对专业和职业发展有什么作用？""在日常生活中，有哪些具体音乐作品让我感受到了音乐美？""在音乐活动、音乐鉴赏中，让我感到最愉悦的瞬间（可结合具体案例）"。每位组员踊跃发言，畅谈自己对"音乐美"的独特认识，并将这些理解详实记录在"活动工具卡 7-1"上。

4. 小组汇报：各小组组长向全班汇报小组对"音乐美"的理解。汇报内容应包括小组讨论的主要观点、独特见解、与社会生活相关的思考，以及讨论过程中的收获和体会。汇报时要逻辑清晰、重点突出，准确传达小组的讨论成果。

四、评价标准

对于小组汇报，将从下述几个方面进行评价。

1. 内容准确性：对"音乐美"概念和内涵的理解是否准确，观点是否有充分的依据，对音乐美与社会生活的思考是否合理。

2. 独特性：小组的观点是否具有新颖性和独特性，能否从不同角度、结合不同社会背景看待音乐美，提出创新性的见解。

3. 逻辑性：汇报内容的逻辑是否清晰，观点之间的衔接是否自然合理，论证过程是否严谨。

4. 表达流畅性：组长的表达是否清晰、流畅，能否准确传达小组的观点和想法，语言组织和专业术语的运用是否恰当。

5. 团队协作：观察小组在活动过程中的协作情况，包括成员的参与度、意见交流的充分性、是否尊重并整合了不同观点等。

活动工具卡 7-1

一起畅谈"音乐之美"
1. "音乐美"在我的生活中体现在哪些方面,对专业和职业发展有什么作用?
2. 在音乐活动、音乐鉴赏中,让我感到最愉悦的瞬间(可结合具体案例):
3. 在日常生活中,有哪些具体音乐作品让我感受到了音乐美?
4. 我对"音乐美"的定义是:
5. 在小组讨论中,我获得的新启发是:

审美赏析：在经典永流传中体会音乐之美

一、非遗音乐《侗族大歌》，千年绝美如天籁

侗族是我国的少数民族，侗族人民在生产、生活中能歌善舞，自古就有"饭养身，歌养心"一说。"汉人有文书传书本，侗家无字传歌声，祖辈传唱到父母，父辈传唱到儿孙"[1]，阐释了侗族大歌是依靠口口相传、辈辈相授来传承的，这也充分说明了侗歌是侗族文化的精髓所在。

侗族大歌《蝉之歌》的起源是侗族的祖先模仿自然世界的各种声音形成的原生态多声部民歌，具有源远流长的古老文化内涵。作为侗族大歌最具代表性的作品之一，《蝉之歌》走向了全国，走向了世界，是侗族人民勤劳和智慧的结晶，是我国灿烂的民族文化瑰宝。

侗族大歌《蝉之歌》

《蝉之歌》堪比一部大型的声乐套曲，其中包含了上百首不同旋律、不同歌词的蝉虫歌，以模仿蝉鸣为演唱技巧，如《蝉之歌》《春蝉之歌》《夏蝉之歌》《三月歌》《五月蝉歌》《唱支蝉歌给郎听》等，由于蝉鸣都是由一只蝉带动其他蝉叫的，所以在演唱《蝉之歌》时

南宁职大学生表演侗族大歌

都有一个固定的低音声部模仿蝉的叫声，高音声部演唱歌词部分。它蕴含着丰富鲜明的自然劳动形象，还有自由热烈的情感表达，形式美、内容美、旋律美，起到了文化延续的作用。图7-3为南宁职业技术大学学生正在表演侗族大歌的场景。

图7-3 南宁职业技术大学学生正在表演侗族大歌的场景

---

[1] 吴新华. 民族文化瑰宝——侗族大歌[J]. 文史春秋，2020（11）.

1.《侗族大歌》音乐的形象创造之美

什么是音乐形象？丰富的音响启发人的情感，从而产生的联想画面即音乐形象。塑造音乐形象的方法形式多样，曲调起伏、音乐记号、节奏变化的组合能将同一个场景描绘出不同的景象。

音乐能展现自然万物的灵动形象之美。侗族大歌俗称"嘎老"，"嘎"是歌的意思，"老"是许多人一起合唱的意思。侗族大歌具有较强的审美属性，其主要特点是无伴奏多声部合唱，模仿大自然的蝉鸣鸟叫和高山流水，通常表达对大自然的赞美和人与人之间的和谐情谊。在侗族，不同的地域、不同的村寨、不同的侗民，对蝉鸣声有不同的理解，因此也产生了多种多样的演唱形式：独唱、合唱、对唱、伴唱、小组唱等。《蝉之歌》描写的是自然景物，与侗族人民日出而作、日落而息的农耕生活有密切的联系，音色如山泉般清澈自然，本土语言如蝉鸣般动听，散发着浓厚的乡土气息。

舌尖颤音是侗族大歌中独特的演唱技法，从模仿蝉鸣声哼唱演变而来，曲目中模仿蝉鸣声的乐段是没有固定的乐谱和呼气换气技巧规律的，以一个"La"音保持，两人轮流演唱高音部分，这时舌尖快速地颤动，发出"嘟嘟嘟嘟，楞楞楞哩"就呈现出蝉鸣的形象，展现此起彼伏、一领众合的效果。《蝉之歌》中有一首曲目是《额哭亲娘我叹青春老》，歌词翻译大致为"我在山中听不到鸟儿的鸣叫，额在枫树上哭娘亲，额哭娘亲我叹青春老，为找情歌使我愁断肠"，主要是由女生来演唱，整首歌以持续的低音模仿连绵不断的蝉鸣声，高声部节奏紧凑，还加入了很多具有鲜活效果的装饰音，音域在一个八度左右，宛如山间溪水潺潺，描绘了美的意境，给人美的享受。

2.《侗族大歌》的情感传递之美

什么是音乐情感？音乐情感是指人在与音乐交互过程中所产生的包含各种感情因素的心理过程，包括情绪、心境、喜好、态度等，既是对音响的直接表现，也从音乐中对社会生活的联想情感。

音乐能展现人文意象的情感和谐之美。侗族大歌一般是在村寨和氏族集体之间演唱，是人文交流和情感交流的核心内容，它传递的是"情感和谐"之美。如大歌《三月歌》中的"三月里，天气好，一对蚱蜢跳得高。布谷、布谷高声叫，人们快播种，季节快来到。"歌词简短，源于现实又反映现实，"布谷、布谷"是大自然的呼唤，预示着"布谷声声叫，春耕播种已来到"，体现了人与自然的和谐情感之美。

《蝉之歌》整体旋律婉转悠扬，主旋律声部加入大量向上或向下的二度、三度音程装饰音和滑音，音程之间的跨度不大，高声部在低声部的保持中交替出现演唱歌词，达到和声的效果。如《春蝉之歌》，通过对蝉的描绘和刻画表达了男女之间真挚的爱情和对彼此的相思之苦，通过独特的音色和高超的技巧模仿自然界的蝉声，作为一种特殊的表达方式，架起了人与自然沟通的桥梁，是人与自然和谐共生的文化载体。除此之外，《蝉之歌》的语言腔调决定了传授方式为口口相传，作为一个有语言无文字的民族,在文化传承上通过大歌的"情感语言"表达着"普通语言"不能表达的功能和意义,传递着人与人之间的真挚情谊。最后,《蝉之歌》的歌词中所表达的对自然的赞颂和美好爱情的向往,以及对社会伦理道德的诠释,也体现着人与社会的和谐之美。

3. 《侗族大歌》的价值内涵之美

什么是音乐内涵?是指通过音乐本身体现的精神内容,是主体对音乐的评价。从音乐背景、曲式分析、音乐风格和意境塑造几个方面去剖析,充分汲取其中的文化内涵和思想内涵,从而进一步感受音乐、理解音乐,形成自己独特的艺术审美形式。

音乐体现文化思想的深刻内涵之美。侗族大歌的主要内容是歌唱自然、劳动、爱情和人与人之间的友情,是人与自然、人与人之间的和谐之声。作为侗族文化的符号,它担负着以歌传史、以歌传文的历史使命,从侗族的起源到神话传说,从英雄事迹到情感生活,从丧葬祭祀到人生哲理,都是通过拟声的方法来表达对自然的赞美和对生活的追求。

《布谷催春》是侗族大歌的经典曲目,生动形象地表现了春天来临、万物复苏的景象,模拟树林中布谷鸟不停地鸣叫,婉转动人,好似在歌唱人们的幸福美好生活。"起顿"(引子)部分节奏自由,"歌头"领唱"歌队"(应合领唱的人)齐唱,形成两个声部。"歌头"一直在高声部演唱,"歌队"一直在低声部演唱,先后交替演唱不同的旋律。"拉所"(尾腔)部分"和唱者"不断模仿着布谷鸟的叫声,此起彼伏,形象地展现了林中布谷鸣叫的热闹场面和大自然生机勃勃之景。无伴奏、多声部、无指挥,持续音衬托式和多声结合的音乐特点,以它特殊的演唱形式,表达了侗族民族文化中的生存智慧、审美情趣,以及追求人与自然相生相伴的生活态度,极富生命力。从中我们可以看出,侗家人民把歌当作精神食粮,唱山、唱水、唱天、唱地,让中华民族优秀之文明在歌里世代延续。

二、古典瑰宝《梁祝》,凄美缠绵的千古绝唱

《梁祝》是一个产生于农耕文明中、流传达 1700 多年、几至中国人家喻户晓的民间爱情悲剧传说,讲述了梁山伯与祝英台的绝美爱情故事。关于《梁祝》的传说已有 1700 多年的历史,仅是戏曲剧种就有 30 余种,曲艺 20 余种,更有上百首的歌谣被传唱,而在众多《梁祝》题材的新旧创编的作品中,塑造了以主流意识形态为主导,以避婚求学、草桥结拜、十八相送、祭坟化蝶等情节模式为框架的故事模式。

《梁祝小提琴协奏曲》的诞生

直到 1959 年何占豪、陈钢创作出小提琴协奏曲《梁祝》,梁祝这一题材开始被国外熟知。小提琴协奏曲《梁祝》是将越剧里的部分曲调改编创作写成的一首协奏曲,乐曲选取了故事中的相爱、抗婚、化蝶三个主要情节作为主要构思布局。那么《梁祝》中的人物形象是怎样的呢?又是如何通过音乐来讲述这段凄美爱情故事的呢?

1. 《梁祝》的形象创造之美

《梁祝》小提琴协奏曲是通过呈示部、展开部、再现部三个部分来讲述这段凄美爱情故事的。在呈示部中，《梁祝》的引子部分开场在轻柔的弦乐背景下，加入长笛模仿鸟叫声，描写了梁山伯与祝英台初遇时春光明媚、鸟语花香的美丽景色，接着由舒缓的双簧管作为衔接，伴着竖琴和木管，独奏小提琴出场，通过其明朗清透的高音旋律表现唯美的爱情主题，与潇洒浑厚的大提琴形成交流对答效果，讲述二人相互结拜、心心相印的情景。音乐进入副部，小提琴进行先独奏华彩，后与乐队欢快交替演奏，描写二人三载同窗、共嬉同玩的情景。接着，徐缓而抒情的音乐将祝英台千言万语、有口难开、欲言又止的心理状态描绘得惟妙惟肖。再次出现小提琴与大提琴的对答，生动地演绎了"十八相送，长亭惜别"的动人场面。在展开部中，音乐转入阴郁的气氛，预示着这段爱情悲剧的降临。由大管、圆号、长号、大号和低音弦乐描述残酷封建势力的社会背景，而独奏小提琴则描绘祝英台的惶恐不安和痛苦。强烈的乐队伴奏与小提琴相互对抗，刻画祝英台誓死不屈的反抗精神。接着音乐转慢，由独奏小提琴体现出缠绵悱恻的"楼台会"主题。大提琴和小提琴的对答哀伤婉转，形象地表现出二人互倾衷肠的感人情景。接着用板鼓的尖锐音响与小提琴奏出悲愤欲绝的"哭腔"，描绘出祝英台在坟前泣不成声的情景，塑造强烈的悲剧气氛。紧接着锣鼓钹板一声齐响，绝望的祝英台纵身投坟向封建礼教作出斗争。再现部再次回到起初，营造一种朦胧神秘、如梦似幻的场景氛围，讲述了"双双化蝶"的场面，表达了追忆、敬仰和崇敬的感情。全曲通过不同乐器和不同节奏的表现形式塑造了一对被封建社会拆散的忠贞男女，完成了人物血肉饱满的形象塑造。

2. 《梁祝》的情感传递之美

音乐是通过描写和刻画人们内心的感受来抒发人们内心感情的，无法像文学作品那样，细致地描述故事情节，塑造人物细节，但它用节奏、音高、曲调、速度、音色等元素引导听众想象某一种环境、某一种心情的形成和蔓延。《梁祝》不仅是一部小提琴协奏曲，是中国古代民间四大爱情故事之一，是中国最具魅力的口头传承艺术及国家级非物质文化遗产，也是在世界上产生了广泛影响的中国民间传说，该题材的戏曲、民歌不计其数。在世界各国民间音乐的海洋里蕴藏着很多像《梁祝》这样经典的题材，它们有顽强的生命力，一代一代流传下来。它抒写着深深埋在人们心底的思绪，流露出人们纯洁而真实的感情，人们可以从作品里得到安慰，得到鼓励，获得快乐。因之，人们从心底里爱它，不断地磨炼它，愈磨愈光彩。❶

《梁祝》小提琴协奏曲创作的成功正说明了这样一个原理：作为美学范畴的音乐语言，是音乐借以塑造艺术形象的手段，它和它所体现的思想内容紧密地联系着；

---

❶ 罗瑜. 论《梁祝》民族化成功之路 [J]. 音乐探索（四川音乐学院学报），2003（4）.

它是人民音乐意识发展的结果，反转来又通过形象直接体现着广大人民的精神面貌，因此，音乐语言传递的情感不仅是作品本身的特征，更是古今中外人民传递所想所感，表达淳朴心愿的重要载体。图7-4为1959年5月小提琴协奏曲《梁祝》在上海音乐学院礼堂首演。

《梁祝》在上海音乐学院首演

图7-4 小提琴协奏曲《梁祝》在上海音乐学院礼堂首演

3.《梁祝》的价值内涵之美

《梁祝》之所以成为中国乃至世界音乐艺术的经典之作，也成为中国人家喻户晓的一部大型音乐作品，不仅是因为其优美的音乐曲调，更是因为其独特的价值内涵。《梁祝》借鉴了中国古典戏曲和民歌的音乐元素与"基调"，又运用西洋音乐的体裁和技法，对民族音乐进行了发展和升华，呈现出纯朴、清逸、幽雅，并带着浓郁民族风格的泥土芳香和仙乐般的境界，成功地塑造出当代小提琴在中国民族音乐史上的经典之作。《梁祝》小提琴协奏曲正是通过民族的音乐语言表现了民族的生活风貌。它以同名越剧的唱腔为素材，很好地将交响音乐发展手法和我国民间戏曲音乐表现手法相结合，进行了大胆而卓有成效的尝试，深刻揭示了作品中的情感内涵和境界，成功塑造了鲜明的艺术形象，歌颂了青年男女梁祝忠贞不渝的爱情，愤怒控诉了封建宗法礼教的残酷和罪恶，表达寄托了世代劳动人民对这一爱情悲剧的深切同情和对幸福爱情的向往与追求，是我国交响音乐宝库中一颗璀璨夺目的明珠。

三、西方乐章《命运交响曲》，真实酣畅的呐喊

命运交响曲（Fate Symphony）原名为C小调第五交响曲，是贝多芬最为出色的代表作品之一，作品创作于1805年至1808年初。

解码《C小调第五交响曲》

中美乐团以"跨越半世纪友谊"为题共奏命运交响曲

贝多芬在第一乐章的开头说道:"命运在敲门",而因此被后人称为命运交响曲。这部作品集中表现了贝多芬终生同命运抗争的精神,"我要扼住命运的咽喉,他不能使我完全屈服",这是一部英雄精神战胜命运、光明战胜黑暗的英雄战歌。恩格斯曾称赞这首交响乐为最伟大的音乐作品。这部作品有着极高的声誉和无可计数的演出场次,有人将它称为"交响曲之首"。图 7-5 为中美乐团以"跨越半世纪友谊"为题共奏命运交响曲。

图 7-5 中美乐团以"跨越半世纪友谊"为题共奏命运交响曲

1. 《命运交响曲》的形象创造之美

《命运交响曲》是世界著名交响曲,乐曲的四个章节分别描述了作者不同的人生阶段,以其复杂的演奏技巧和丰富的情感特征塑造了一个有血有肉、向命运顽强抗争的作者形象。

第一章,命运抗争的前夕。本章音乐氛围欢快奔放、积极向上、慷慨有力,既表达了贝多芬在面对悲惨命运时永不言输、永不放弃的精神,又描绘出战胜厄运后的美好生活,两者形成强烈的对比,以多乐器合奏的形式在音乐伊始就奠定了作品慷慨激昂的基调。第二章,命运抗争之际。本章旋律低沉平稳,暗示命运抗争之际暴风雨前的黑暗和平静,本章管弦乐演奏深沉而有力,时而平稳时而激昂,该章演奏通过音响和力度细节来呈现与命运抗争的矛盾情感,表达出作者面对抗争的坚强意志,同时也表达出战争一触即发的氛围。第三章,命运抗争。本章是命运交响曲的高潮部分,是与命运展开斗争的中心章节,通过大提琴与小提琴的低音特征,运用切分音、快节奏演奏技巧,营造与命运抗争紧张、残酷、激烈的气氛,用多种不同的乐器模拟出不同阶层人民上下一心,共同为了实现自由目标而努力。本章末尾演奏由激烈逐渐向平缓过渡，预示着人民通过斗争即将取得战争的胜利，同时为末章的胜利和希望做好铺垫。第四章是命运交响曲的大合奏部分，也是整首交响曲的核心章节。本章通过气势磅礴的大合奏塑造出作者面对任何困难挫折永不放弃的执着人物形象。

2.《命运交响曲》的情感传递之美

这首乐曲是贝多芬在与命运不屈的抗争中完成的旷世之作，是其"扼住命运的咽喉"的绝佳体现。《命运交响曲》创作完成于1808年初，这一时期的贝多芬不仅处于人生低谷时期，同时当时的德国社会背景也面临着严峻的形势。一方面贝多芬遭受到身体和精神的摧残，疾病恶化、亲人背叛等厄运接踵而来，更为严重的是左耳失聪，使得贝多芬多次失去生活的希望，感到前途一片黑暗，并萌生自杀的想法；另一方面当时的德国政局动荡不安，资本主义与封建贵族势力产生激烈的冲突，在这种压抑的氛围下，贝多芬并没有沉浸在痛苦中太久，展现了其坚强旺盛的生命力。❶ 他曾经在一封信中写道："如果我什么作品都没有留下就离开了这个世界，这是难以想象的。"贝多芬创作这部作品时经历了常人难以想象的肉体痛苦与精神煎熬，这部作品是贝多芬经历"生死"之后思想的升华、积淀，具有极高的艺术价值。

《命运交响曲》揭示了18世纪末19世纪初欧洲压抑消沉的社会现状和人民为光明事业奋斗不息的革命理念。它传递着人民敢于与黑暗社会顽强抗争的思想和斗志。《命运交响曲》是一部气吞山河的史诗作品，而且富含哲思，充分体现了贝多芬的钢琴艺术风格。整部作品结构紧凑，手法简洁但富有变化，在跌宕起伏中体现了深刻的主题，具有强烈的艺术感染力与思想价值。

3.《命运交响曲》的价值内涵之美

在维也纳古典乐派中，贝多芬的音乐具有划时代的意义。一方面，他继承了海顿、莫扎特的古典主义音乐传统；另一方面，他又开了浪漫主义音乐的先河。贝多芬深受1789年法国大革命的影响，崇尚自由、平等、博爱，反对封建专制。贝多芬一生创作了无数作品，但杰出的作品基本上都是在他后半生30年身体患病、生活贫困潦倒的状态中完成的。贝多芬一生都在同现实和命运抗争，据说在他临终之时，暴雨雷电交加，他依旧张开双臂向命运呐喊。贝多芬将他的精神追求融入作品，在多部作品中深刻地表达了他对命运的抗争和呐喊，用音乐向人们传递不畏艰难、不惧痛苦的人生信念。只有贝多芬，用他的音乐来号召人们为了自由和幸福而斗争，愤怒地反对了封建制度的专制。贝多芬是音乐史上伟大的作曲家之一，他的音乐集中体现了那个时代人民的痛苦和欢乐、斗争和胜利，因此它过去总是那样激励、鼓舞着人们的斗志，即便是现在也使人们感到亲切和鼓舞。

---

❶ 夏梦雅. 贝多芬《命运交响曲》赏析 [J]. 黄河之声，2018（15）.

课堂审美活动 7-2

运用审美知识，填写音乐审美赏析体验表

一、活动安排

时间：25 分钟。

参与人员：全体同学。

工具：准备好活动工具卡 7-2 和笔。

二、活动目标

1. 切实转变思维方式，熟练运用音乐美育知识，从形象创作、情感传递、音乐内涵等维度精准分析不同音乐审美对象，准确发现并表达其中的美。

2. 培养观察、分析与批判性思维，从多角度挖掘音乐审美对象的独特之处，提升审美鉴赏水平。

3. 促进交流合作，增强团队协作意识。通过小组讨论分享倾听他人观点，拓宽思维视野，提高沟通表达能力。

4. 结合职业教育特点，思考音乐美在人文素质培养、社会感知能力、职场活动组织中的应用体现，培养将音乐审美与个人发展相联系的意识和能力。

三、活动步骤

1. 分组：自行组成 5～8 人的小组，尽量与不同专业同学合作，从多学科视角分析音乐审美对象，充分发挥各专业优势，实现知识互补。

2. 复习回顾：小组成员共同复习音乐美的特征（形象美、情感美、内涵美），回顾审美赏析的分析方法和思路，为活动做好准备。

3. 选择与分析：各小组从审美赏析案例中选择一个审美对象，将审美发现填入"活动工具卡 7-2"。

4. 小组展示：组长上台展示成果，阐述选择原因、分析内容及思考收获。展示时鼓励互动交流，回答提问，分享不同视角观点。

5. 教师点评总结：教师从内容准确性、全面性、独特性，分析深度逻辑性，展示表达流畅性和团队协作等方面点评。肯定优点和创新之处，指出不足并提出建议。总结对音乐审美的理解发现，强化知识掌握运用，引导在学习、生活和职业中关注欣赏音乐审美，与专业技能和职业发展相结合。

活动工具卡 7-2

音乐审美赏析体验表

美的类型	美的释义	美的发现（请结合所选审美对象详细描述该音乐作品在相应美的类型方面的具体体现）
形象美	音乐形象美是声象、听象和视象的实践感官体验，即音乐审美感知，也是听者对音乐的第一印象	
情感美	音乐情感美以它自身的语言来表现情感，通过节奏节拍的变化、音乐速度的不同、音乐力度的转变等帮助我们去感受音乐的情感之美，进一步挖掘音乐本身的情感性，实现音乐情感的升华，达到陶冶情操的目的	
内涵美	音乐内涵美能够使人幸福、得到鼓舞和力量，音乐背后的文化内涵、历史样态、价值取向，体现出来的文化内涵、家国情怀和历史担当	

审美创造：音律冶情，以美启美

伟大音乐家贝多芬曾说过："音乐是比一切智慧、一切哲学更高的启示，谁能渗透我音乐的意义，便能超脱寻常人无法自拔的苦难。"这句话揭示了音乐具有深刻的精神力量和启示作用，它触动人们的心弦，带来情感的共鸣，在音乐审美活动中感受音乐的魔力、治愈力和生命力。请2～3名同学自由组建一个学习小组，选择自己在校园大合唱、歌唱比赛等活动中最喜欢的一个音乐作品（如《山歌好比春江水》《十面埋伏》《保卫黄河》等），运用所学的音乐审美方法去发现美、欣赏美、创造美。

一、活动主题

欣赏我最爱的一个音乐作品。

二、活动目标

1. 精准感知音乐美，能从节奏、旋律等角度深度剖析音乐作品，提升音乐鉴赏力。
2. 灵活运用音乐审美方法，大胆对喜爱作品进行审美，提升音乐表现与创作能力，适配职业发展需求。
3. 借助音乐活动增强团队协作与沟通能力，以音乐抒怀减压，促进身心健康，提升综合职业素养。

三、活动途径

审美创造途径		
第一步	发现美：审美前的准备	复习音乐的形象创作之美、情感传递之美、音乐内涵之美，并用手机或计算机查阅资料，如音乐作品的技法、创作背景、作曲家创作时的思想感情和主观意图等
第二步	欣赏美：沉浸式赏析与记录	各小组挑选一个最心仪的音乐作品，从音乐的形象创作、情感传递、内涵表达之美出发，全身心沉浸其中。聆听时，借助联想与想象，结合自身生活及音乐经验，与作曲家情感共鸣。同时，紧密联系音乐创作背景，深入探寻作曲家的思想感情与主观意图，感悟作品内涵。在此过程中，用心捕捉音乐的独特魅力，并翔实记录下内心的感受与发现
第三步	创造美：总结提升与表达	小组成员一同整合对音乐在形象创作、情感传递、内涵表达方面美的理解，对从音乐中感悟到的美好之处进行精心梳理、提炼与升华，把由此形成的正确音乐审美观转化为内容丰富、图文并茂的PPT，并向大家分享制作成果

四、活动成果

1．记录与分享：在欣赏美的环节，组员用发现美的眼睛观察、用感知美的心灵存储、用传承美的文字将对音乐对象形象美、情感美、内涵美的发现记录在"活动工具卡 7-3"上，组长组织大家"头脑风暴"，汇总大家的成果，分享本小组感悟到的音乐之美。

2．PPT 制作与展示：课后，每个小组制作一个 PPT。PPT 不少于 10 页，图文并茂、内容全面，涵盖音乐主题、音乐形式、音乐创作背景、音乐表现手法、音乐审美感悟等。小组自主推选汇报人，在下节课进行课堂分享。

3．评价标准：对于 PPT 的展示和汇报，从内容准确性、分析深度、团队协作、表达流畅性、创新展示效果等方面进行评价，确保活动达到预期效果，促进同学间相互学习、共同进步。

活动工具卡 7-3

记录自己发现感悟到的音乐之美
听赏的音乐作品名称：
1. 该作品描写了哪些音乐形象？（可从标题、歌词、创作背景等方面分析）
2. 哪个音乐片段让你体会到了音乐美？（如音乐节奏、音乐速度、音区高低、音乐技巧等方面）
3. 音乐欣赏活动对你产生了怎样的心理影响？（如激励鼓舞、爱国情感、思念情绪等）
4. 欣赏感悟：

项目八

绘画之美：
传承文化与治愈心灵的契合

知识目标

1. 引导学生深入了解绘画艺术的审美特征，加深对中华美学的理解，培养文化认同感。

2. 通过学习体验认识和掌握绘画形式美中的线条、色彩和艺术意趣，理解它们在不同风格绘画作品中的具体体现。

素养目标

1. 培养对国画、油画等不同画种的鉴赏能力，建立多元审美视角。

2. 陶冶情操，培养健康的审美趣味，提升艺术感知力，能辨析绘画作品中的情感表达与思想内涵。

技能目标

学会运用比较分析、案例研究等方法，从历史背景、绘画技法、作品意义等不同角度，对名画进行深入、系统的审美分析，在此基础上能完成简单绘画临摹实践练习，体验创作过程。

"画家的眼睛不是从固定角度集中于一个透视的焦点，而是流动着飘瞥上下四方，一目千里，把握大自然的内部节奏，把全部景界组织成一幅气韵生动的艺术画面。"观众欣赏山水画时，"也是抬头先看见高远的山峰，然后层层向下，窥见深远的山谷。转向近景林下水边，最后横向平远的沙滩小岛。远山与近景构成一幅平面空间节奏，因为我们的视线是从上至下的流转曲折，是节奏的动"。

——（[中]宗白华《宗白华全集》）

审美导入：解码惊艳绝美的《只此青绿》

在 2022 年央视春晚上，一段舞剧《只此青绿》让全国观众眼前一亮，直呼惊艳，古风装扮的舞者，一举手，一投足，轻甩水袖，摇曳婀娜，仿佛是古画里的神女，美得令人移不开眼。这段舞剧是以故宫博物院的镇馆之宝《千里江山图》为模板，每一帧都像一幅古画，只见山水伊人，融为一体，让人感受到人和人的和睦相处，内心渴望优雅之美，敬畏山水自然，渴望人与自然天人合一，赏心悦目。它以山水人文风骨颂赞祖国千里江山，突破过去的局限，穿越古今，唤起观众对中华文明的共情，民族文化在现代性的展示中充满了生机与活力。图 8-1 为《只此青绿》剧照。

舞蹈诗剧《只此青绿》

《只此青绿》剧照

图 8-1 《只此青绿》剧照

绘画艺术起源于旧石器时代晚期，人类文明萌芽阶段，先民便以绘画记录生活、表达认知，可见其与人类生存发展紧密相连。这种古老艺术最早以原始岩画和洞窟壁画呈现。如非洲Laas Gaal石洞壁画、西班牙阿尔塔米拉壁画、法国拉斯科石洞壁画，是旧石器时代人类用简单线条与色彩描绘狩猎、自然的遗存；中国广西花山岩画作为国家非遗，以赭红崖壁刻画人物、动物，反映古代骆越民族风貌与精神世界。这些早期作品虽质朴，却奠定了绘画"视觉叙事"的本质。

作为延续数万年的艺术，绘画不断演变，从原始符号到丰富风格技法，始终紧跟时代。接下来，让我们来探寻其独特美学魅力。

原理解读：绘画美之线、色、神

绘画不仅是技术的展现，更是文化和情感的传达。绘画的魅力在于它能够通过色彩、线条和构图来表达创作者的内心世界，从而触动观者的情感。图8-2为绘画之美的原理导图。

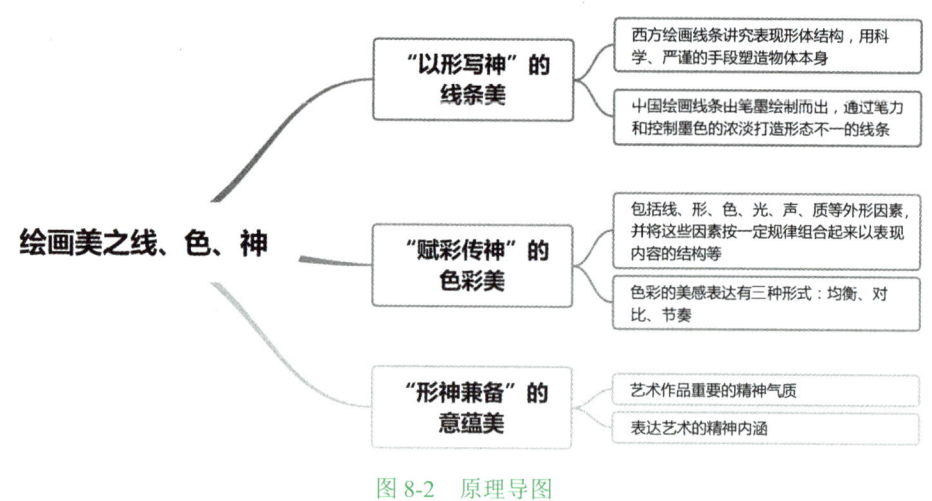

图8-2　原理导图

一、每一幅画都会让人如痴如醉于情境中

绘画是一种艺术，以其独特的魅力吸引着人们的目光，使我们感受到艺术的魅力和力量，让我们如痴如醉地沉醉其中。绘画是依赖于视觉形式表达情感、思想和观念的艺术形式，它是人类创造力和想象力的结晶，具有自己独特的审美特征。

（一）二维平面上的空间艺术

绘画造型不像雕塑、建筑那样，占有三维空间，可以从多个视觉角度进行欣赏，具有物质的实在性。绘画是在二维平面上进行创作，通过线条、色彩、形状等元素来表现形象和情感，艺术形象是虚幻的，只能从作品正面去欣赏。但是绘画可以利用透视学、色彩学原理通过近大远小的构图、浓淡冷暖变化的色彩等，可以表现出物体的远近层次，使二维的画面呈现出具有强烈立体感的空间效果。

（二）凝聚过去和未来的某一瞬间

绘画是静态艺术，绘画的静态性使得观众可以在时间的流淌中静静地品味和欣赏每一个细节。它不像音乐或舞蹈那样具有时间上的流动性，但却能在一瞬间捕捉到艺术家的灵感和创造力。因此，画家要善于选择和捕捉瞬间形象，进行概括、提炼和升华，创造出富有表现力的视觉形象，将过去和未来凝聚在某一瞬间的画面上，使之超越相对静止的时空范围，而达到深广的艺术境界，让观众在欣赏的过程中受到启发和触动。

（三）利用外在造型抒写内心世界

绘画是一种无声的语言，它不是单纯地描摹生活现实，而是融入画家自己的审美感受、审美情感。即使现实主义的写实绘画，也区别于摄影艺术，因为画家在摹写客观对象时，不是单纯地提取和描绘，而是融入了自己独特的内心世界进行表现，是主观与客观的统一。画家通过色彩、线条和形状的组合，按照美的规律进行艺术再创造，可以传达出喜悦、悲伤、愤怒、宁静等各种情绪，绝非摄影艺术所能替代。

（四）借环境突出主题对象

绘画不同于雕塑艺术，它除了需要重点描摹主题对象，还需要描摹周围的环境，借助环境来突出主题对象，使观众更加深刻地感受到作品表达的情感和意义。环境可以为主题对象提供更多的信息和背景，通过巧妙地运用环境，画家可以营造出特定的氛围和情感，使环境与主题对象形成对比或呼应，增强作品的表现力，让作品更加生动、富有感染力。此外，绘画的材料、工具也具有审美价值。中国画的笔情、墨趣，油画的笔触、色彩，木刻的"木味""刀味"等，都可以给观赏者带来美感。

二、绘画之美是线条、色彩和意蕴的和谐统一

（一）"以形写神"的线条美

线条是绘画中的基础元素之一，它可以用来表达形状、轮廓、纹理等多种视觉信息。画家可以通过控制线条的种类、粗细、方向和疏密来表现画面的空间感、动态感、质感、立体感等多种视觉元素，从而创造出具有强烈艺术感染力的作品。

线条的粗细也可以影响画面的视觉效果，粗线显得厚重、有力，细线则显得轻盈、精致，画家可以通过控制线条的粗细来表现物体的质感和立体感；线条的方向也可以影响画面的视觉效果，水平线显得平静、稳定，垂直线显得庄重、有力，斜线则显得动感、活泼，画家可以通过控制线条的方向来表现画面的空间感和动态感；线条的疏密也可以影响画面的视觉效果，稀疏的线条显得空灵、简洁，密集的线条则显得丰富、细腻，画家可以通过控制线条的疏密来表现画面的层次感和节奏感。

西方绘画中的线条讲究表现形体结构，用科学、严谨的手段塑造物体本身，是为了表现或说明一件事物而产生的。西方传统绘画时期的素描造型中，线条的主要作用是对事物造型的研究和概括，素描被画家用来画草稿、记录和训练造型能力。在完整的油画作品中，轮廓线成为完全地表现空间的重要手段。西方画的外轮廓线大致有四类表现形式：第一类，整体清晰，画面呈浮雕效果；第二类，整体模糊，轮廓线部分作为转折面被"虚"化；第三类，部分轮廓线清晰，部分轮廓线"虚"化而不明显；第四类，轮廓线同时兼有以上三种表现形式。

中国绘画中的线条因为受到中国几千年的绘画影响，中国画的线是由笔墨绘制而出，通过笔力和控制墨色的浓淡打造形态不一的线条，若是没有线条来描画结构，那么墨色便是零零散散的色块，失去了韵味之美。线条有勾勒造型的作用，以粗细、曲直不同的线条勾勒出所画之物的轮廓、体积，甚至可以通过笔力不同的线条勾绘出物体的质感、光线的折射等。中国画不讲究对自然事物的刻画还原，而是将自然事物的神态和气韵留于画中。因此中国画中的线条也并非单纯地勾勒物象的外形，而是通过疏密有致的线条体现所画之物的韵味。❶ 刘熙载曾说："画有阴阳。"这种阴阳之美便是通过刚柔并济、错落有序的线条展现出来的。线在绘画中是极富变化的，而每一种变化都是在表达画家不同的思想和感受，也是将画家不同的情感显现在画作里。比如在绘制人物画时，用细如游丝的线条来刻画人物的衣饰、发型等细节，表现人物的灵动柔和之美，同时也恰如其分地展示出人物的生活状态和活灵活现的神态。❷ 画家将自己的"气"和"意"投注笔端，使线条自然、生动，并赋予线条以独特的审美个性，表现出线性、线势的个性特征，赋予自然形态无穷的力量与生机，使作品的画境产生出超越时空的艺术张力。如画家郑板桥绘竹时，能通过控制线条的浓淡、张弛来绘制出疏密交错的竹竿和乱中有序的竹叶，更能通过线条的运用表现出疾风过竹林的抽象效果。

（二）"赋彩传神"的色彩美

形式美是客观事物外观形式的美，包括线、形、色、光、质等视觉外形因素，并将这些因素按一定规律组合起来以表现内容的结构等。色彩是其中一个重要因素，绘画中的色彩搭配会给人带来第一视觉冲击力，色彩的搭配要与绘画内容保持一致。合理的色彩搭配能将绘画作品中的情感传达给受众，例如暖色调给人一种温暖和亲近的感觉，冷色调则会给人一种冷淡清新的感觉。不同的色彩带有不同的感情，通过色彩的搭配可以将绘画内容的情感表达出来。

色彩的美感表达有三种形式：均衡、对比、节奏。表达色彩的均衡是通过色彩的面积、层次等进行布局；对比是通过色彩的明暗、冷暖、纯度、色调等方面对比；节奏是指色彩通过重复、渐变、强弱交替等形成的视觉韵律感。色彩通过色彩构成

---

❶ 赵思山. 浅谈国画线条的情感表达 [J]. 大众文艺，2017（23）：89-90.
❷ 彭莉桉. 略论中国画线性的艺术之美 [J]. 美与时代（中），2018.

原理配合画面构图进行合理有序的搭配从而形成美的视觉表达语言。

（三）"形神兼备"的意蕴美

意蕴美是美学中的一个重要内容，是艺术作品重要的精神气质，是艺术的精神内涵，表达作品中的意蕴美是比直接再现物象更加深远的一种艺术表现方式，它可以更好地表现艺术作品的境界。在观看作品时，观者很容易被带入艺术家所创造的令人产生遐想的空间。❶现代著名山水画大师黄宾虹对形与神有精辟的论述，他认为："作画不外画夺造化，一个夺字最难了，形影非真画，能夺神韵乃真画。"❷我们观赏绘画会感受到它并不太在意外在真实的形似。正如画家齐白石所说："作画贵在似与不似之间，不似为欺世，太似为媚俗。"其实这就是中国绘画传统中的"以形写神""得意忘形"艺术精神的体现。"形"指外在的形象，"神"是鲜活的生命状态，"意"是带有主观感受的心绪与体验。中国画不满足于"形似"，而要求"写神"和追求意趣的表达。"得貌遗神"或"得形忘意"都是文人画所忌讳的现象。❸早在 1000 多年前，东晋画家顾恺之就提出了"以形写神"的原则。相传他画人物，数年不点睛。有人问他为什么，他回答说："四体妍蚩，本无关于妙处；传神写照、正在阿堵中。"苏东坡曾说"论画以形似、见与儿童邻"，强调精神与意趣表达才是绘画应遵循的法则。对于形神兼备意蕴美的体现，可以从中国十大传世名画之一的《韩熙载夜宴图》中看到，画家顾闳中对人物的刻画尤为深入，以形写神，显示出高超的艺术水平。画中人物众多，人物有的弹奏，有的舞蹈，有的按拍欣赏，对不同对象的形体姿态、衣着服饰、目光手势进行相应描绘，情态生动，作者对主人公刻意描绘，曲尽神形。韩熙载形体高大轩昂，长髯，戴高巾，从倚栏倾听，到挥槌击鼓，再到曲终人散，各个不同的场合始终眉峰双锁，若有所思，沉郁寡欢，与夜宴歌舞戏乐的场面形成鲜明的对比，表现了韩熙载复杂的内心世界，刻画了人物特殊的个性，十分传神。从这幅画可以看出顾闳中绘画造诣极高，所以能准确而生动地刻画人物的个性和精神气质，达到了形神兼备的境界。

---

❶ 陈旭光. 艺术的意蕴 [M]. 北京：中国人民大学出版社，1999.
❷ 潘云告. 艺术美寻索 [M]. 长沙：岳麓书社，2005.
❸ 宗白华. 美学与艺术 [M]. 上海：华东师范大学出版社，2013.

课堂审美活动 8-1

谈谈自己对"绘画之美"的认识

一、活动安排

时间：25 分钟。

参与人员：全体同学。

工具：准备活动工具卡 8-1 和笔。

二、活动目标

1. 深入理解绘画的概念，准确把握绘画艺术具有二维平面上的空间艺术、凝聚过去和未来的某一瞬间、利用外在造型抒写内心世界、借环境突出主题对象的特征。

2. 培养分析能力，从不同角度（空间、定格、内心、主次）审视"绘画美"，分析绘画与音乐、舞蹈、雕塑等其他艺术门类的区别。

3. 促进学生之间的交流与合作，增强团队协作能力。通过小组讨论和汇报学会倾听他人观点，清晰阐述自己的观点，拓宽对绘画的认知视野。

4. 建立"绘画美"与职业发展的联系，理解绘画美原理在家具设计师、平面设计师等职业中的应用，为未来从事相关职业奠定理论和审美基础。

三、活动步骤

1. 分组：学生自行组成学习小组，每组 5～8 人。建议不同专业背景（如室内设计、传播策划、旅游管理等）的同学组合在一起，以便从多学科视角探讨"绘画美"，实现知识和思维的互补。

2. 小组讨论与记录：每位组员积极发言，从绘画特征和审美出发进行讨论，并结合具体绘画作品案例说明。将这些理解和讨论中的重要观点记录在"活动工具卡 8-1"上。

3. 小组汇报：各小组组长向全班汇报小组对"绘画美"的理解。汇报内容应包括小组讨论的主要观点、结合具体绘画案例的分析、对"绘画美"与职业发展关系的思考，以及讨论过程中的收获和体会。汇报时要逻辑清晰、重点突出，准确传达小组的讨论成果。

四、评价标准

对于小组汇报，将从下述几个方面进行评价。

1. 内容准确性：对绘画审美的理解和运用是否准确，观点是否有充分的依据，对具体绘画作品案例的分析是否符合原理。

2. 独特性：小组的观点是否具有新颖性和独特性，能否从不同角度结合绘画审美原理看待"绘画美"，提出创新性的见解。

3. 逻辑性：汇报内容的逻辑是否清晰，观点之间的衔接是否自然合理，论证过程是否严谨。

4. 表达流畅性：组长的表达是否清晰、流畅，能否准确传达小组的观点和想法，语言组织和专业术语的运用是否恰当。

5. 团队协作：观察小组在活动过程中的协作情况，包括成员的参与度、意见交流的充分性、是否尊重并整合了不同观点等。

活动工具卡 8-1

一起畅谈"绘画之美"
1. 谈谈你对绘画的认识,并分析绘画的审美特征。
2. 结合案例分析绘画与音乐、舞蹈、雕塑等其他艺术门类的区别。
3. 选择一幅名画,尝试从线条、色彩、意蕴方面进行鉴赏。
4. 结合自身实际情况谈谈如何在未来的职业中将绘画与自己的专业相结合。
5. 在小组讨论中你获得的新启发和收获:

审美赏析：绘画之心灵的宁静和启迪

一、王希孟《千里江山图》：中国山水画的高峰之作

王希孟是北宋晚期著名画家，是中国绘画史上仅有的以一张画而名垂千古的天才少年。王希孟十多岁入宫中"画学"为生徒，后召入禁中文书库，经赵佶亲授指点笔墨技法，技艺精进，他画风独特，融汇了前人的艺术成就，并加入了自己的创新和个人风格。他擅长运用线条、笔墨和色彩来表现自然景色，通过独特的构图和技巧创造出富有深度、层次感和情感的作品。

《千里江山图》是北宋王希孟创作的绢本设色画，不仅代表了北宋青绿山水这一画科的最高艺术水准，更在传统青绿技法基础上融入水墨山水的写实精神，形成独树一帜的艺术风格。《千里江山图》极其高超的技艺与画中意境，让它与《清明上河图》《洛神赋图》《步辇图》《唐宫仕女图》《五牛图》《韩熙载夜宴图》《富春山居图》《汉宫春晓图》《百骏图》并称为中国十大传世名画，现收藏于北京故宫博物院。

千里江山图藏着人间烟火

《千里江山图》用一幅整绢画成，无作者款印，有清弘历（乾隆）题诗，后隔水有宋朝蔡京的跋一，尾纸有元朝李溥先的题一。打开卷轴包首，引首即可见朱红印章数枚，以及卷首题诗。开首高山之巅直入云霄，其后丘陵连绵，崇山峻岭，移步换景，渐入佳境。大自然的鬼斧神工在画家笔下应运而生，从前景山峦村居起势，隔岸画群峰秀起，两翼伸展渐缓，与起势的山峦遥遥相对。该作品画面细致入微，烟波浩渺的江河、层峦起伏的群山构成了一幅美妙的江南山水图。图8-3为北宋时期王希孟所绘的《千里江山图》的局部细节。

王希孟《千里江山图》局部

（一）《千里江山图》的线条之美

《千里江山图》画卷构图周密，用笔精细，成功地采用了散点透视法，将主题分成六段，充分运用"平远""高远""深远"的结合，全图刻画工细，水面满勾峰头纹，无一笔懈怠，打破了时空的局限，使全卷浓郁厚重与轻淡空灵、严紧与疏松等不同节奏巧妙地结合在一起，充分发挥了画家的主观能动性，从右端起首丘陵连绵，崇山复岭，移步换景，在视觉上引导观众渐入佳境。王希孟作此图用笔精细，一点一画均无败笔。人物虽细小如豆，却动态鲜明。微波水纹均一笔笔画出，渔舟游船荡曳其间，使画面平添动感。综观全幅，有着雄阔的境界和宏大的气势，远观近睹均令人折服。

《千里江山图》延续了李思训的"线"法，画家先用浓淡墨线勾出山石轮廓的形体，

后用柔软圆润的长短线条加皴，只是我们看到线条因受皴的意识的潜在影响而没有显出曾经所具有的粗硬有力的特征。此画山形的勾勒，已然突出了山石明暗向背结构的层次感，已经不像隋唐青绿山水那样只是重视填充色彩，为山石的皴法和色彩渲染留出了余地。这种改变，大胆借鉴了中国传统水墨山水画的写实技法效果，水墨山水画中的一部分画法被融入到之前只注重勾形填色的青绿山水画中来，使原本金碧辉煌的青绿山水完美地糅合了皴法，从而使青绿山水和水墨山水画一样注重自然写实，一样具有了笔墨情趣。

图 8-3　北宋王希孟《千里江山图》（局部）

（二）《千里江山图》的色彩之美

《千里江山图》虽然经历千年之久，部分颜色已经脱落，但是其画法仍然清晰可辨，并突出显示了矿物质石色的富丽装饰效果。在色彩运用上展现了画家的高超技巧和独特的审美观。王希孟遵循的是传统青绿山水的色谱与上色规律："青绿重视的是色彩的符号性功能，以原色的运用，对纯度、明度的强调，对主色调的强调……形成色阶而极富节奏。"❶ 在《千里江山图》中，蓝色和绿色是主要的色调。蓝色代表了江水的清澈和广袤，给人以宽广、深远的感受。绿色代表了山林的葱郁和生机，营造出一种富有生气和和谐的氛围。这两种色彩的运用使得整幅画作呈现出一种清新、宁静的氛围。

《千里江山图》通过在不同层次的山川之间使用不同的色调和色彩饱和度来表现景深和层次感。远处的山川通常呈现淡蓝色调，色彩较淡，表现出远山的模糊和遥远感；近处的山川则使用鲜艳的绿色和深蓝色，增强了近景的立体感和细节。这种色彩的层次感使得观赏者能够感受到画面的深度和广阔的空间。此外，《千里江山图》还巧妙地运用了色彩对比来吸引观赏者的目光。画家通过将深色和浅色相对衬托来使画面变得更加生动有趣。例如，在蓝色的江水中，画家用深绿色勾勒出小船的形状，使船只在画面中更加显眼，形成鲜明的对比，这种对比的运用增加了画作的视觉冲击力和吸引力。尽管《千里江山图》以蓝色和绿色为主调，但画家巧妙地运用了暖色调来点缀画面，增加了画作的丰富性和层次感。例如，在一些山坡和建筑物上，画家使用了淡红、淡黄等暖色调，使画面更加生动和温暖。这些暖色调的点缀给整幅画作增添了一丝温情和活力。

（三）《千里江山图》的艺术意蕴

"境非独谓景物也。喜怒哀乐，亦人心中之一境界。故能写真景物、真感情者，谓之有境界。"❷ 这是王国维对"境"的定义，他认为"境"包括"自然"和"理想"。"自然"即造化，"理想"即造境者的主观情感。《千里江山图》以长卷形式描绘了连绵的群山冈峦和浩渺的江河湖水，于山岭、坡岸、水际中布置以渔村野市、水榭亭台、茅庵草舍、水磨长桥、并穿插捕鱼、驶船、行路、赶脚、游玩等人物活动，描绘精细，意态生动。人物虽细小如豆，而意态栩栩如生，飞鸟虽轻轻一点，却具翱翔之势。景物繁多，气象万千，构图于疏密之中讲求变化，气势连贯，以披麻与斧劈皴相合，表现山石的肌理脉络和明暗变化。整个画面千山万壑争雄竞秀,江河交错,烟波浩渺,充满着浓郁的生活气息，将自然山水描绘得如锦似绣，分外秀丽壮美。作品意境雄浑壮阔、气势恢宏，充分表现了自然山水的秀丽壮美，是一幅既写实又富有理想的山水画作品。

二、《南京大屠杀——屠·生·佛》：灾难悲剧的震撼

《南京大屠杀——屠·生·佛》这幅油画是由旅美画家李自健先生应台湾星云法

---

❶ 王文娟. 中国画色彩的美学探渊 [M]. 北京：中央编译出版社，2006.
❷ 王国维. 人间词话 [M]. 北京：中华书局，2009：3.

师的邀约而创作的三联画。星云法师原名李国深，1938 年他跟随母亲到南京来寻找经商的父亲，目睹南京大屠杀惨状后在栖霞寺剃度为僧。为了铭记下这段历史他邀请李自健创作了这幅油画。油画以现实主义艺术手法再现了 1937 年侵华日军在南京的屠城暴行。

李自健捐赠《南京大屠杀——屠·生·佛》油画

　　整幅油画由"屠""生""佛"三联组成，宽 3.2 米、高 2.1 米。画面主体是堆积如山、交错挣扎、相互保护的死难者的尸体和四处流淌的暗红色血液。作品完成后，从 1992 到 2013 年的 20 余年间，该作品随着"人性与爱·李自健油画环球巡回展"先后于六大洲、30 余个国家和地区进行 70 余次的巡回展出。巨幅油画《南京大屠杀——屠·生·佛》在所展之地均获得强烈反响，产生了广泛深刻的社会效益。同时，这幅作品在全球巡展过程中曾先后在阿姆斯特丹、纽约等地受到日本右翼势力的极力阻挠和打压，因为坚持《南京大屠杀——屠·生·佛》的展出，日本东京都艺术中心还于 1999 年取消了在日本的巡展。李自健顶住日本右翼势力的百般阻挠、威胁，勇敢坚持在全球间展出，为真实历史代言，并于 2006 年荣获了"南京国际和平特别贡献奖章"。图 8-4 为油画作品《南京大屠杀——屠·生·佛》。

油画《南京大屠杀——屠·生·佛》

图 8-4　油画《南京大屠杀——屠·生·佛》

（一）《南京大屠杀——屠·生·佛》的线条之美

　　李自健在画作中使用了简洁有力的线条来勾勒人物的形象和表情。画面中的日本士兵和中国平民的形象都通过有力的线条表现出来，使得他们的形象更加鲜明。同时，线条的运用也增强了画面的紧张感和动态感，使观众仿佛置身于那场灾难之中。

《南京大屠杀——屠·生·佛》分为三联：左联为"屠"，画面的主角为左下方的日本军官；中联为"生"，画面正上方为一名戴着银项圈的中国儿童，满脸是血，象征着生命；右联为"佛"，画面右下方一位和尚正在掩埋尸体，是"佛"的化身。整个画面利用线条构成一座"山"的形状，象征日军南京大屠杀暴行铁证如山。左联中在一群血肉模糊的尸体左边站着两个趾高气扬的日本军官，其中一个正狞笑着擦拭沾满鲜血的军刀，画家用简洁有力的线条勾勒出清晰的轮廓，两个日本军官站在尸体前狞笑着，毫无愧色的姿态与暴行形成强烈反差。在中联尸山的上面，一个婴儿正趴在裸露着胸膛惨死的母亲身上昂首哭喊着，画家清晰地用线条刻画出婴儿失去母亲后悲痛的表情，同时用模糊的笔触表现背景浓浓的硝烟进行衬托；右联中一位僧人躬身不语，正托起一位惨死的白发老人，僧人那悲悯的表情在阴影里用细腻的笔触描绘得淋漓尽致。

（二）《南京大屠杀——屠·生·佛》的色彩之美

1937年12月，南京沦陷，侵华日军于南京及附近地区进行了长达6周的有组织、有计划、有预谋的大屠杀和奸淫、放火、抢劫等血腥暴行，大量平民及战俘被日军杀害，无数家庭支离破碎，南京大屠杀的遇难人数超过30万，这是文明史上最黑暗的一场悲剧。悲剧美是在戏剧性的矛盾冲突和悲剧性的艺术表现中对美的肯定，而且往往与崇高和壮美相联系，使人产生深沉而巨大的同情共感和心灵震撼，并以其深刻的艺术感染力给人以激励和启示，引发人们深层次的审美感受。在《南京大屠杀——屠·生·佛》的色彩情感表达方面，李自健运用了强烈的色彩对比来表现画面的情感。整幅画面的背景在凝重的冷灰色调笼罩下，远处硝烟弥漫、低沉灰暗的天空营造了强烈而厚重的悲剧气氛，如此强大的视觉冲击力给人以窒息压迫之感。画面的前景以浅黄、灰棕色、红色为主色调，色彩清晰明快，给人以强烈的视觉冲击。[1]左联中日本士兵身着鲜艳的军装，正在擦拭刀上鲜红的血，与他们冷酷无情的形象形成鲜明对比。中联上方哭泣的婴儿穿着暖棕色的衣服，与婴儿身下冰冷的母亲尸体形成鲜明对比，增加了画面的悲剧气氛。右联中僧人身着蓝灰色的衲衣与身上及地上红色的鲜血融为一体，与赤裸上身已逝的老者及身后右手捂着流血胸膛的中年存在强烈的明度差异，烘托了南京大屠杀的悲剧氛围，使观众更能感受到那场灾难的残酷。

（三）《南京大屠杀——屠·生·佛》的艺术意蕴

《南京大屠杀——屠·生·佛》画面正中上方一个戴着银项圈满脸是血的中国儿童正在大哭，身下的母亲却已没有了生命的迹象，而两个日本军官却站在尸体面前，还在欣赏着，幸灾乐祸，毫无人性地狞笑着，犹如刚刚杀了几只鸡一样，这些脱离了道德与人性底线的日本军官并没有因犯下的罪行而感到羞愧，反而显现出自鸣得意之态。右下角的僧人正在扶起一具尸体，明知道已经死去，但还是希望在扶起的

---

[1] 陈秋林，刘艺. 李自健：以"人性与爱"为主题的油画家[J]. 湘潮（上半月），2012（5）：33-37.

一刹那那个人能够突然醒过来。一正一邪，一善一恶，强有力的对比使人产生深沉而巨大的同情共感和心灵震撼，并以其深刻的艺术感染力给人以激励和启示，更增添了这幅油画的感染力，唤起人们悲愤与抗争的悲剧性审美体验，引发对人性与和平的深刻反思。

《南京大屠杀——屠·生·佛》引起了世界上很大的轰动和反响，美国著名艺术评论家丹尼斯·怀伯曼曾评论，李自健的《南京大屠杀——屠·生·佛》是一部雄辩的声明。在这幅唯有毕加索的《格尔尼卡》可与之相比的描绘恐怖战争作品中，作者再现了1937年日军占领南京时的暴行。在一堆血肉模糊的尸体左边站着两个自鸣得意的日军军官，在这个尸山的右边则站着一名僧侣，一个孩子在成山的血肉上哭喊，他是唯一的幸存者，这幅画展示了一种绝妙的平衡，以及这平衡中撕心裂肺的寓意。日本国际创价学会会长、公民党创始人池田大作在看到这幅巨画后感慨道："凝睇《南京大屠杀——屠·生·佛》，一瞬间我的心停止了跳动，我的心哭泣了。"画中蕴藏着画家的深刻感悟与人类的和平呼唤。

三、梵高《星空》：激情迷幻的意象世界

文森特·威廉·梵高（1853—1890），荷兰后印象派画家，出生于新教牧师家庭，是后印象主义的先驱，并深深地影响了20世纪的艺术，尤其是野兽派与表现主义。《星空》又名《星月夜》，是梵高于1889年在法国圣雷米的一家精神病院里创作的一幅著名油画，是他的代表作之一，现藏于纽约现代艺术博物馆。有一种普遍的说法，即由于这幅画创作于梵高受精神困扰期间，常被认为蕴含着他对世界的独特想象。图8-5为在巴西里约热内卢举办的梵高作品沉浸式8K超高清艺术展。

梵高笔下燃烧的绚烂色彩

梵高作品沉浸式8K超高清艺术展

图8-5 巴西里约热内卢梵高作品沉浸式8K超高清艺术展

（一）《星空》的线条之美

在《星空》这幅画中，梵高对线条的运用已经达到成熟完美的境界。由于受到印象派和日本浮世绘绘画技法的影响，梵高对光点与线条产生了浓厚的兴趣。他突破性地把线条融进了颜色里，以具有雕塑性的笔触来描绘景物的轮廓、色彩和情感。画面中呈现出两种线条风格：一种是歪曲的长线，另一种是破碎的短线，二者交互运用，使画面呈现一种炫目的奇幻景象。在构图上，骚动的天空与平静的村落形成对比，柏树则与横向的山脉、天空达成视觉上的平衡。我们在画中可以看到，前景的小镇是以平直、粗短的水平线笔触来描绘的，表现出一种宁静与平稳，那点点黄色灯光均画成小块方形，恰与星光的圆形造型形成鲜明对比。中间的柏树用长而弯曲的线条交替上升，如跃动的火焰一般呈现出蓬勃向上的张力与动感。上部的天空中，画家用短促的、歪曲的、色彩缤纷的线条一笔一笔呈现了夜晚星空的动态天景，被光晕包裹的月亮、星星，以及旋转流动的星云和天空，如汹涌的波涛一般充满着动感，神秘而又深邃。❶画家用充满运动感的、连续不断的、波浪般急速流动的笔触表现星云和树木。在他的笔下，星云和树木像一团正在炽热燃烧的火球，正在奋发向上，在这种高度夸张变形和强烈视觉对比中体现出了画家躁动不安的情感和迷幻的意象世界。

（二）《星空》的色彩之美

"未来的画家就是尚未有过的色彩家。"这是梵高的一句不朽的名言。梵高的绘画在色彩上表现出非凡的创造力，他对色彩的运用和表现是他众多绘画特点中最有价值的方面。《星空》中体现了梵高对色彩的运用和表现的技巧。

蓝色是冷色，层叠递进的冷色有利于刻画空间效果，明暗交叠的蓝色让夜晚变得更富有层次感。梵高使用群青、靛青、紫色，依靠线条和短笔触来表现空间。大致铺出天空、山峦、地面，然后就开始渲染明月和星光。那些零散的金黄色淡淡地添在蓝色和绿色之上，使得这个角落比别处更亮，也就更接近月亮。天空上月亮、星星和幻想中的彗星是由黄色构成的漩涡，在天空中旋转着。它们就是一束束反复游荡的光的扩散，带动整个深蓝色的天空。橘黄的月亮、繁星以及明黄的月晕，蓝色的天空和远山、树木、屋顶，黑色、褐色的柏树以及粗大黑色的轮廓线，让梵高冲破了前期印象派对自然色彩真实反映的束缚，给人以大胆、新奇、创新的视觉冲击。这种看似随心所欲的色彩运用，源自梵高敏锐的艺术感觉、自由的创作境界和鲜明的艺术理想。将原色的红黄蓝和间色的橙绿紫直接画在画布上，是梵高对传统色彩技法的突破。在梵高之前，艺术家对色彩的认识有古典主义的固有色、印象主义的条件色，但是还没有一位像梵高这样将色彩提到一个尊重客体又超越现实的高度。梵高的《星空》对于色彩的精细驾驭不仅为我们创造了一个赏心悦目的神秘世界，而且创造了一个引人入胜的新的艺术样式。

---

❶ 文森特·梵高. 星空[J]. 红蜻蜓，2024（Z4）：98.

(三)《星空》的意蕴之美

作为"表现主义"先驱,梵高的绘画是一种新的、天真质朴的艺术,并且具有真正艺术所特有的那种持久的生命力。他凭借沸腾的生命力和敏感的心灵创造出了真实表现自己内心感受的艺术作品。《星空》就是梵高自觉尝试心灵与才华表达的典型作品。如果我们尝试进入梵高的内心世界,去体验他的艺术追求和创作状态,就不难发现《星空》中的图像都充满着象征的含义。那轮从月食中走出来的月亮,暗示着某种神性,让人联想到梵高所乐于提起的一句雨果的话:"上帝是月食中的灯塔。"正如房龙在《西方美术简史》一书中评论的那样:"梵高的激情远比高更来得激烈与外向,在梵高的绘画中,所有的色彩与形象都必须服从他不羁的激情表达。"当我们用心去观察《星空》时就会被画面中所包裹的躁动不安的情绪所感染,那种喷薄而出的沸腾的生命活力弥散在每一个景物、每一块颜色、每一个笔触之中。在这幅画中,天地间的景象化作了浓厚、有力的颜料浆,顺着画笔跳动的轨迹涌起阵阵旋涡。整个画面似乎被一股汹涌、动荡的激流所吞噬,这体现了这种情感追求更像是一种躁动情绪的宣泄。画面中,月亮、星云在旋转,山野在骚动,风景在发狂,而那翻卷缭绕、直上云端的柏树看起来像是一团巨大的黑色火舌,画家躁动不安的情感和狂迷的幻觉世界跃然纸上。❶ 然而,当我们突破情绪的表象去感受《星空》的深层含义时,就会发现天空的云朵被拉长,卷曲成海浪的形状,这象征了他心中的烦恼以及一直缠绕他的病魔,虽然现在病已有所好转,但还是若即若离地跟随着他,使他不能完全摆脱。这飘摇的白云也是梵高自己的写照,它象征着梵高飘忽不定的生活,象征着梵高那些没有结局的爱情。星空下的村庄显得平静、祥和,偶尔有几户人家点着灯,更加重了作品中家的气息。远处的山峦仿佛是村庄的依靠,显得雄伟、浑厚,这是梵高内心对家的渴望的写照。总之,画面的表现主义色彩给人留下了深刻的印象,能够引领观赏者的思绪透过画面去做深度的追寻与思索。

---

❶ 刘洋,王志文. 梵高《星空》赏析 [J]. 名家名作,2020(6):72.

课堂审美活动 8-2

运用审美知识，填写绘画审美赏析体验表

一、活动安排

时间：25 分钟。

参与人员：全体同学。

工具：准备好活动工具卡 8-2 和笔。

二、活动目标

1. 熟练运用绘画的线条美、色彩美、意蕴美等原理精准分析审美赏析中所选绘画审美对象的美，能够从多个维度准确描述和阐释其美的具体体现。

2. 培养观察能力、分析能力和批判性思维，能够深入挖掘绘画审美对象的独特之处，提升对绘画作品的审美鉴赏水平和分析能力。

3. 促进学生之间的交流与合作，增强团队协作意识。通过小组讨论和分享学会倾听他人观点，拓宽思维视野，提高沟通和表达能力。

4. 结合职业教育特点建立绘画审美与职业发展的联系，理解绘画知识在室内设计师、广告设计师等职业中的应用，培养将审美能力转化为职业素养的意识和能力。

三、活动步骤

1. 分组：自行组成学习小组，每组 5～8 人。建议不同专业背景（如室内设计、传播策划、旅游管理等）的同学组合在一起，以便从多学科视角对绘画作品进行全面分析，实现知识和思维的互补。

2. 小组讨论与选择分析：各小组通过对审美赏析的学习，从《韩熙载夜宴图》《塔吉克新娘》《睡莲》中选择一个绘画作品进行深入分析。将这些理解和讨论中的重要观点记录在"活动工具卡 8-2"上。

3. 小组汇报：各小组组长向全班汇报并展示小组的填写成果。汇报内容应包括小组针对具体绘画案例进行的分析、对"绘画美"与职业发展关系的思考，以及讨论过程中的收获和体会。展示过程中鼓励与其他小组进行互动交流，回答提问，分享不同的分析视角和观点。

4. 教师点评总结：教师根据各小组的展示情况，从填写内容的准确性、全面性、独特性，分析的深度和逻辑性，以及小组展示时的表达流畅性、团队协作情况、对绘画审美与职业联系的思考等多个维度进行点评。肯定学生的优点和创新之处，指出存在的不足并给予具体的改进建议。同时，总结本次活动中大家对绘画审美的理解和发现，进一步强化学生对绘画审美知识的掌握和运用，引导学生在今后的学习、生活和未来的职业中持续关注绘画之美，并将其与专业实践紧密结合。

活动工具卡 8-2

绘画审美赏析体验表

美的类型	美的释义	美的发现（请从《韩熙载夜宴图》《塔吉克新娘》《睡莲》中选择一个作为审美对象，详细描述该作品在相应美的类型方面的具体体现）
"以形写神"的线条美	画家通过控制线条的种类、粗细、方向和疏密来表现画面的空间感、动态感、质感、立体感等多种视觉元素，从而创造出具有强烈艺术感染力的作品	
"赋彩传神"的色彩美	色彩的美感表达有三种形式：均衡、对比、节奏。均衡是通过色彩的面积、层次等进行布局；对比是通过色彩的明暗、冷暖、纯度、色调等方面对比；节奏是指色彩的主从关系、主色调和辅色调的布局等。色彩是通过色彩构成原理配合画面构图进行合理有序的搭配从而形成美的视觉表达语言	
"形神兼备"的意蕴美	意蕴美是美学中的一个重要内容，是艺术作品重要的精神气质，是艺术的精神内涵，表达作品中的意蕴美是比直接再现物象更加深远的一种艺术表现方式，它可以更好地表现艺术作品的境界	

审美创造：用一根线条去散步

绘画可以提高审美能力，引导我们参与文化的传承与交流，发展我们的感知能力和形象思维能力，形成创新精神和技术意识，促进个性形成和全面发展。只有勇于尝试，才能感受造型意蕴之美。相同或者相近专业的 2～3 名同学自由组建一个学习小组，从《千里江山图》和《星空》等古今中外的绘画作品中选择自己喜欢的一幅，运用所学的绘画审美方法去发现美、欣赏美、创造美。

一、活动主题

用一根线条去散步。

二、活动目标

深入绘画实践，感受造型意蕴之美。

让学生到《千里江山图》和《星空》等古今中外的绘画作品中去发现、感受绘画的色彩和构图对称均衡，并截取作品局部进行美的实践。

三、活动途径

审美创造途径		
第一步	发现美：参观攻略准备	复习绘画的审美特征，并用手机或计算机查阅资料，例如在本专业领域著名的画家、世界有名的作品等，用心感悟绘画所展现出的独特魅力，并做好记录
第二步	欣赏美：浸润探索发现	结合绘画的线条美、色彩美、意境美，通过网上资料查询和高清作品观察挖掘绘画作者和作品绘制背景，体会作品中蕴含的情感，感悟绘画之美，为绘画实践做好准备
第三步	创造美：感悟体验	结合对绘画之线条美、色彩美、意境美的认识进行绘画实践，从《千里江山图》和《星空》中选择一幅，尝试绘制名画的局部，需要注意造型准确性、色彩与色调表现、艺术表现力，最后将绘制好的作品及体验感悟分享给大家

四、活动成果

用发现美的眼睛观察、用感知美的心灵存储、用传承美的巧手实践、用文字记录自己感悟到的美。

1. 在欣赏美、创造美的环节，组员用发现美的眼睛观察、用感知美的心灵存储、用传承美的巧手实践、用文字记录自己感悟到的美，在 8 开画纸上根据自己的审美体验绘制《千里江山图》和《星空》，然后将绘画之美记录在"活动工具卡8-3"上，组长汇总大家的成果。

2．PPT制作与展示：课后，每个小组制作一个PPT，PPT不少于10页，图文并茂、内容全面。自主推选汇报人，下节课进行课堂分享。

3．评价标准：对PPT和作品展示进行评价，评价内容包括PPT的内容完整性（是否全面介绍作品并深入分析其美）、图文搭配合理性（图片与文字是否相互补充、相得益彰）、讲解的清晰流畅性（汇报人是否能够清晰、流畅地表达小组的观点和感悟）、绘画作品的表现性（造型准确性、色彩与色调表现、艺术表现力）等方面。

活动工具卡 8-3

记录自己体验感悟到的绘画之美
绘画名称：
体验感悟：

项目九

书法之美："东方艺术之源"

知识目标

1. 深入了解书法在源远流长的中华优秀传统文化中所占据的重要地位与独特价值。
2. 系统掌握书法的形态美、情态美、气质美等核心基本美学特征，构建起扎实的书法美学知识基础。
3. 全面知晓书法作品在古今中外人类生活各领域所展现出的广泛应用价值，拓宽对书法实用性的认知视野。

素养目标

1. 能运用书法美的基本特征分析和鉴赏书法作品，提高审美鉴赏能力。
2. 能充分认识中国书法文化的价值和意义，厚植热爱中国书法文化情怀，积极参与书法技艺研习和创作，以实际行动传承和传播中国书法文化。

技能目标

会欣赏书法作品，陶冶情操，开展审美实践创造，会运用书法技艺和作品美化现实生活。

"假如生活在中国，我一定是个书法家，而不是画家。"

——（[西班牙]巴勃罗·毕加索）

"我们甚至可以说，书法提供给了中国人民以基本的美学，中国人民就是通过书法才学会线条和形体的基本概念的。因此，如果不懂得中国书法及其艺术灵感，就无法谈论中国的艺术。比方说，中国的建筑，不管是牌楼、亭子还是庙宇，没有任何一种建筑的和谐感与形式美，不是导源于某种中国书法的风格。"

——（[中]林语堂）

审美导入：一起走近"中国书法大会"

书法作为中国传统文化的重要组成部分，被誉为"东方艺术之源"。书法之美是指书法艺术所具有的独特魅力和审美价值。它以汉字为基础，通过运笔、排列和布局来表达情感和意境，展现出独特的艺术魅力。2023年最火的书法文化节目《中国书法大会》让国人沉浸式体验了中国书法之美。书法是无言的诗、无形的画。在撇捺纵横间，书有尽而意无穷。古往今来，一代代书法家用书法传承中华优秀传统文化，留下了很多震撼人心、流传千古的经典名作。书法不只是简单的写字，更是一种仪式，也是一种致敬。研墨、挥毫，当墨线在纸张上开合疏密、震荡出锋时，我们就开始了思先贤、追古今之旅。

《中国书法大会》火遍网络

在优秀的书法作品面前，我们怀古思今，我们被书法的形式之美所吸引，追寻书法家创作时的情绪、境界，更是敬仰书法家的精神人格之美。我们在重大节日时书写对联，用书法装点我们的精神生活；我们展开笔墨，临摹、创作，传承书法文化，兴起之时，还会对自己的作品进行装裱，做成小礼物，送给亲朋好友，以文会友、以字传情。

书法魅力无穷，那它究竟美在何处？作为职业院校的学生，我们又该如何去鉴赏书法之美呢？接下来就让我们一同踏上探索书法之美的精彩旅程吧。

原理解读：中国书法之形、情、气

《现代汉语词典》中对书法的定义是：文字的书写艺术，特指用毛笔书写汉字的艺术。❶ 可见，书法是中国独特的造型艺术，以笔墨纸砚为工具书写汉字，更是中国人文化与精神的重要载体。对书法的审美可以从形、情、气三个层次来欣赏，具体而言，可以从线条、结构和章法中品悟形态美；从创作构思和情感表达中鉴赏情态美；从书家的学识素养、精神品格和人生境界中体悟气质美。图9-1为书法之美的原理导图。

---

❶ 中国社会科学院语言研究所词典编辑室. 现代汉语词典[M]. 7版. 北京：商务印书馆，2019：1209.

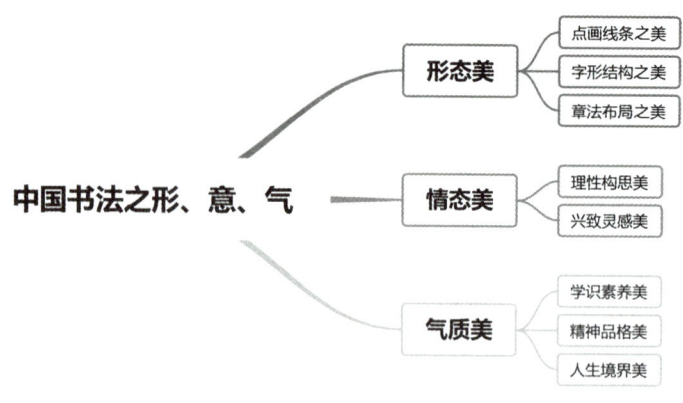

图 9-1　原理导图

一、形态美

当代书法家王岳川先生认为："书法美是多层次的，包括笔法呈现线条美，字法呈现结构美，章法展示布白美，墨法展示墨韵美，刻印烘托印章美，整体和合意境美，这些审美元素共同构成了书法美的世界。"❶"形"是书法最直接的审美对象，属于"物质层面"的视觉呈现，包括点画线条、字形结构、章法布局——这是书法作品的核心内容，也是审美第一层次的主要对象。所有这些能直观感受的"形"是书法审美最为基本的"物质层面"，也是书法"意""气"等精神层面的依附"载体"。❷

（一）点画线条之美

书法作为一种造型艺术，带给我们最直观的美首先来自其点画、线条、字形之美，这种独特的形式之美能够跨越语言的障碍，被不同民族、不同国家的人所欣赏。汉字经历了从甲骨文、金文、小篆、隶书，到章草（早期草书）、楷书，再到行书、今草等书体的不断演变，书体不同，其点画、线条、字形、章法的要求也各有不同。不同书法家的点画、线条、字形、章法风格不一，给人带来不同的审美感受。"笔走龙蛇""矫若惊龙""行云流水""铁画银钩""蚕头燕尾""剑拔弩张"等成语生动描述了我国书法的线条与字形之美。

书法的点画线条是书法视觉形象美的基础。书法讲究用笔，一点一画一人生。点画要有质感，有分量，笔画圆润饱满。线条要有力度，有神采。点画美主要有三个欣赏要点：笔法的规范、娴熟、变化。第一，看笔法是否规范。好的书法作品取法于上，用笔规范。以楷书为例，可以盛唐三大家的书法作品为鉴赏范本。第二，看笔法是否娴熟。好的书法作品笔法娴熟，具备力度之美，最终达到"入木三分""力透纸背""遒劲有力"的效果。第三，看书写是否富于变化。好的书法作品笔画之

---

❶ 王岳川. 大美书法提升中国文化软实力[N]. 光明日报，2023-5-13.
❷ 向彬. 论书法审美的三层境界[J]. 河北师范大学学报（哲学社会科学版），2018（11）：71-75.

间讲究配合，富于变化，讲究相互呼应、形态各异。

（二）字形结构之美

字形结构之美，又指书法的结体之美，主要指的是单个字的结字、间架和结构。单个字的形态之美在篆书、隶书、楷书、行书作品中尤其重要。❶

书法的结体讲究和谐之美。汉字的结构犹如优美的建筑，要实现牢固、美观，就要各种笔画之间合理组合、重心平稳、疏密有度、布局得当、点画呼应。在技术上，中国文人在书写中找到了很多让字体具备平衡之美的方法，如左右平衡、上下重心同轴、等距同斜、大小相称、容让和谐、点画呼应等。❷

书法的结体讲究风格之美。因字体风格不同，结体美感也不同。就如苏轼所说："真如立，行如走，草如奔"。楷书如站立的人，四肢平稳、五官端正；行书点画呼应多变，结构生动灵巧，如行走的人，四肢摆动、神采奕奕。草书比行书更显流动奔放，点画连绵不绝、一气呵成，结构欹侧多姿，如奔跑的人，动作迅速连贯、步履矫健。❸不同的书家结体风格不同，造诣较高的书法家有着强烈的个人风格，比如颜真卿的字结体宽博，柳公权的字中宫紧缩并向四方开张，郑板桥的"六分半"书个性鲜明。"古肥今瘠""胡肥钟瘦""家鸡野鹜""颜筋柳骨"等成语表达的就是不同的书家、不同时代书家的结体风格不同，这些风格各异的书法风格丰富了我们的书法宝库。

书法的结体讲究变化之美。有些字在同一幅作品里也会有多个不同的状态。比如王羲之的《兰亭序》，其中20多个"之"字，各具形态，几乎无一相同。颜真卿不同年龄阶段的作品如《多宝塔碑》（早年）、《麻姑仙谈记》（60多岁）、《勤礼碑》（晚年），结体均有变化。

（三）章法布局之美

章法主要指整体布局之美，即作品中字与字、字组与字组、行与行之间的搭配整合与相互呼应。王羲之在《题卫夫人笔阵图后》中说："若平直相似，状如算子，上下方整，前后平直，便不是书，但得其点画尔。"刘熙载在《书概》中也提到："书之章法有大小，小如一字及数字，大如一行及数行，一幅及数幅，皆须有相避相形，相呼相应之妙。"除了讲究避让和呼应，好的书法作品在整体布局上会有很强的节奏感、韵律感、连贯感。

章法还包括布白之美。书法作品通常留有留白，形成黑白相间、相互衬托的效果，

---

❶ 向彬. 论书法审美的三层境界 [J]. 河北师范大学学报（哲学社会科学版），2018（11）：71-75.
❷ 朱儒楚，张伟. 书法教程 [M]. 沈阳：辽宁大学出版社，2013：50-57.
❸ 朱儒楚，张伟. 书法教程 [M]. 沈阳：辽宁大学出版社，2013：60.

辅以题款、钤印等元素，最终呈现整体气韵之美。王羲之在《论书》中说："分间布白，远近宜均；上下得所，自然平稳。"胡小石在《书艺略论·谈结构与布白》中亦言："布白之妙，口说难详。譬诸人面，虽五官同具，位置略异，人我便殊。又如星斗悬天，疏密错综，自然成文，久观益美。"

二、情态美

在鉴赏书法形式之美的基础上，我们还试图去还原书法家创作时的心境、情境、情感。追古今之忧思，探创作之情态。书法的情态心意审美属于书法审美的第二个层次。"书法的情态之美指书法家在作品中流露出来的创作情态，这种情态既包含了下笔前的理性构思，也包含了创作时的兴致灵感。"❶

理性构思美主要指在创作之前进行仔细的构思，提前对作品的点画线条、字形结构、章法布局等进行构思规划，做到胸有成竹。这种创作方式被古今很多书法家所推崇，是创作出一幅好作品的重要保障。

兴致灵感美主要指创作时未经提前构思的，随书法家的即兴情感开展创作展现出的即兴、自在、真实的美，是书法家情感、精神的重要载体。比如王羲之的《兰亭序》、颜真卿的《祭侄文稿》、苏轼的《黄州寒食诗帖》《东武帖》《渡海帖》、米芾的《清和帖》《戎薛帖》《值雨帖》《珊瑚帖》等作品都是创作时兴起的灵感与情绪的自然流露，是作者真性情的体现，最能反映书法家的创作水平和创作风格。即兴创作的作品或有涂改，却是最真实的创作表现，能让我们沉浸在书法家的情感与情境起伏之中，感受书法的情感魅力。

兴致灵感美还在于书法作品与表情达意的文字内容的完美结合。文字之美与技法之美相辅相成、交互融合。"凡优秀的书法作品，美就美在高尚雅致的文字内容与精良巧妙的书写技法，以及由此产生的多姿多彩、特色鲜明、妙趣横生的艺术形态上。"❷在创作中，书法家会选择符合自己情感的内容开展创作，甚至即兴创作诗词、散文或其他题材和形式的作品。在历代经典中，颜真卿的《祭侄文稿》是亲情的表达；张旭、怀素的书法创作是个人情感的抒发。正因为书法作品所蕴藏的情感和精神元素，才让我们能够穿越时空与古人对话，传承文化精髓，用书法技艺书写时代精神。

三、气质美

南朝齐书法家王僧虔在《笔意赞》中提出："书之妙道，神采为上，形质次之，兼之者方可绍于古人。"❸这里提到的"神采"，主要侧重于书法的精神层面。而欣赏

---

❶ 向彬. 论书法审美的三层境界 [J]. 河北师范大学学报（哲学社会科学版），2018（11）：71-75.
❷ 向彬. 论书法审美的三层境界 [J]. 河北师范大学学报（哲学社会科学版），2018（11）：71-75.
❸ 王僧虔. 笔意赞 [A]. 历代书法论文选 [C]. 上海：上海书画出版社，1979.

书法之美的最高层次便是领略其气质神采之美。

书法的气质神采之美，是指书法家能够借助笔形、气势、行气、布白、意蕴等方面的形体变化，将自身的气质神采、学识素养、精神品格、审美情趣、人生阅历、境界格局等全方位地反映在书法作品之中，形成一种综合之美。清代文学家刘熙载曾说："书，如也，如其学，如其才，如其志，总之曰：如其人而已。"这句话深刻地道出了书法与人的紧密联系。

在广为传唱的歌曲《中国娃》中有这样一句歌词："最爱写的字儿是先生教的方块字，横平竖直，堂堂正正做人也像它。"这句歌词生动地体现了中国人对汉字的喜爱以及汉字所承载的做人道理。而中国人历来就有"字如其人"的说法，认为书法作品往往能映照出书写者的为人与品性。

课堂审美活动 9-1

谈谈自己对"书法美"的认识

一、活动安排

时间：25 分钟。

参与人员：全体同学。

工具：准备好活动工具卡 9-1 和笔。

二、活动目标

1. 深入理解"书法美"的概念和内涵，精准把握书法的形态美、情态美、气质美等原理在实际书法作品中的体现。

2. 培养运用书法美原理分析书法作品的能力，从不同角度（如笔画、结构、情感、文化等）审视"书法美"，提升审美鉴赏和批判性思维能力。

3. 增强交流合作与团队协作意识。通过小组讨论和汇报学会倾听他人观点，清晰阐述自身见解，拓宽对书法美的认知视野。

4. 建立"书法美"与职业发展的联系，理解书法美原理在书法创作、书法教育、艺术设计等职业领域的应用价值，为未来从事相关职业奠定理论和审美基础。

三、活动步骤

1 分组：自行组成学习小组，每组 5～8 人。建议不同专业背景（如书法学、艺术设计、软件技术、新能源汽车技术等）的同学组合在一起，以便从多学科视角探讨"书法美"，实现知识和思维的互补。

2. 资料查阅：自主通过多种途径查找资料，如利用网络搜索、翻阅书法专业书籍、查看艺术展览资料等。收集经典书法作品图片，同时回顾书法美的原理，包括书法的形态美、情态美、气质美等，梳理点画线条、字形结构、章法布局、创作构思、书家精神品格等相关要点，为后续活动做准备。

3. 小组讨论与记录：各小组依据从多渠道获取的资料展开深入讨论，思考以下引导性问题："在你所欣赏过的书法作品中，哪些在点画线条或字形结构上体现了独特的'形态美'？是通过怎样的笔法和结构处理实现的？""不同书家的同一书体作品，在'情态美'上有哪些差异？这些差异反映了书家怎样的创作心境和情感表达？""从'气质美'角度看，书法作品如何体现书家的学识素养和精神品格？试举例说明。""从职业角度看，如果从事书法创作、书法教育、艺术设计等工作，应如何运用'书法美'的原理提升工作成果的品质和价值？"每位组员踊跃发言，畅谈对"书法美"的独特认识，并将这些理解详实记录在"活动工具卡 9-1"上。

4. 小组汇报：各小组组长向全班汇报小组讨论成果。汇报内容应包括小组讨论的主要观点、结合书法美原理对具体书法作品案例的分析、对"书法美"与职业发展关系的思考，以及讨论过程中的收获和体会。汇报时要逻辑清晰、重点突出，准确传达小组的见解。

四、评价标准

对于小组汇报,将从下述几个方面进行评价。

1. 内容准确性:对书法美原理的理解和运用是否准确,观点是否有充分的依据,对具体书法作品案例的分析是否符合原理。

2. 独特性:小组的观点是否具有新颖性和独特性,能否从不同角度结合书法美原理看待"书法美",提出创新性的见解。

3. 逻辑性:汇报内容的逻辑是否清晰,观点之间的衔接是否自然合理,论证过程是否严谨。

4. 表达流畅性:组长的表达是否清晰、流畅,能否准确传达小组的观点和想法,语言组织和专业术语的运用是否恰当。

5. 团队协作:观察小组在活动过程中的协作情况,包括成员的参与度、意见交流的充分性、是否尊重并整合了不同观点等。

活动工具卡 9-1

一起畅谈"书法之美"

1. 结合书法美原理举例说明某一书法作品的形态美（点画线条或字形结构）是如何体现的？

2. 从情态美角度分析不同书家同一书体作品在情感表达上的差异及原因。

3. 描述一幅让你感受到书家气质神采的书法作品，说明是作品的哪些方面引发了这种感受。

4. 结合所学专业谈谈如何在未来职业中运用书法美原理来提升工作成果。

5. 在小组讨论中你获得的新启发和收获：

审美赏析："篆隶楷行草"艺术哲学之璀璨明珠

中国书法历史悠久，源远流长。书法艺术伴随汉字的产生而萌芽。中国有迹可考的最早的成熟文字是距今3000多年前商周时期的甲骨文。随着历史的发展和变迁，书法也在不断地演进，从最初的甲骨文发展到金文、石鼓文、篆书、隶书、楷书、行书、草书，整个发展轨迹清晰可见，而书法不仅是造型的艺术，同时也是中国人气度、精神、审美趣味、人生哲学的核心体现。这里我们就结合中国的书体及名家名作来鉴赏中国书法的形、情、气之美。

一、篆书的中庸和谐之美

篆书主要指"大篆"和"小篆"，广义的"大篆"指"小篆"以前的文字和书体，包括甲骨文、钟鼎文、籀文、六国文字等；狭义的"大篆"专指周宣王太史籀厘定的文字，即"籀文"。"小篆"与"大篆"对称，亦称"秦篆"，即秦始皇统一天下文字，由李斯所制，小篆笔画圆转流畅，较大篆整齐。秦时刻石如泰山、峄山、琅琊台等，传为李斯所书，为小篆的代表作。

篆书：泰山刻石

中庸和谐之美的源头来自儒家，体现在书法中，其中和之美即大小、方圆、纵横、骨肉、线面、正奇、干湿、浓淡等各种对应关系的对立统一、相辅相成。书法对点画形态的要求是不温不火、不激不厉，符合中和之美。"中和之美是一种均衡之美、变化之美、和谐之美。"❶从秦石刻小篆开始，如《泰山刻石》《峄山刻石》等，直到唐代的李阳冰及后来的徐铉所书的篆书，都为篆书的写作奠定了中和之美的典型样式。这里重点体会篆书的形态美中所体现的篆书气质之美——中庸和谐。图9-2为篆书：西周散氏盘。

篆书：西周散氏盘

（一）形态美

篆书的点画线条、结体和章法均体现出中庸和谐之美。

点画线条美：体现出与书写材质的和谐统一的美。篆书因载体材料和制作手段不同而自然形成不同的线条特征。金文等早期篆书因铸造工艺追求线条的匀整光洁；而甲骨文为契刻而成，线条多瘦硬劲挺，粗细随刀刻力度自然变化，呈现质朴的天然之美；石刻秦篆在各体书法出现之后，篆书亦有了自觉而独特的笔法；书于纸上的清篆，又形成新的不同以往的线质。篆书的线形大致可分两大类：直线和曲线。直线包括横、竖、斜三种形态，曲线包括顺时针弧、逆时针弧、连曲弧三种形态。

---

❶ 王即之. 书法意义上的儒家中和之美 [J]. 华夏文化，2018（1）：36-39.

这在线质比较单纯的秦篆中非常明显。篆书的线条圆转飞动，非有强劲的腕力难以掌握。表面均匀的线条实际上有着微妙的变化，提按轻重在微妙地变化着，展现出一种典雅庄重的韵味。

图 9-2　篆书：西周散氏盘

结体美：篆书的对称和均衡是中庸和谐之美的最重要表现。篆书在各种字体中对称程度最高。篆书的对称分独体对称和合体对称两种类型。许多后世基本对称的字，在小篆中曾经高度对称，如《峄山碑》中的皇、帝、立、高、自等；一些现在看不对称的字，当时也完全对称，如不、五、莫、乐、登、无等。后世字体相比，篆书总体线条刚直、横平竖直。尤其是秦篆，达到高度的平正。甲骨文有较多的斜线，且契刻于不平整的龟甲兽骨上，但仍追求横竖的平正。大篆作品总体上亦求工整，少数结字跌宕错落，如《散氏盘》等。篆书结字多匀称，线条分布往往等距，留空显得统一协调，这方面以秦篆最为典型，体现了高度的秩序感。

章法美：在动静结合中实现和谐之美。动静合一让篆书充满了生命力和动态之美。在篆书的书写中，左右结构的字通常根据笔画伸展的方向来安排左右位置，如左高右低、左低右高、左居中等，这种结构安排不仅纵横均匀、美观，而且在整齐中富有变化，既增添了字体韵味，又提升了观赏度。例如，悬针篆结构上密下疏，线条上方下尖，垂笔总是拖得特别长，像针一样，这种独特的布局方式使得悬针篆具有独特的美感。

篆书还在字与字的排列、字与图文的排列中实现和谐之美。篆书在书写单个字时，笔画之间相互呼应，整体和谐；在排列字距时，注意整体美观，避免过于拥挤或过于稀疏，以确保视觉效果的和谐统一。字的间距与字的大小要协调，在装饰性应用中，通过偏旁共用、互借笔画、图文组合等方式实现了纹样与文字内在的趣味创造，也兼顾了形态上的变化与均衡，使得图文相映而视觉绚丽。体现在篆刻艺术中，其在字法、篆法、刀法、章法等方面，通过精心的设计和巧妙的布局，集书法、绘画、雕刻等元素于一体，在方寸之间展现气象宏大的艺术境界，使得每一枚印章都成为具备和谐之美的艺术品。

（二）情态美

篆书的情态美既体现为理性构思的中庸和谐（如小篆的规范有序），也包含早期甲骨文、金文在记事、祭祀中自然流露的质朴情感，展现理性与自然的统一。篆书作为一种古老的书体，其书写过程中强调"中锋"的运用，旨在发挥毛笔的"尖、圆、齐、健"四德，让书写更显从容，线条圆转通畅，这种书写状态体现了中庸之道的核心思想——适中、适宜。中锋的运用不仅使线条美观，而且能够贯穿起来形成连贯的笔意，这种笔意被称为"篆籀笔意"。

（三）气质美

篆书及篆刻艺术，不仅保留了象形文字的古朴之美，在形态美中通过避让、动静结合、大小呼应、巧妙布局展现和谐之美，最独特的还是在对称之美中体现出来的中国人的中庸和谐精神哲学，篆书是在各种字体中使用对称程度最高的一种字体。从篆书的对称之美可以溯源中国人中庸和谐的精神哲学。

"中国传统文化认为，万物都是对称的。人体是对称的，动物是对称的，植物是对称的，建筑是对称的，方位、时间、原子、量子等都是对称的，宇宙是对称的，阴阳是对称的，从宏观到微观，客观世界到主观世界都是对称的。从我国诸多传统文化——古典建筑艺术、民间剪纸、原始饰画和历代各民族文字中可以窥见对对称元素的推崇。同样，汉字作为传承、描述记录语言文化的载体，自然融入了对称性，并伴随着汉字艺术化的整个过程。"❶

篆书的对称之美是中国中庸文化的重要体现，由于其对称、平衡等特点，也使得篆书具备一种肃穆端庄、整饬谨严的精神气质。这种气质非常契合碑刻、篆刻等应用场景，使得篆刻艺术一直延续到现在，受到今人的喜爱。

二、隶书的去繁就简之美

隶书也称"隶字""古隶"，起源于秦朝，也有说法称其起源于战国时期。隶书

---

❶ 李京．由篆书对称美引发的思考 [N]．https://www.sohu.com/a/486955345_121030474，2021-9-1.

分为"秦隶"（也称"古隶"）和"汉隶"（也称"今隶"），它是在篆书的基础上，为适应书写便捷的需要而产生的字体。徐邦达先生说："隶法逐渐成立而代替了篆法，又从（古）隶书中发展出八分、正（楷）、草、行等字体，更便写，更美观，使书法史中写出了最辉煌的一页。"❶ 这里重点从隶书的形态美特别是隶书的"波磔"、线条美来体会它的去繁就简之美。图 9-3 为隶书：汉《张迁碑》（局部）。

隶书：汉《张迁碑》（局部）

图 9-3　隶书：汉《张迁碑》（局部）

（一）形态美

由篆书到隶书转变的过程也是隶书删繁就简、逐渐定型的过程，隶书的形态美主要体现在隶变过程中的化繁就简。

点画线条美：通过隶变，形成了减省化、平直化、方折化、符号化的笔画特征，以及"蚕头雁尾""方圆并举""一波三折"的笔法特征，使隶书逐渐从篆书的"应物象形"中解放出来，呈现出书体字形符号化演变的发展倾向，以及朴拙性、险峻性、抒情性的美感特征。❷ 蚕头雁尾、一波三折主要指的是隶书"波磔"的书写方式。"波

隶书：蚕头雁尾

---

❶ 徐邦达. 五体书新论 [C]. 萧培金. 近现代书论精选. 郑州：河南美术出版社，2014：308.
❷ 宋晓寒. 秦汉简牍隶变的书法形态研究 [D]. 南开大学，2017：1.

磔"主要用来形容隶书水平线条的飞扬律动,以及尾端笔势扬起出锋的美学。"蚕头"指的是水平线的起笔,其他书体都是从左往右画线,而隶书却是从右往左逆势起笔,笔锋往上再向下压,转一个圈,形成一个像蚕头的顿捺,即"蚕头",然后再往右边移动。❶"雁尾"则主要指的是横向线条的尾笔往上扬,雁尾的形状则像大雁的尾部,浑圆、可爱又遒劲。到东汉时,折、捺等笔画美化为向上挑起,如同东方古建筑的飞檐结构,为隶书增添了修饰的趣味。东汉中期以后,隶书的点画日趋质朴,粗细轻重之变化更加明显。尤其是"波磔"笔画(即"蚕头雁尾")出现后,创造了汉隶书法的独特风范与艺术活力,使其具有了鲜明的个性特征和审美价值。隶书"改曲为直",形成竖、折、勾等笔画,字形也由复杂向简省演变。

结体美:隶书结体扁平、工整、精巧,书写效果略微宽扁,横画长而直画短。与篆书和楷书的纵向延伸形成对比,隶书在结构布局上展现出独特美感:字形较扁,笔画向横向发展。这种布局不仅美观,而且使隶书在视觉上更显稳定与平衡。

(二)情态美

隶书的情态美首先体现在其标志性笔画"波磔"上,这一笔画被形象地称为"雁尾",因形状类似大雁尾部,兼具浑圆、可爱、遒劲的特点。这一笔画的运用,标志着书写者从篆书书写的肃穆端庄、整饬谨严的拘谨中走出,进入更为灵动的状态。隶书线条的整体平稳与安详,决定了其书写时的总体情感是平稳、安详的。创作者即使有"雷霆怒吼",也要化其为"低沉吟诵",将胸中情绪内化为线条的绵延或劲挺、笔墨的轻柔或外露。书写时需注意不破坏章法美,做到有规可循。这就要求创作者具备良好的笔墨控制和情感掌控能力,如打太极拳一般,于舒缓、绵延的一招一式中透露出"力拔山兮气盖世"的力量。❷

(三)气质美

隶书在书法上的最大特色在于"化繁就简",实现隶变。自隶书出现后,文字不再是"画"出来,而是"写"出来:以直笔代替弧线,以方折代替圆形线条,形成"蚕头雁尾"和"波磔"等特征。隶书简化了书写方式,提高了书写速度。后世人评价隶书时常称它是脱离贵族出身、在社会流通中自然形成的文字,而恰恰是这种文字最具生命力,使隶书具备一种平民气质。中国文字的每一种书体都是一代代人不断完善创造的。化繁就简,提高书法的实用性,服务于生活与交流,正是中国人重要的精神哲学之一。

三、楷书的法度庄严之美

唐代是楷书发展的巅峰。唐代的欧阳询、颜真卿、柳公权与元代的赵孟頫并称"楷书四大家"。楷书讲究法度与庄严,以静态整齐为美,集魏晋南北朝楷法为一体,

---

❶ 蒋勋. 汉字书法之美 [M]. 桂林:广西师范大学出版社,2009:78,92.
❷ 刘根禾. 书法文化蠡测 [M]. 沈阳:辽宁美术出版社,2008:92.

形成了法度森严、严谨端正而又秀美清新的风貌。

颜真卿是唐代楷书的巅峰代表之一，与柳公权并称"颜柳"。与欧阳询的欧体相比，颜体更显厚重博大，结体宽厚平和。民间有"学书当学颜"的说法。这里主要体会颜真卿《颜勤礼碑》中形体所展现的法度庄严之美和书家的气质人格之美。图9-4为楷书：颜真卿《颜勤礼碑》（局部）。

楷书：颜真卿楷书的书风

楷书：《颜勤礼碑》（局部）

图 9-4　楷书：颜真卿《颜勤礼碑》（局部）

（一）形态美

点画线条美：楷书的笔法应规入矩，点画清晰，通篇排列整齐划一。楷书的基本笔画有八种，即横、竖、撇、捺、点、折、提、钩。"永字八法"涵盖了楷书的基本笔法，主要具备五个特点：是楷书间架的基本支柱；具备法度性的统一标准；点画适应各种结体变化；能体现中锋运笔的特点；可使造型态势清雅隽秀、峻拔刚健。书家会根据结体不同对这些笔画采取多种变化。唐欧阳询《八法》云："[丶（点）]如高峰之坠石，[乚（竖弯钩）]似长空之初月，[一（横）]若千里之阵云，[丨（竖）]如万岁之枯藤，[㇏（捺）]似劲松倒折，落挂石崖，[丿（撇）]利剑截断犀象之角牙，[⺀（提）]一被常三过笔，[乙（横折弯钩，属折画）]如万钧之弩发"。

结体美：楷书结体的主要特征为形体方正、重心平稳、比例得当、疏密均匀、中宫紧结、欹侧相应、向背适宜、合体迎让、参差有致、点画呼应。在端正的字形内，每一点画又富于粗细、刚柔变化，如点有竖点、挑点、撇点；横有长横、短横；竖有悬针、垂露；撇有直撇、平撇、兰叶撇、回锋撇、竖弯撇等。端方的结体与诸多美妙笔画结合，自然形成美不胜收的境界。赵构在《翰墨志》中云："正则端雅庄重，结密得体，若大臣冠剑俨立廊庙。"

章法美：楷书以静为美，其外表的安静之下反映活动的内涵，通过笔画间的参差错落、相互顾盼，以及笔势的去向、笔意的流动，实现"居静治动"之美。

下面详述《颜勤礼碑》的法度与庄严之美在形态上的表现。

点画线条：横轻竖重，对比明显；以纵取势，内紧外松。用笔藏头护尾，方圆并用（以圆为主），这种运笔方法与笔画形态集中体现了法度与庄严的含蓄之美，契合中国传统"含而不露"的审美理想，也是颜体楷书的美学价值所在。

结体：字形方正豁达，宽舒圆满，雍容端庄；结体端庄大方，宽绰舒展，拙中见巧，气息浑厚雄强，生机郁勃。颜真卿善于处理笔画穿插避让，使每个字都呈现和谐美感。

章法布局：字形注重疏密有致、参差错落，使整篇作品在视觉上产生动态变化之美；同时通过墨色的浓淡干湿营造层次感，在平面中展现立体效果，匠心独具。

（二）情态美

颜真卿为后世留下了数量庞大的碑刻书迹，其所书《颜勤礼碑》是为其曾祖父颜勤礼所书的神道碑，全文内容主要记载了颜氏家族的世系及颜勤礼的生平事迹，追述颜氏祖辈功德，叙述后世子孙在唐王朝的业绩。这种书写内容与铭刻媒介的属性相呼应，更显公正、庄严，蕴含法度精神。

（三）气质美

颜真卿的楷书不仅体现出浑厚雄强的艺术气息和深厚的传统文化底蕴，更彰显了他高尚的人格魅力和颜氏家族的优良家风。透过《颜勤礼碑》我们能感受到颜真卿对家族荣誉的珍视、对传统文化的传承发扬，以及他刚正不阿、气宇轩昂的精神源头。

颜真卿一家满门忠烈，他本人秉性正直、笃实纯厚，有正义感，从不屈意媚上、刚正不阿的性格使其书法呈现"正、壮、直、肥"的特点，每个字皆有法可循，与高尚人格完美契合。其字体遒劲郁勃，既彰显个人风骨，又体现大唐繁盛风度，成为书法美与人格美完美结合的典范。

四、行书的行云流水之美

行书是书法艺术中最具实用性的字体，介于草书与楷书之间，比草书端庄，比正楷活泼。行书，点画呼应多变，结构生动灵巧，如同一个行走中的人，四肢摆动，表情生动，具备一种独特的行云流水、潇洒风逸之美，兼具实用性与高审美价值。金学智先生在《中国书法美学》一书中有一段生动的描述："行书最主要的风格特征是行云流水。它和草书美一样，属于刘熙载所说的'简而动'，是一种动态美。然而它不是激流飞瀑，而是一泓清溪，缓缓流，徐徐淌，行于其所当行，止于其所不得不止，而始终不掀起大波狂澜。它的节奏快于楷书，慢于狂草，是一种不激不厉的流动美，犹如乐曲中如歌的行板……"❶

王羲之所书《兰亭序》，被誉为"天下第一行书"。唐太宗曾亲撰《晋书·王羲之传论》，推颂为"尽善尽美"。这里我们结合天下第一行书《兰亭序》来体验行书的行云流水、即兴与自在，重

行书：兰亭序

---

❶ 金学智. 中国书法美学 [M]. 南京：江苏文艺出版社，1994：499.

点领悟书家创作情态美对于行书创作的重要性。图 9-5 为行书：东晋王羲之《兰亭序》冯承素摹本（局部）。

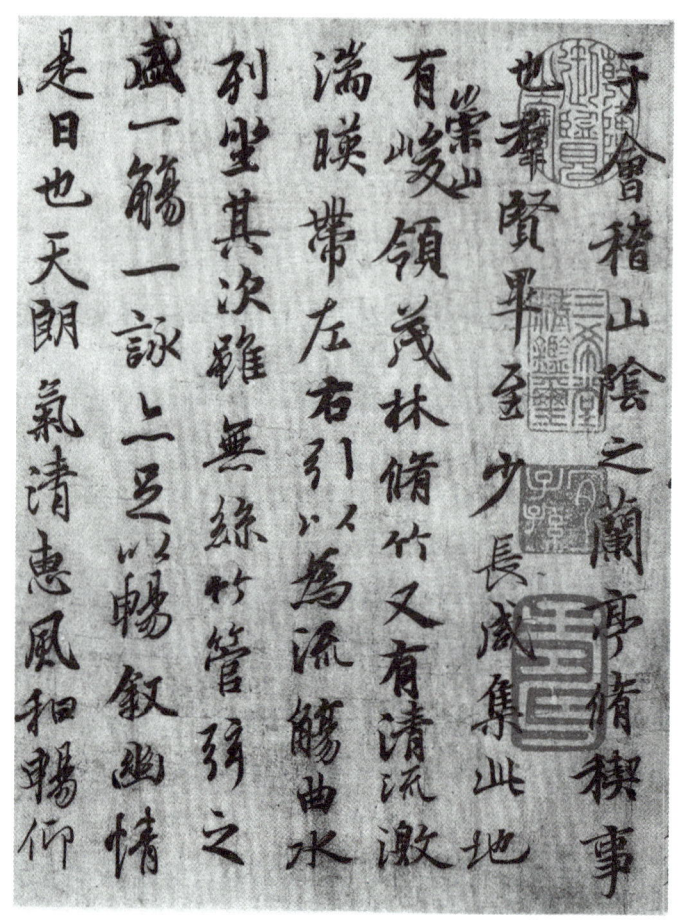

行书：东晋王羲之《兰亭序》冯承素摹本（局部）

图 9-5　行书：东晋王羲之《兰亭序》冯承素摹本（局部）

（一）形态美

行书如行云流水，笔法、结构和章法都具有流动感，行笔连绵，气韵通畅，富有韵味和动态之美，如诗如画如舞般灵动、写意。

点画线条美：行书的笔法以楷书为基础，但更灵活多变。常见笔法包括"藏锋入笔""提笔""掠笔""顿笔"，使书写更流畅自然。行书的"牵丝""游丝"是书写时因笔势往来偶然带出的笔法，增强了点画间的流动感；用笔虽轻，却挺拔婀娜，寓刚于柔，以出之自然为贵。

结体美：行书与楷书结字法大体相同，但更富于变化，形态活泼，生机盎然，讲究疏密相间、俯仰相对、参差伸缩、欹侧相让，注重大小与轻重的强烈对比，产生错落感。与楷书相比，行书的结构更加灵活，字与字之间可以互相牵连，形成呼应，使整个字句更加连贯。行书的结体不固定，通过对楷书结构的简化、笔画合并、偏旁倾斜等方式形成奇正相生、穿插避让的效果，这种变化使得行书在保持整体协调的同时又不失个性。此外，行书的结构还强调"逆势"和"顺势"，逆势通过发笔时逆入、结尾时收缩产生笔势，而顺势则强调顺其自然的笔势，数字连属，左右映带，上下衔接，不假安排，一笔环转，给人以气足力遒之感。

章法美：行书布局潇洒，纵横有度。行书的章法尤其讲究变化之美。虚实、大小、整齐、错落统一协调，保持章法之间的各元素协调变化，避免刻板和单调的重复。

具体到《兰亭序》作品中，其点画线条美主要表现在笔法刚柔相济，线条变化灵活，点画凝练，犹如舞蹈，缠绵精致，全文无一处败笔，用笔如龙。结体美体现在自然中蕴含变化，重复的字形态各异——全文"之"字笔法无一雷同，具备行书典型特征：不求平正而重欹侧，不求对称而重揖让，不求均匀而重对比。章法美则表现为整幅作品的巧妙平衡：从开头到结尾风格一致，字体清秀飘逸；"笔势婉转生动，韵致洒脱恬淡，妍媚中有刚劲，圆润中带锐利，不瘦、不枯、不怪、不险、不僵、不滞。字与字间有映带，行与行间有呼应，血脉连贯，呼吸相通，给人以浑然一体、舒展流畅、统一和谐的美感。作品还以其点画的疏密、字形的变化、墨色的浓淡，以及行中有时带有草意的变体，组成一首节奏分明的抒情曲。"❶

（二）情态美

行书的情态之美主要体现在书家创作的即兴与自由。

自由是行书创作的常态。书家自由、灵活书写的同时，需遵循行书特征；但这种遵循对书家而言，只需在表达个性时收放自如即可。书家可自如穿行于楷草之间，书写中能更充分、从容、恰切地表达意志情趣。行书创作不拘一格，体现出较大的书写自由与结构变化：书家在保持一定正体规范的同时，展现出介于楷书庄重与草书奔放之间的风格，如直率、潇洒、通脱、风流等；通过笔画的简约、自由、圆转、流畅实现对既定模式的超越。同一人同一作品中，同一字可有不同结体，这种超越可视为书法艺术觉醒的重要象征。

即兴是行书创作最真实的状态，作品展现的即兴、自在、真实之美是书家情感与精神的重要载体。历代书家推崇的王羲之《兰亭序》，除技艺高超外，更因它是即兴之作，具即兴与自在之美——王羲之的真实性、艺术性与功力性皆蕴含其中。

透过文字内容，我们仿佛回到1600年前晋永和九年三月初三，王羲之创作《兰亭序》时的情景与心情有五个特点：①环境优美，"此地有崇山峻岭、茂林修竹，又有清流激湍，映带左右。"②心情畅快，"是日也，天朗气清，惠风和畅。仰观宇宙之大，俯察品类之盛，所以游目骋怀，足以极视听之娱，信可乐也。"③思考人生无常与生死大事，"快然自足之余，又想到人生无常，欢乐难久。""修短随化，终期于尽。古人云，死生亦大矣，岂不痛哉。"④总体心情喜不自禁、思逸神飞，故创作如行云流水，一气呵成，作品风格清丽潇洒、蕴藉风流。⑤微醺状态下的即兴创作——

---

❶ 陈廷祐．书法之美 [M]．北京：北京美术摄影出版社，1989：3．

作品虽有涂改修正，却正因这"草稿"特质，使其成为"天下第一行书"。蒋勋评论："因为是草稿，保留了最初书写的随兴、自在和心情的自由节奏，连思维过程的'涂''改'墨渍笔痕也一并成为书写节奏的跌宕变化，可以阅读原创者当下不经修饰的一种即兴美学。"❶这种即兴心境与情境，后人虽能感悟接近，却难完全复刻——王羲之此后重写《兰亭序》，再也达不到草稿状态；唐太宗命欧阳询、褚遂良摹写，"但仍带书家个人风格。冯承素较忠实于原著轮廓，却流失了原作线条的美感。"❷

（三）气质美

行书书法家通过笔墨传达精神气质和文化内涵，使得行书成为一种极具美学价值的书法形式。行书之美，既在其形，更在其神：它是书写方式，更是情感抒发与精神寄托。在行云流水的笔法中，可感受书者的喜怒哀乐，体会其对生活的热爱与向往，领略中华文化的博大精深与独特魅力。

书法文本是书家精神品格与情感表达最直接的载体，历代经典书法经历史冲刷更显珍贵，正因文本绝伦，《兰亭序》被誉为"天下第一行书"，是字体、技法、情感、文本内容的完美结合，体现了书者对时代文化精神的精准把握。"天朗气清、惠风和畅""崇山峻岭、茂林修竹"如诗如画，引人愉悦；"修短随化，终期于尽。古人云，死生亦大矣，岂不痛哉"引人思考人生无常与生死。2023 年 10 月 12 日，意大利航天员萨曼莎·克里斯托弗雷蒂在国际空间站发布《兰亭序》中"仰观宇宙之大，俯察品类之盛，所以游目骋怀，足以极视听之娱，信可乐也"的文字及太空摄影，这是超越时空与文化的共情之美，是对王羲之宇宙观的共鸣，更是在太空中"书写"的中华文化之美。我们学习古人经典，非为怀旧，而是为回应——通过对书法的现代性解读唤起对书法艺术更多的向往与追寻。

五、草书之"随心所欲不逾矩"之美

草书是书法艺术中变化无穷的字体，其产生虽与书写便捷相关，更以极致的艺术表现力成为情感抒发的载体。其特点是结构简省、笔画连绵，形成于汉代，由隶书演变而来。草书包括章草、今草和狂草等多种类型。"章草起于西汉，盛于东汉，字体具隶书形式，笔画省变，有章法可循，字字区别，不相纠连；今草起于东汉末期，风格多样，不拘章法，笔势流畅；狂草亦称大草，笔意奔放，体势连绵。"❸我国狂草艺术"起于张，成于素"，"张"即张旭，"素"即怀素。二人性格豪放，好饮酒，酩酊大醉后提笔疾书，恣意淋漓，故被后人称为"颠

草书：冬奥会会徽

天下第一草书·怀素《自叙帖》

---

❶ 蒋勋. 汉字书法之美 [M]. 桂林：广西师范大学出版社，2009：97.
❷ 蒋勋. 汉字书法之美 [M]. 桂林：广西师范大学出版社，2009：92.
❸ 星汉. 不可不知的 3000 个文化常识 [M]. 北京：中国华侨出版社，2018：306.

张醉素"，其中张旭被誉为"草圣"。这里主要结合2022年中国冬奥会的会徽来体会草书之美。图9-6为草书：冬奥会会徽。

图9-6　草书：冬奥会会徽

（一）形态美

点画线条美：草书的点画线条美主要体现在笔画省减与牵连。与篆书、隶书、楷书等书体要求笔画完整、构成齐全不同，草书可在一定限度内省去不太重要的部件，部分笔画可浓缩为一点或一线；还可在行书基础上增强笔画牵连，使笔画与结构形态千变万化，同时强调线条的变化与和谐之美。

结体美：草书结体兼具具象意境与抽象张力——或如人坐卧行立，或似人揖让争闹，或若乘船骑马，或类歌舞恸哭，具备强烈的意境之美。

章法美：草书的每个字多有多种变化，但变化并非随心所欲，而是遵循约定俗成的字法，有起有应，"怎样起就该怎样应"，恰合"随心所欲不逾矩"的境界。

北京2022年冬奥会会徽是草书意境美与运动精神的完美融合。从形态上看，会徽将抽象滑道、冰雪运动形态与书法结合，人书一体，天人合一；"冬"字下方两点融化为"2022"，生动自然。其延续2008年北京奥运会会徽的三层结构，包括会徽图形、印鉴和奥林匹克标志：上半部分展现滑冰运动员造型，下半部分表现滑雪运动员英姿，中间舞动的线条既代表举办地连绵的山峦、赛场、滑道，又似节庆彩带，既增添节日喜庆感，又象征冬奥会在春节期间举行。

（二）情态美

草书是最能代表中国艺术精神的书体，感情色彩最浓，艺术境界最高，书写技巧也最难。其情态美整体体现为"气势之美""律动之美"。草书笔画连绵不绝，书写者在一往无前的挥写中如"花乱飞、追风逐电"，抒发出一泻千里的气势之美——这是精神力量的倾注，是理想的自由境界。❶草书节奏感极强，要求书写速度最快，"因势生形，因形生势"：线条随书者情感左奔右突，或连或断；点画或收或放，时方时圆；

---

❶ 吴慧平. 书法欣赏新论 [M]. 广州：暨南大学出版社，2014：87-91.

墨色燥润相间，浓淡有致。这种视觉上的强烈节奏变化能让观者情感随之跌宕起伏。

（三）气质美

草书是中国人精神气质、审美情趣的重要载体，其应用场景无处不在，成为中国人气质神采、精神涵养的生动体现。

2022年北京冬奥会会徽以草书"冬"字创意设计，既展现冬季奥运会的活力与激情，又作为中国文化"大使"向世界展示书法的独特魅力。会徽"冬梦"融合中国文化、艺术、精神与气质神采之美：设计灵感源自汉字"冬"，采用"草书体"，书画结合，融中国古典美学与传统艺术于一体，兼具书法、徽章艺术、剪纸艺术元素。会徽印鉴"BEIJING 2022"字体汲取书法与剪纸特点，既增强文化内涵与表现力，又与图形形成整体感与统一性，是书法应用的杰出范例。

梅墨生说："文化离不开元素。书法是中国文化的核心，因而也是重要的元素。利用这一元素，正是阐扬民族文化之一端。"❶我们要在生活中、艺术创作中、文化交流中充分运用书法艺术，弘扬中国文化，彰显中国人的气质神采与审美情趣。

---

❶ 宫小桃. 视觉艺术中的书法应用[M]. 北京：化学工业出版社，2019：扉页.

> 课堂审美活动 9-2

运用审美知识，填写书法审美赏析体验表

一、活动安排

时间：25 分钟。

参与人员：全体同学。

工具：准备好活动工具卡 9-2 和笔。

二、活动目标

1. 熟练运用所学书法审美知识精准识别并生动表达书法作品中不同类型的美，提升书法审美感知与表达能力。

2. 培养从书法形态美、情态美、气质美等多元角度深入剖析作品的习惯，提升书法审美鉴赏与分析水平，挖掘作品艺术价值。

3. 促进深度交流与紧密合作，增强团队协作意识与能力；思考书法审美知识在书法创作、艺术设计、文化教育等职业领域的应用，积累审美经验与实践能力。

三、活动步骤

1. 分组：按个人意愿和交流默契自行成组，每组 5~8 人。鼓励不同专业背景的同学搭配，发挥专业优势，多学科视角探讨书法美，实现知识互补与思维碰撞。

2. 复习回顾：复习书法美相关原理，回顾形态美（点画线条、字形结构、章法布局）、情态美（理性构思、兴致灵感）、气质美（学识素养、精神品格、人生境界）；梳理作品分析思路与方法，从笔画特点、创作心境、书家底蕴等方面着手，为后续讨论做准备。

3. 选择与分析：各小组从审美赏析中选择一个审美对象，从形态美、情态美、气质美角度剖析，将作品特征、个人感受及与生活或职业的联系等关键内容记录在"活动工具卡 9-2"上。

4. 小组展示：组长上台展示审美发现，说明选择审美对象的原因及讨论收获。展示过程中鼓励互动交流，回答其他小组的提问，分享观点，促进思想交流与知识共享。

5. 教师点评总结：教师从内容的准确性（概念运用、分析的合理性、观点依据）、全面性（分析角度是否全面）、独特性（视角创新性）上进行点评；肯定优点，提改进建议；系统总结活动，强化对书法审美的理解，强调其在生活或职业中的价值，鼓励持续关注以提升审美素养和综合能力。

活动工具卡 9-2

书法审美赏析体验表

美的类型	美的释义	美的发现（结合具体作品特征、个人感受及与生活或职业的联系阐述）
形态美	点画线条美、字形结构美、章法布局美	
情态美	理性构思美、兴致灵感美	
气质美	学识素养美、精神品格美、人生境界美	

审美创造：感悟中国书法的形、情、气

清代文学家张潮在《幽梦影》中写道："美不自美，因人而彰。"这句话深刻地揭示了美并非孤立存在，而是需要人去发现和彰显。书法之美作为中国传统文化的璀璨瑰宝，在历史的长河中熠熠生辉。唯有全身心地投入其中，方能深刻领略其独特的魅力。请相同专业的2～3名同学自由组建一个学习小组，选择与书法相关的文化场所（如书法展览馆、碑林、古籍书店等）或借助线上资源（如书法作品数据库、书法教学视频平台等），运用所学的书法审美方法去发现、欣赏和创造美。

一、活动主题

感悟中国书法的形、情、气。

二、活动目标

1．感受书法艺术的独特魅力，体悟书法作品中蕴含的深厚文化底蕴，探寻书法艺术背后的人文精神。

2．领略古代书法家们追求卓越、精益求精的艺术精神，激发对书法艺术的热爱和创作热情。

3．培养运用书法审美方法分析书法作品的能力，提升审美素养和对书法艺术的专业认知水平。

4．增强团队协作能力和沟通表达能力，促进学生之间的相互学习和共同进步，营造良好的书法学习氛围。

三、活动途径

审美创造途径		
第一步	发现美：准备与探索	复习书法审美相关原理知识（涵盖历史演变、书体特点等）；借助手机或计算机查阅资料（如古代书法家事迹、风格、贡献），了解所选书法文化场所的背景；熟悉线上资源的分类与使用方法，明确活动重点方向，为欣赏与创造做足准备
第二步	欣赏美：沉浸与感悟	各小组结合所学原理，置身于选择的书法文化场所或线上资源平台中，从形态美、情态美、气质美角度细致观察并感悟书法之美。活动中积极交流，分享发现与感受，互相启发，加深对书法美的理解
第三步	创造美：表达与提升	结合所学原理，凝练对书法美的认知。小组内明确分工（专人负责资料收集、文字撰写、艺术创作、多媒体制作等），运用常见审美方法，将正确审美观转化为成果展示。成果形式多样（如作品集、文创产品、PPT或短视频等），内容需包含书法美展示、独特观点、与专业的联系及个人成长收获

四、活动成果

1. 记录与分享：在欣赏美时，组员需要细致观察，用心体会书法之精妙，并用生动准确的文字将感悟记录于"活动工具卡9-3"中。之后，组长组织"头脑风暴"，鼓励组员从形态、情态、气质等角度讨论，分享发现和见解。汇总成果后推选代表上台，展示小组所悟书法之美，阐述运用书法审美方法的分析过程与结论。

2. 作品创作与提升：课后，每个小组需要完成至少一件书法相关的创作作品（如临摹作品、书法小品、书法文创产品等）和一个不少于10页的PPT（或短视频）用于课堂分享，要求图文并茂、内容全面。各小组自主推选汇报人，在下节课进行展示分享。创作作品要体现小组对书法美的理解和创新表达，PPT（或短视频）要清晰展示小组的活动过程、分析思路和成果总结。

3. 评价标准：从四个方面评价——内容专业性（分析是否准确）、创新性（观点与展示是否独特）、团队协作（分工是否合理、成员优势是否发挥）、表达流畅性（汇报逻辑与清晰度）。

活动工具卡 9-3

记录自己感悟到的书法之美

书法作品名称：

1. 从书法形态美角度，你发现了哪些形态美？（如点画线条的质感、字形结构的特点、章法布局的节奏等）

2. 从书法情态美角度，哪些地方让你感受到了情态美？（如创作时的情感流露、构思的巧妙、笔势中的即兴感等）

3. 从书法气质美角度，作品在哪些方面体现了书家的学识素养和精神品格？（如线条中的文化底蕴、结体中的人格风骨等）

4. 结合专业知识，书法美对你有哪些启发？（如对书法创作、文化传承实践等方面的思考）

5. 发现感悟（记录活动中的整体感受、收获与体会）：

项目十

动画之美：
技术与艺术的完美结合

知识目标

1. 深入理解动画艺术的审美特征，涵盖造型设计、色彩运用、画面构图、节奏控制等关键美学要素；能够准确辨识动画艺术与其他艺术形式在审美上的差异。

2. 通过丰富的学习活动（例如观赏经典动画、参与动画制作模拟等）全面掌握动画技术之美（如三维建模、动作捕捉、特效制作等技术带来的视觉冲击）、艺术之美（包括角色塑造、场景设计、故事编排的艺术魅力）、情感之美（动画传达的情感对观众的影响）和文化之美（动画作品中体现的多元文化和价值观），从而建立科学的动画艺术审美观。

素养目标

1. 激发并深化对动画艺术的兴趣，通过欣赏多样化的动画作品逐步提高审美感知、判断和创造能力；能够从艺术角度深入分析和鉴赏动画，提升艺术修养和审美品味。

2. 培养对动画艺术作品中民族精神（如坚韧不拔、团结友爱）和时代精神（如创新、环保意识）的敏感洞察力，将个人情感与民族、时代的发展紧密结合，增强爱国主义情感、民族自豪感和社会责任感。

技能目标

通过一系列的学习活动（包括动画作品赏析、小组讨论等）熟练掌握欣赏动画之美的方法和技巧，能够从多个维度（如技术、艺术、情感、文化等）对动画作品进行全面、深入的分析和评价，切实提高动画艺术审美能力，为今后在动画相关领域的学习、创作、鉴赏打下坚实的基础。

"动画艺术是指除真实动作或方法外，使用各种技术创作活动影像，亦即以人工的方法创造动态影像。"

——（国际动画组织（ASIFA)1980）

动画艺术被视为一种综合艺术，它集合了绘画、电影、数字媒体、摄影、音乐、文学等众多艺术门类于一身。"动画的本质不是绘画，而是影像。动画通过科学技术的审美创造将各种元素进行有机融合，构成独特的视听形态。动画作为影像艺术具有独特性和综合性。"

——（[中]盘剑）

审美导入：难以忘怀的动画片

动画，作为一门相对年轻的艺术，起源于19世纪上半叶的英国，并在20世纪20年代传入中国。历经100多年的蓬勃发展，如今动画已成为一门综合性极强的艺术，构建起了较为完善的理论体系和产业体系。凭借其独特的艺术魅力，动画不仅为观众带来了与众不同的视觉享受，更在潜移默化中塑造和影响着人们的审美观念。

时光流转，每一代人心中都留存着难以磨灭的动画记忆，那些经典的动画片，犹如闪耀的星辰，照亮了我们的童年。

对于"60后"和"70后"而言，《大闹天宫》堪称中国动画史上的巅峰之作。它以中国古典名著《西游记》为蓝本，将孙悟空那勇敢无畏、机智超群的形象刻画得入木三分，成为了当时孩子们心中的超级英雄。还有《黑猫警长》这部充满正义感的动画作品，黑猫警长率领着伙伴们与森林中的邪恶势力展开了激烈对抗，紧张刺激的情节扣人心弦，至今仍让人记忆犹新。此外，来自日本的《铁臂阿童木》也备受欢迎，阿童木作为高科技的象征拥有强大的力量和一颗善良的心，他的冒险故事激励着一代又一代的孩子勇敢追求梦想。图10-1为经典动画片《黑猫警长》剧照。

《黑猫警长》剧照

图10-1 《黑猫警长》剧照

到了20世纪80年代，《葫芦兄弟》横空出世，七个身怀绝技的葫芦娃，为了拯救爷爷，与狡猾的蛇精、凶狠的蝎子精斗智斗勇。鲜明的角色个性和精彩绝伦的打斗场面，让这部动画成为了"80后"的童年最爱。《舒克和贝塔》讲述了两只小老鼠——开飞机的舒克和开坦克的贝塔在冒险中结下了深厚的友谊，展现了勇气与团结的力量。日本的热血动画《圣斗士星矢》，以其华丽炫酷的招式、激昂振奋的配乐，以及星矢等少年圣斗士为守护女神雅典娜和大地和平而浴血奋战的故事，点燃了无数"80后"心中的热血与激情。

"90后"也有着属于他们的动画经典。《名侦探柯南》作为一部极具影响力的日本推理动画，凭借其错综复杂的案件设定、精妙绝伦的推理过程和丰富饱满的角色

形象，吸引了众多"90后"观众的目光，柯南那过人的智慧和无畏的勇气更是成为了大家的榜样。《数码宝贝》中，一群孩子与他们的数码宝贝伙伴共同经历成长与战斗，关于友情、勇气和成长的主题深深触动了"90后"们的心灵。《蜡笔小新》虽然以幽默搞笑为基调，但小新那独特的性格和天真无邪的行为举止不仅带来了无尽的欢乐，还蕴含着生活的哲理，让人在欢笑中有所感悟。

进入21世纪00年代和10年代，《喜羊羊与灰太狼》以轻松幽默的风格和积极向上的主题迅速成为了国产动画的热门之作。喜羊羊与灰太狼之间斗智斗勇的精彩对决为"00后"和"10后"观众带来了无尽的欢乐。《熊出没》围绕森林保护者熊大、熊二与一心破坏森林的光头强之间的搞笑故事展开，其贴近自然的场景设定和环保主题深受孩子们的喜爱。此外，来自英国的《小猪佩奇》，以其简单易懂的故事情节和温馨和睦的家庭氛围赢得了全球小朋友的青睐，佩奇一家的日常生活成为了"00后"和"10后"孩子们模仿和向往的对象。

《喜羊羊与灰太狼之守护》创新升级

这些动画片，不仅是不同时代的文化标识，更承载着无数人童年的美好回忆和深厚的情感寄托。它们见证了动画艺术的发展变迁，也在每一个观众心中留下了不可磨灭的印记。

原理解读：动画技术艺术的多样与统一

在动画艺术领域中，其蕴含的美丰富而复杂，呈现出多元交织的形态。动画之美涵盖了技术、艺术、情感和文化等多个关键层面，这些层面彼此紧密相连、相互渗透，共同构建起动画艺术独特的魅力与深厚价值。特别是在情感表达和审美体验方面，动画艺术有着鲜明的特质。创作者们凭借敏锐的感知和丰富的生活积累，将内心对生活的感悟与理解，巧妙地融入到动画形象的塑造之中。这些生动的动画形象就像情感的使者，通过广泛的传播，触动并感染着每一位观众的心灵，这种独特的情感传达与深刻的审美体验无疑是动画艺术区别于其他艺术形态的重要标志。图10-2为动画之美的原理导图。

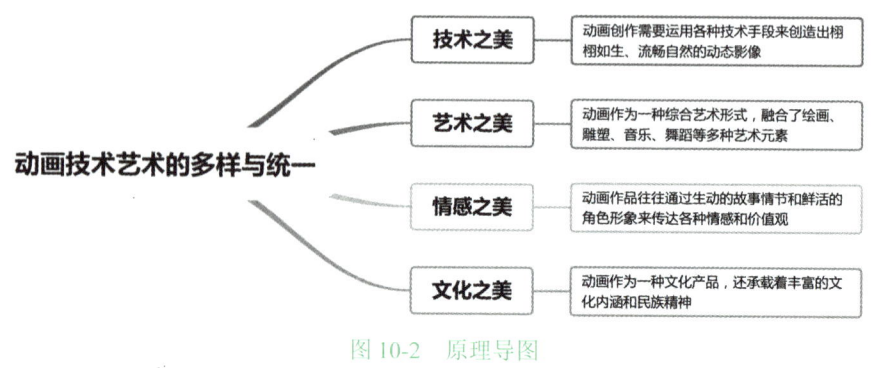

图10-2　原理导图

一、技术之美

动画艺术所展现出的美，首先直观地体现在其精湛且不断革新的技术层面上。在动画创作的过程中，丰富多样的技术手段发挥着关键作用。从传统的手绘技法，艺术家们用细腻的笔触勾勒出角色的轮廓与神韵，赋予其最初的生命形态；到现代计算机图形（CG）技术的广泛应用，借助先进的软件和算法创造出逼真的场景和特效；再到三维建模与渲染技术，能够构建出立体感十足、细节丰富的虚拟世界。随着科技的飞速发展，这些技术手段持续进步和创新，为动画带来了前所未有的视觉冲击力和表现力。例如，在一些高质量的三维动画电影中，细腻的笔触所描绘的角色毛发根根分明，逼真的光影效果能够精准模拟现实世界中的光线变化，营造出沉浸式的观影氛围；流畅的动作设计让角色的一举一动都自然流畅，仿佛拥有真实的生命活力，这些都是动画技术之美的生动诠释。

二、艺术之美

动画作为一门高度综合的艺术形式，巧妙地融合了绘画、雕塑、音乐、舞蹈等多种艺术元素，形成了独特的艺术魅力。动画艺术家们充分发挥自己的创造力和想象力，通过巧妙的构思和精湛的技艺将这些不同的艺术元素有机地融合在一起。在动画作品中，色彩搭配不仅是视觉上的装饰，更是情感的表达工具，暖色调可能传达出温馨与喜悦，冷色调则可能营造出紧张或神秘的氛围；构图设计精心安排画面中各个元素的位置和比例，引导观众的视线和情感走向，增强作品的视觉吸引力；角色造型独特且富有个性，从可爱的卡通形象到复杂的写实角色都承载着故事的灵魂；场景布置细致入微，无论是繁华的都市、神秘的森林还是奇幻的世界，都为故事的展开提供了丰富的背景。这些方面无一不展现出动画艺术家们的审美追求和卓越的艺术创造力，使观众在欣赏动画时不仅能获得视觉上的愉悦享受，更能在心灵深处产生强烈的共鸣，感受到艺术的无穷魅力。

三、情感之美

动画之美还深刻地体现在其真挚而丰富的情感表达上。优秀的动画作品常常通过精心构建的生动故事情节和鲜活立体的角色形象向观众传递着各种各样的情感和积极向上的价值观。这些情感涵盖了爱、勇气、友谊、牺牲、成长等诸多方面，它们不受语言和文化的限制，能够触动到不同背景下每一位观众的心灵深处。与其他艺术形式相比，动画在情感表达上往往更加直接和纯粹，没有过多的修饰和隐晦，能够让观众更直观地感受到角色的喜怒哀乐，引发内心深处的情感共鸣。例如，在经典动画电影《千与千寻》中，主人公千寻在奇幻世界中的成长历程，以及她与白龙之间真挚的友谊，都深深地打动了观众，让人们在欣赏精彩画面的同时也感受到了温暖和力量，体会到了爱与勇气的重要性。

四、文化之美

动画作为一种特殊的文化产品，承载着丰富而深厚的文化内涵和独特的民族精神。不同国家和地区的动画作品，由于其独特的历史、地理、文化背景，呈现出各自鲜明的文化特色和独特的民族风格。这些文化元素不仅为动画的表现形式和内容增添了丰富的色彩，更成为了文化交流与传播的重要桥梁。通过欣赏动画作品，观众可以深入了解不同国家和地区的文化传统、历史背景、社会现实等方面的信息，增进对多元文化的理解和尊重。例如，日本的动画作品常常融入了其独特的禅意文化和对自然的敬畏之情；美国的动画则多体现出个人英雄主义、乐观向上的价值观和先进的科技文化；中国的动画作品则注重传承传统文化，如神话传说、历史故事、传统艺术形式等，展现出中华民族独特的审美情趣和精神内涵。这种蕴含在动画中的文化之美是动画艺术不可或缺的重要组成部分，为动画艺术赋予了更加深远的意义和持久的生命力。

课堂审美活动 10-1

谈谈自己对"动画之美"的认识

一、活动安排

时间：25 分钟。

参与人员：全体同学。

工具：准备活动工具卡 10-1 和笔。

二、活动目标

1. 深刻认识"动画之美"的概念和丰富内涵，精准把握其在不同类型动画作品（如二维动画、三维动画、定格动画等）中的独特体现，清晰区分动画之美与其他艺术形式美的差异。

2. 运用动画之美的相关知识分析动画作品，从多视角（如技术美、艺术美、情感美、文化美等）全面审视"动画之美"，提升审美鉴赏能力和批判性思维水平，深入剖析动画作品的美学价值。

3. 通过小组讨论与汇报进行交流与合作，增强团队协作能力，学会倾听他人观点，清晰、有条理地表达自己的观点，拓宽对动画之美的认知视野，丰富对动画艺术的理解。

4. 建立"动画之美"与职业发展的紧密联系，理解动画之美在动画制作、影视传媒、文化创意、艺术教育等职业领域的应用价值，为未来的职业发展筑牢坚实的理论与审美根基。

三、活动步骤

1. 分组：自主组成学习小组，每组 5～8 人。建议不同专业背景（如动画制作、影视编导、艺术设计、文化产业管理等）的同学组合，从多学科角度探讨"动画之美"，实现知识互补和思维碰撞。

2. 查阅资料：自主通过多种渠道查阅资料，如专业动画网站、学术论文、纪录片等。回顾动画之美的知识，包括技术之美，如软件应用、特效技术；艺术之美，如角色与场景设计风格；情感之美，即角色情感表达传递；文化之美，指作品蕴含的文化元素与价值观，为后续讨论做知识储备。

3. 小组讨论与记录：各小组依据从多渠道获取的资料展开深入讨论，思考以下引导性问题："不同制作技术的动画作品（如二维手绘与三维建模）分别展现了怎样的独特'技术之美'？这些技术美对动画的整体表现力有什么影响？""动画中的艺术元素（如色彩、音乐、画面构图）是如何相互融合，共同营造出'艺术之美'的？请举例说明。""哪些动画角色或情节让你产生了强烈的情感共鸣？这种'情感之美'是如何实现的？""不同国家和地区的动画作品蕴含了哪些独特的文化元素？这些'文化之美'对动画的传播和影响力有什么作用？""结合自己的专业，如何运用对'动画之美'的理解来提升未来工作成果？"。每位组员踊跃发言，分享理解并结合实例，将重要观点记录在"活动工具卡 10-1"上。

4. 小组汇报：各小组组长向全班汇报对"动画之美"的理解，内容涵盖小组的主要观点、结合具体动画实例的分析过程、与职业发展的思考、小组讨论的收获和体会。汇报需要逻辑清晰、重点突出，准确传达小组的讨论成果。

四、评价标准

1. 内容准确性：对动画之美知识的理解和运用是否准确，观点是否有充分的理论和实例依据，对动画作品的分析是否符合其美学特点和创作意图。

2. 独特性：观点是否新颖独特，能否从不同寻常的角度结合动画之美知识看待问题，提出创新性的见解和分析思路。

3. 逻辑性：汇报内容的逻辑是否清晰，观点之间的衔接是否自然合理，论证过程是否严谨，是否能够自圆其说。

4. 表达流畅性：组长表达是否清晰、流畅，能否准确传达小组的观点和想法，语言组织和专业术语的运用是否恰当，是否能够吸引听众的注意力。

5. 团队协作：观察小组在活动过程中的协作情况，包括成员的参与度是否高，意见交流是否充分，是否尊重并整合了不同成员的观点，团队氛围是否良好，是否共同努力完成小组任务。

活动工具卡 10-1

一起畅谈"动画之美"

1. 不同制作技术的动画作品(如二维手绘与三维建模)分别展现了怎样独特的技术之美?这些技术美对动画的整体表现力有什么影响?

2. 动画中的艺术元素(如色彩、音乐、画面构图)是如何相互融合,共同营造出艺术之美的?请举例说明。

3. 动画作品常常传达出各种情感,哪些动画角色或情节让你产生了强烈的情感共鸣?这种情感之美是如何实现的?

4. 从文化角度看,不同国家和地区的动画作品(如日本的动漫、美国的迪士尼动画、中国的传统题材动画)蕴含了哪些独特的文化元素?这些文化之美对动画的传播和影响力有什么作用?

5. 结合自己的专业,思考在未来的职业中,如何运用对动画之美的理解提升工作效果?

审美赏析：何以解忧 唯有动画

一部优秀的动画片，它的审美价值与审美追求应集中在创意与想象力、情感共鸣、艺术表现、文化传承与创新、寓教于乐等方面。这些方面相互交织、相互促进，共同构成了动画片独特的艺术魅力和审美价值。

一、《九色鹿》：融西域与中原特色之美

《九色鹿》动画片改编于敦煌壁画中的《鹿王本生图》，讲述了一只具有神奇力量的鹿救了一个落水的弄蛇人并要求他保密后，弄蛇人却背信弃义，最终遭到应有的报应的故事。这部动画片融合了我国古代西域和中原美学特色，展现了深厚的家国情怀和守正创新的制作精神，在晕染和勾描之间，在写实与写意之间，让观众感受到了动画之美。图 10-3 展示了著名艺术家常沙娜所绘制的、充满奇幻色彩的《九色鹿》。

九色鹿

图 10-3　动画片《九色鹿》

（一）技术之美

《九色鹿》的技术之美主要体现在色彩运用、角色造型和多媒体技术上。

色彩运用技术美：动画片《九色鹿》的色彩运用堪称高级配色教科书，既有敦煌壁画的古朴色调，又有现代动画的明快色彩，不仅还原了敦煌壁画的中性调和色，还营造了一种灵动梦幻的美感。例如，九色鹿的主体以白色为主，配以彩色轻笔勾勒，

既不过分寡淡，也不喧宾夺主，同时白色与赭红色的对照产生了视觉冲击，但不会过分浓烈刺眼。这种色彩运用不仅展现了九色鹿的高洁品质，也赋予了画面高级的视觉效果。

角色造型技术美：九色鹿的线条刚柔并济，在敦煌原画的基础上进行了一定的写实化处理，同时保留了原画的精髓。鹿角线条温婉，四肢修长，脖颈挺拔，颅骨饱满，集纤细之美与力量之美于一体，体现了中国古代绘画的重要审美标准。

多媒体技术美：上海木偶剧团的新版《九色鹿》通过30组多媒体镜头叠加运用，在舞台上创造出空灵唯美、古雅庄严的视觉效果。这种技术的应用不仅还原了敦煌色调，也为观众带来了全新的视觉体验。

（二）艺术之美

《九色鹿》的艺术之美主要体现在其独特的民族美学风格、叙事特点和对敦煌壁画艺术的借鉴上。

民族美学风格：动画片《九色鹿》深受敦煌壁画的影响，展现了浓厚的民族美学风格。它汲取了传统艺术宝库中的滋养，形成了形神兼备的民族美学风格，以及美轮美奂的画面呈现和意蕴悠远的中国式哲思。这种风格不仅深入人心，而且具有强大的文化生长力和艺术生命力，成为动画"中国学派"的重要代表作品。

叙事特点：在叙事特点方面，动画片《九色鹿》取材于敦煌壁画《鹿王本生》的故事，整个动画片在内容上采用民间故事的表现模式，形式上也充分借鉴了敦煌壁画的艺术特色。这种叙事特点使得《九色鹿》不仅是一部动画作品，更是一部具有深刻寓意和教化意义的艺术作品。

对敦煌壁画艺术的借鉴：敦煌壁画中的构图设计巧妙，通过合理的空间组合将大量人物元素加入画面，如壁画中的伎乐天造型，大多都采用了与图案装饰相结合的绘画手法。动画片《九色鹿》通过空间组合、重复、变换和动静虚实的自然变化使动画中的场景和人物造型更加生动和具有节奏感。例如，动画背景中的宫门、装饰雕花、围墙、栏杆等物体与人物组成了特别的场景，增添了画面的韵律感。

（三）情感之美

《九色鹿》的情感之美主要体现在其人物设计和故事情节上。

人物设计：动画片《九色鹿》的角色设计是情感之美的重要组成部分。通过神态、神情、装束的细腻描绘，九色鹿被赋予了善良、勇敢、正义、智慧和希望的象征意义。这种人物设计不仅让观众对九色鹿产生了深厚的情感联系，还通过九色鹿的行为和决策传达了积极向上的价值观和人生哲理。

故事情节：《九色鹿》的故事情节充满了情感张力，通过九色鹿与背叛它的弄蛇人的对比展现了正义与邪恶的斗争。故事以九色鹿的善良和勇敢最终战胜邪恶为结局，传递了正义终将胜利的信息，这种情节设计不仅吸引了观众的眼球，还通过情感的起伏，让观众在欣赏美的同时，也受到了深刻的情感熏陶和道德教育。

（四）文化之美

《九色鹿》的文化之美主要体现在艺术风格和文化内涵上。

艺术风格：动画片《九色鹿》深受敦煌壁画的影响，融入中国佛教文化元素塑人物特色。这种艺术风格不仅展现了中华民族的传统美学，也为观众带来了视觉上的享受。

《九色鹿》动画呈现敦煌传奇

文化内涵：九色鹿的故事源自敦煌莫高窟的壁画，承载着善良、勇敢与正义的传统美德。通过工笔画的形式，将这一传奇故事以一种细腻而生动的方式呈现在世人面前，不仅传承和弘扬了传统文化，也让观众在欣赏美的同时感受到传统文化的价值和正能量。

二、《魔童哪吒》：天马行空的想象之美

《哪吒之魔童降世》与《哪吒之魔童闹海》是两部在故事、主题、技术与文化内涵等方面都有着显著差异的动画电影，但故

赏析《哪吒之魔童降世》

《哪吒之魔童降世》海报

《哪吒之魔童闹海》海报

事背景都是来源于中国明代古籍记载中的神话故事《封神演义》，并在此基础上进行了审美创造，二者都充分展现了天马行空的想象之美。图 10-4 为《哪吒之魔童降世》海报，图 10-5 为《哪吒之魔童闹海》海报。

图 10-4　《哪吒之魔童降世》海报

图 10-5　《哪吒之魔童闹海》海报

（一）技术之美

《哪吒之魔童降世》与《哪吒之魔童闹海》的技术之美体现在升级的动画技术和音效音乐上。

前者动画效果绚丽，色彩丰富，角色动作生动自然，呈现出典雅又不失"灵气"的美学图景，其文雅蕴藉的结局美学与喜剧精神，以及诙谐幽默与共情叙事的风格，使观众产生了强烈的共鸣。后者在技术上进行了全面升级，运用了更复杂的动态结构与快节奏的叙事，强调了动作场面的流畅及激烈。二者都采用了先进的动画制作技术，如三维建模、纹理贴图、骨骼绑定、动画、渲染、特效制作、色彩校正、数字绘景和声音设计等技术，使角色和场景更加栩栩如生，呈现出令人惊叹的视觉效果。这些技术让观众感受到了全新的沉浸式体验，尤其是在呈现神话元素和魔法战斗时为观众带来了全新的观影感受。

在音乐与音效设计上，二者通过传统乐器与现代管弦乐的融合构建了极具东方韵味的听觉体验，均展现了鲜明的文化传承与创新。例如，大量使用唢呐、埙、侗族大歌、呼麦等强化文化认同感。以唢呐的激昂旋律象征哪吒的叛逆与热血，侗族大歌的空灵和声衬托宝莲盛开的圣洁感，呼麦的低沉音效则隐喻天元鼎的神秘力量。

将侗族大歌与交响乐结合，埙的沧桑感与管弦乐的恢宏形成对比，既展现神话的奇幻，凸显中国文化的独特魅力，又兼具东方美学与西方史诗感。前者通过"全景声技术"实现方位音效的精准定位，如法宝破空声、战斗音效的动态环绕，增强了场景的沉浸感。此外，打斗声效的震耳欲聋与自然音效（如暴雨、风声）的细腻刻画进一步强化了神话世界的真实性。后者将AI工具用于优化渲染和降噪，提升音效的纯净度；动态光影与音效的同步设计使视觉与听觉体验高度统一。通过传统器乐的现代演绎、非遗音乐的创新融合以及技术驱动的音效升级，不仅延续了前作的艺术风格，更在文化表达与视听体验上实现了突破。这种"传统+科技"的创作模式为中国动画电影的全球化传播提供了范例。

（二）艺术之美

《哪吒之魔童降世》与《哪吒之魔童闹海》的技术之美体现在主题与叙事、人物塑造等方面。

在主题与叙事上，前者讲述了哪吒作为魔丸转世，从小遭受世人的偏见与误解，但通过自己的努力与坚持，最终打破命运束缚，展现了他从叛逆到成长"我命由我不由天"的心路历程，强调个体的自我救赎与成长，以及对社会偏见的反抗，传递出"不认命，就是哪吒的命"的精神。后者延续了前作的故事线，讲述了哪吒和敖丙在天劫之后，灵魂得以保住但肉身即将魂飞魄散，太乙真人用七色宝莲为他们重塑肉身过程中所经历的冒险与挑战。增加了更多奇幻元素和冒险情节，故事更加丰富和复杂。进一步探讨了友情、亲情、命运的因果关系。不仅展现了哪吒与敖丙之间的深厚友情，还通过家庭情节的渲染体现了父母与孩子之间的和解与共生，使主题更加多元和深刻。

在角色塑造与形象设计上，二者都对传统形象进行了颠覆。前者把哪吒的形象设计成哥特式烟熏妆，黑眼圈浓重，不时露出邪魅的笑容，豁牙露齿，嘴里叼着东西，吊儿郎当，完全一副街头小古惑仔的做派，颠覆了传统哪吒"扎两个冲天鬏，光着俩小脚丫，脚踩着风火轮，手拿乾坤圈"的形象，对中国封神演义经典神话故事中的英雄人物进行了一次涅槃式的形象塑造，使哪吒的形象更加鲜明、独特，具有强烈的个性和反叛精神，符合现代审美和精神观念，让观众眼前一亮，也使哪吒这一角色更加贴近现代观众的心理。后者把哪吒的形象塑造得更加成熟和稳重，性格层次更加丰富。魔丸与灵珠、"丑哪吒"与"美哪吒"形成了有趣的对比，哪吒与敖丙两个魂魄共用哪吒的肉身，历经七天考验，"丑哪吒"常常龇牙咧嘴、怒目圆睁，"美哪吒"则彬彬有礼、优雅谦和。角色设计更加注重细节，如混天绫巧妙融入了中国结元素，展示了主创团队对传统文化的创新运用。

（三）情感之美

《哪吒之魔童降世》与《哪吒之魔童闹海》的情感之美主要体现在浓重的亲情、深刻的友情和对命运的抗争上。

二者通过哪吒与父母之间的关系展现了无条件的爱和支持。哪吒的母亲为了哪吒不惜牺牲自我，陪伴他成长，而父亲李靖则为了保护哪吒甚至愿意用自己的生命来交换。这种深厚的亲情让人感受到家庭的温暖和力量，是电影中最为动人的部分。此外，哪吒与龙王三太子敖丙之间的友谊，是电影中的另一条情感线索。两个孩子在孤独中成长，成为彼此珍视的朋友。在哪吒经历天劫时，敖丙义无反顾地与他同生死、共患难，这种深厚的友情让人动容。

对喜剧、冒险与奇幻元素的运用极大地增强了情感的温度与深度。前者以幽默、搞笑、无厘头为其语言风格，剧情构建了一个贴合实际、幽默搞笑的现实世界，旨在表达亲情、友情、师生情的温情，重塑哪吒不乏世俗气息的"魔童"气质。后者在情节设计上以更丰富的冒险与奇幻元素为支撑，展现了因果关系与个人选择交织的复杂网络。影片延续了前作的故事线，讲述了哪吒和敖丙在天劫之后，灵魂得以保住但肉身即将魂飞魄散，太乙真人用七色宝莲为他们重塑肉身过程中所经历的冒险与挑战，增加了对"童年"的关注与保护，通过对友情与亲情的深入渲染展示了哪吒在寻找自己身份的过程中内心的情感共鸣如何与外界的冒险旅程交织。

（四）文化之美

《哪吒之魔童降世》与《哪吒之魔童闹海》的文化之美主要体现在其角色设计、场景和背景细节等方面。

前者体现了传统 IP 改编的与时俱进，在新时代背景下，为传统故事赋予了新的内涵和深度，以符合现代审美需求与精神观念。它在尊重原人物形象、故事模型的基础上进行创新，传达了喜闻乐见的世俗之美，共鸣了普泛性的世俗人伦之情。融入了大量中国传统文化元素，如道家思想、传统神话等，同时结合现代价值观，传递出积极向上的精神。后者大量运用水墨画风格，将中国传统绘画的意境之美展现得淋漓尽致。片头概念图的独特水墨画风格令人眼前一亮。水墨重彩的表现手法，与中国传统神话相结合，形成了一种全新的艺术表达方式。进一步深化了文化内涵，从三星堆文明获得灵感的结界兽、硕大无朋的天元鼎等元素展现了中国历史文化的深厚底蕴。

二者的角色设计非常独特且富有创意，前者哪吒的外貌和形象重新演绎了经典神话故事中的形象，同时又增加了一些现代元素，使之更富有活力和年轻化。角色的表现也非常出色，包括动态的表情和身体语言，使角色更有深度和个性。后者从角色设计到场景搭建都融入了大量中国传统元素，如祥云纹、莲花纹等，这些纹样不仅是装饰，更是中华文化的符号密码。同时，还借鉴了中国传统武术动作，如太极拳的圆融连绵与少林拳的刚猛有力，让观众感受到其中所蕴含的精神内涵。二者的场景和背景设计充满了中国文化元素，如传统的建筑、山水画风格的山脉、中国的风景名胜，还巧妙融入了中国传统音乐作为背景音乐。这些细节让观众感受到了中国文化的魅力和丰富性。

三、《千与千寻》：神灵世界的精神救赎

动画片《千与千寻》是由宫崎骏执导的一部动画电影，讲述了 10 岁的小女孩千寻在搬家途中与父母一起误入一个神秘的灵界的故事。在这个世界里，千寻的父母因为偷吃了神明的食物而被变成了猪。为了救出父母，千寻在神秘少年白龙的帮助下，勇敢地在灵界生存并寻求解救父母的方法。这部动画片不仅在视觉上给观众带来了美的享受，同时在主题深度和文化传达上也达到了相当的高度，成为一部跨越年龄和文化的经典作品。图 10-6 为动画电影《千与千寻》的一帧剧照。

《千与千寻》背后的"隐喻"

《千与千寻》剧照

图 10-6　《千与千寻》剧照

（一）技术之美

《千与千寻》的技术之美主要体现在极致的作画和近乎奢侈的细节上。

极致的作画：宫崎骏在《千与千寻》的制作中坚持了传统的手绘动画技术，极致的作画体现在赏心悦目的风景上，宫崎骏的动画作画水准非常细腻、柔和、精致，为观众展示了浓墨重彩的瑰丽画卷和清新自然的异界幻想，真切地达到了每一帧的风景都能成为画面，让人仿佛置身于电影中所描绘的世界。

近乎奢侈的细节：近乎奢侈的细节体现在《千与千寻》的每一个镜头中，几乎每一处镜头的背景都是一幅精妙绝伦的画作。这种细腻到不可思议的作画不仅体现在唯美的背景之上，更体现在每一个不经意的角落之中，使得整部作品的艺术价值得到了极大的提升。

（二）艺术之美

《千与千寻》的艺术之美主要体现在丰富的色彩运用、创意性的画面设计、细节的精心刻画等方面。

丰富的色彩运用：电影中大量运用了暖色调，如红色、橙色、黄色等，表现出日本乡村生活的温馨和亲切。同时，也用冷色调表现出千寻所面对的危机和险恶，如深蓝色和紫色等。这种色彩的运用，使得观众能够更加深入地了解电影所表达的主题。

创意性的画面设计：电影中的画面充满了各种奇幻的场景和角色，这种化形的创意，不仅为电影带来了独特的魅力，也凸显了电影中的日本传统文化艺术。例如，汤婆婆的鹰形化身、白龙的龙形本体，让超现实的视觉设计与文化根脉形成巧妙呼应，令人惊叹于想象与传统的融合之妙。

细节的精心刻画：电影中的每个细节都被精心设计和刻画，表现出电影的细致和严谨。例如，电影中的场景和人物都具有非常丰富的细节，可以感受到每一个元素都被注入了生命力。这些细节表现不仅增加了电影的真实感和可信度，也让观众更加沉浸在电影的世界中。

（三）情感之美

《千与千寻》的情感之美主要体现在对爱情的描绘和悲剧的表达，善良、友爱和坚韧的展现，以及通过生活靠自己的主题传达出的珍惜和感动上。

《千与千寻》的情感之美主要体现在成长中的纯真羁绊、善良友爱的温暖传递，以及自我突破带来的深刻感动上。

纯真羁绊的美好：千寻与白龙之间的情感，是少年成长路上最纯粹的相互扶持。初入灵界时，白龙的指引给了怯懦的千寻立足的勇气；当白龙陷入危机时，千寻跨越险阻寻找解药的执着，又成为唤醒他记忆的关键。这种"你护我一程,我念你一生"的羁绊，无关爱情，却有着超越年龄的真诚——就像白龙临别时那句"我会找到你的"，是对重逢的期许，也是成长路上彼此照亮的温暖印记，纯粹而动人。

善良、友爱和坚韧的展现：宫崎骏通过《千与千寻》向观众传递了爱、温暖与坚韧。千寻为无脸男留门、帮河神清洗污垢，用笨拙的善意打破灵界的冷漠；锅炉爷爷看似严苛却暗中相助，小玲嘴上抱怨却耐心教导，这些细微的善意交织成温暖的网络。而千寻面对汤婆婆的刁难始终不放弃的坚韧，更让这份美好有了直抵人心的力量。

成长和自我依靠的主题：影片中千寻的蜕变，展现了成长的真实模样。她从依赖父母的娇气女孩，逐渐学会独自应对挑战，这种成长并非"被成年人抛弃后的被迫独立"，而是在他人的适度帮助下，慢慢懂得"真正的立足要靠自己"。当她最终从容走出隧道时，那份坚定让观众感受到成长的喜悦——生活的珍贵，正在于在接纳善意的同时，学会为自己掌舵。

课堂审美活动 10-2

运用审美知识，填写动画审美赏析体验表

一、活动安排

时间：25 分钟。

参与人员：全体同学。

工具：准备好活动工具卡 10-2 和笔。

二、活动目标

1. 熟练运用所学的动画之美相关知识（包括技术美、艺术美、情感美、文化美等方面的美学原理）对不同的动画审美对象进行系统分析，精准发现并清晰阐述其蕴含的各种美。

2. 培养思维转换能力，能够从理论学习顺利过渡到实际审美应用，针对具体动画作品，从多个维度（技术、艺术、情感、文化）进行深入的审美思考和分析，提升审美鉴赏能力。

3. 通过小组协作和展示环节增强团队合作意识和语言表达能力，促进学生之间的思想交流与分享，拓宽对动画之美的认知视野。

三、活动步骤

1. 分组：根据个人兴趣和交流习惯自行组成学习小组，每组 5～8 人。推选一名组织能力较强的同学担任组长，负责组织小组讨论、协调分工和记录小组讨论的重要内容。

2. 复习回顾：各小组利用 5 分钟时间共同复习动画之美的美学原理。教师可以通过多媒体设备展示一些经典动画片段，回顾技术美（如动画制作技术的运用效果）、艺术美（艺术元素的融合方式）、情感美（情感表达的手法和效果）、文化美（文化元素的体现和作用）方面的知识要点，加深记忆和理解，为本次活动做好准备。

3. 选择与分析：各小组从审美赏析案例中选择一个审美对象。小组成员分析该审美对象在技术美、艺术美、情感美、文化美方面的具体表现。每位组员积极发言，分享自己的发现和理解，并结合具体的动画情节、画面、角色等进行详细阐述。组长负责记录小组讨论的重要观点和分析结果，填写在"活动工具卡 10-2"上。

4. 小组展示：各小组组长上台向全班展示小组对所选审美对象的分析结果。展示时间控制在 3～5 分钟，要求组长逻辑清晰、重点突出地介绍小组的发现，包括动画美的类型、美的释义、具体的美的发现内容。鼓励组长运用生动的语言和恰当的动画案例进行讲解，以便更好地传达小组的分析成果。

5. 教师点评总结：教师对各小组的展示进行点评，肯定小组的优点和创新之处，指出存在的不足和改进方向。教师可以结合具体的动画美学原理，对分析进行深入解读和拓展，帮助进一步理解和掌握动画之美的内涵。对本次活动进行总结，强调运用所学知识进行审美实践的重要性，鼓励在今后的学习和生活中继续关注和欣赏动画之美。

活动工具卡 10-2

动画审美赏析体验表

美的类型	美的释义	美的发现（结合具体动画案例详细阐述）
技术美	创作者通过技术的多元应用创造出具有强烈感染力的作品	
艺术美	创作者通过艺术手法的应用形成美的视听觉表达语言	
情感美	动画片通过故事情节来表达情感，使观众获得审美体验和情感共鸣	
文化美	通过动画作品你可以了解到不同国家和地区的文化传统、历史背景、社会现实等方面的信息，从而获得不同的审美感受	

审美创造：找一部动画片，回答有谁共鸣

俄国作家列夫·托尔斯泰说："艺术不是技艺，它是艺术家所体验的感情的传达。"动画作为独特的艺术形式，在文化生活中意义非凡，这也是动画相关职业领域的核心内容。但在日常学习与观赏中，我们经常未深入品味其美学价值。动画之美，藏于精妙的三维建模、动人的色彩搭配、精彩的情节编排和鲜活的角色塑造中。建议2～3名同学自由结组，选一部代表性动画片，运用所学的动画审美方法去发现、欣赏和创造美。

一、活动主题

找一部动画片，回答有谁共鸣。

二、活动目标

1. 深度领略动画在技术、艺术、情感、文化层面的独特魅力，显著提升对动画艺术的审美感知与鉴赏能力。

2. 洞察动画产业演变，理解创作者的匠心与追求，厚植对动画艺术的热爱。

3. 强化团队协作、沟通交流能力，熟练地将审美理论转化为实践，借PPT制作与分享提升信息整理、图文设计和语言表达水平。

三、活动途径

审美创造途径		
第一步	发现美：资料筹备与知识复习	复习动画之美的相关知识，包括动画的技术美（如手绘、CG技术、三维建模与渲染等技术运用展现的效果）、艺术美（融合绘画、雕塑、音乐、舞蹈等艺术元素的表现）、情感美（通过情节和角色传达的情感及价值观）、文化美（作品承载的文化内涵和民族精神）。用手机或计算机查阅所选动画片的创作背景，如制作团队的创作理念、动画的受众定位等。思考这些资料如何体现动画在上述审美方面的特点，为深入分析做好准备
第二步	欣赏美：沉浸式赏析与记录	小组成员共同观看所选的动画片，从多个维度进行欣赏。关注动画的画面表现，如色彩搭配、构图设计、角色造型的细节等；聆听动画的音乐音效，分析其与画面的配合是否相得益彰；剖析故事情节的发展逻辑和角色的情感变化，理解作品所传达的情感和价值观；思考动画所蕴含的文化元素及其展现方式，体会文化美在作品中的体现。结合之前复习的动画之美知识，用心感受动画的独特魅力，并做好详细记录

审美创造途径		
第三步	创造美：总结提升与表达	结合对动画之美的欣赏和感悟，小组成员共同对记录的内容进行整理、凝练和提升。把形成的正确审美观转化为图文并茂的 PPT。在 PPT 中不仅要展示动画的精彩画面截图，还要详细阐述对动画美的理解和分析过程，包括技术手段的运用效果、艺术元素的融合方式、情感传达的途径、文化内涵的体现等。将制作好的 PPT 分享给大家

四、活动成果

1．记录与分享：在欣赏美的环节，组员用发现美的眼睛观察、用感知美的心灵体会、用准确的文字记录自己感悟到的动画之美，将相关内容记录在"活动工具卡10-3"上。组长组织大家进行讨论交流，汇总大家的成果，上台展示本小组感悟到的动画之美。展示时，要清晰阐述动画美的具体体现和小组的分析思路，分享在欣赏过程中的独特感受和收获。

2．PPT 制作与展示：课后，每个小组制作一个 PPT，PPT 不少于 10 页，内容应图文并茂，全面涵盖对动画的介绍（包括基本信息、创作背景等）、欣赏过程中的发现与分析、审美分析（技术、艺术、情感、文化等方面）和感悟总结等。小组自主推选汇报人，在下节课进行课堂分享。

3．评价标准：对 PPT 和展示进行评价，评价内容包括 PPT 的内容完整性（是否全面介绍动画并深入分析其美）、图文搭配合理性（图片与动画内容的相关性、图片与文字的协调性）、讲解的清晰流畅性（汇报人是否能够清晰、流畅地表达小组的观点和感悟，语言组织是否合理）等。

活动工具卡 10-3

记录自己体验感悟到的动画之美
动画片名称：
1. 动画的哪些方面让你感受到了美？（可从画面表现、音乐音效、故事情节、角色塑造等方面回答）
2. 这些美体现了怎样的文化内涵或情感价值观？
3. 审美感悟（包括对动画技术、艺术、情感、文化美的综合感受，以及对动画创作的启发等）：

项目十一

自然之美：诗意地栖居在大地上

知识目标

1. 初步了解自然美的构成，具体包括从物性、诗性和生态等方面认识和理解自然事物在这些要素组合下所呈现出的美感形态。

2. 认识和掌握自然美的特征、形态以及与之相关的基本美学原理，能够从理论层面分析和解释自然现象中的审美价值。

素养目标

1. 学会分辨自然美的审美风格，通过对不同风格自然美的欣赏和分析自觉树立正确的审美观。

2. 树立生态文明观，深刻认识到自然环境对人类生存和发展的重要性，从而激发热爱祖国大好河山的情感。

技能目标

学会从自然美的不同角度，如自然景观的层次感（远近景物的搭配、高低地势的变化等）、生物的多样性（物种的丰富程度、生物之间的相互依存关系等）、自然现象的动态美（如日出日落、云卷云舒等）等对自然风光、景观、生物进行审美，能够运用所学的美学知识和审美方法准确地描述和评价自然事物的美感特征，提升审美鉴赏能力和表达能力。

"故美术之为物，欲者不观，观者不欲；而艺术之美所以优于自然之美者，全存于使人易忘物我之关系也。"

——（[中]王国维《中国美学思想史（第1卷）》）

"有生命的自然物之所以美，既不是为了它本身，也不是由于它本身为了要显现美创造出来的。自然美只是为其他对象而美，就是说为我们、为审美意识而美。"

——（[德]黑格尔《美学》）

审美导入：雄伟壮观的"天下黄河第一湾"

1936年2月，毛主席率领红军东征抗日，途经晋陕黄河沿岸。站在黄河岸边，远眺银装素裹、千里冰封的壮阔河景——不远处山西省石楼县辛关镇的"天下黄河第一湾"正是这一区域的标志性景观，毛主席豪情满怀，挥笔写下气势磅礴的千古名篇《沁园春·雪》。奇景雄冠万里河山，绝唱传颂千古岁月，"天下黄河第一湾"以其雄伟壮观而又不失清秀婉约的独特风貌成为了万里黄河上的一处极致美景。

《沁园春·雪》

中国地域辽阔，地大物博，山河壮美，在广袤的国土上有着无数如"天下黄河第一湾"般令人叹为观止的自然景观，它们各具特色，美不胜收。截至2023年9月，中国拥有世界自然遗产14项、世界自然与文化双遗产4项，合计18项。这些珍贵的遗产既展现了中国多样的自然风貌与独特的地质景观，也是全人类的共同财富，其保护成果在全球位居前列，彰显了中国在自然遗产保护领域的卓越贡献。

中国18项世界自然遗产

从雄伟壮观而又清秀婉约的"天下黄河第一湾"到众多璀璨的中国世界自然遗产，它们无一不展现着自然的神奇与美妙。然而，这些自然之美究竟美在何处，是什么赋予了它们独特的魅力，我们又该如何去欣赏和品味它们呢？这些正是本项目将要深入探讨和学习的重要内容。

原理解读：自然审美"三部曲"

自然审美理论作为重要的美学理论形态，在与生态、环境、主体和艺术等多元知识场域的融合关系中不断拓展，已发展成为具有现代学科意义的审美理论。自然物性基础的形式呈现、主体自然本性的诗意回归和生命共同体的"生生之美"价值体系共同构建了自然审美的知识框架，对自然的审美出发于自然的"物性美"，经由人们的"诗性美"，抵达人与自然和谐共生的"生态美"。图11-1为自然之美的原理导图。

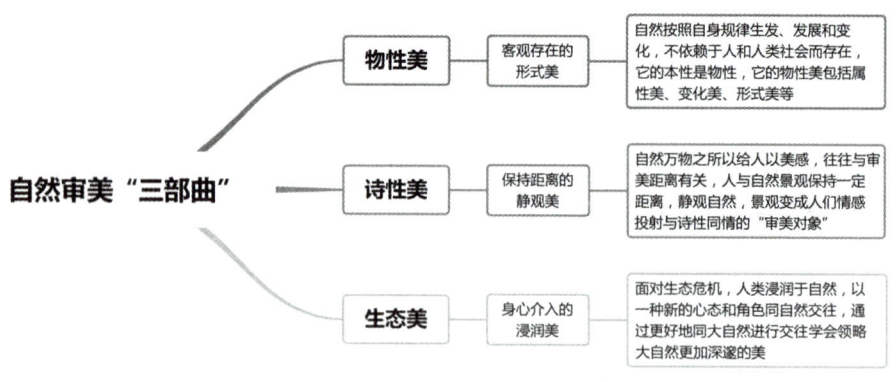

图 11-1 原理导图

一、物性美：客观存在的形式美

"物性"指事物的本性，涵盖了物质的物理性质和化学性质等方面。自然的物性美包含属性美、变化美、形式美等多个维度。

（一）属性美

自然物和自然界遵循自身的规律生长、发展和变化，是独立于人和人类社会之外的自在之物。从本质上讲，自然之美是社会实践的产物，无法脱离社会而存在。然而，其社会性却较为隐蔽，与社会之间的联系也相对间接。自然之美以自然事物、自然现象的自然属性作为必要条件。例如，大海因其浩瀚澎湃而显得壮观，弯月因其皎洁清澈而展现出秀美。若不进行深入分析，很难察觉到它们与社会之间的潜在联系。自然属性是构成自然美的物质基础，也使得自然美与社会美有所区别。马克思在谈及金、银两种自然物时曾指出："金、银的美学属性使它们成为满足奢侈、装饰、华丽和炫耀等需要的天然材料。"金、银所散发的天然光芒和独特色彩是它们成为自然美的前提条件和物质基础。虽然不能简单地将自然美的本质归结为自然属性，但不可否认，离开了自然物、自然现象本身的质料、形状、色彩、光泽、声音等要素，自然美也就无从谈起。比如，一些具有特殊纹理和色彩的矿石，正是因其独特的自然属性才成为人们眼中的美的存在。再如，某些自然景观中的奇特岩石，其形状和质地构成了独特的美感，吸引着人们前去观赏。

（二）变化美

自然之美时刻都在发生着或浓或淡、或强或弱、时隐时现的变化。即使是同一自然物，在不同的时间和条件下，也会呈现出截然不同的景象。春花秋叶、朝晖夕阳、电闪雷鸣、月黑风急、烟雨飘雪等自然景观各自蕴含着独特的意境和情韵。以一朵花为例，从含苞待放到凋谢衰落的过程充分体现了自然之美的变化。即便在花朵怒放之时，其色彩也会呈现出丰富的浓淡变化。一条河流在不同的季节也展现出各异的特点，春水汹涌澎湃，夏水浩荡奔腾，秋水澄碧清澈，冬水晶莹剔透。同一片天空，也有朝晖与夕阳的交替、雪雨与晴日的更迭、风沙与雷电的变幻。大自然的这种易变性极大地拓展了人们对自然之美的想象空间，增添了自然美的无穷魅力。比如，日出和日落时分，天空的色彩和光线变化万千，常常给人带来震撼的美感体验。

（三）形式美

自然美的内容往往是朦胧且不确定的，但它的形式因素却十分清晰，总是以鲜明的形象给人留下深刻的印象，引发强烈的审美感受。因此，色彩、声音、形状、线条、质料等成为了自然美最重要的组成部分，在人类的审美活动中占据着突出的地位。例如，庐山的景观呈现出"横看成岭侧成峰，远近高低各不同"的特点，其具体的内容因审美主体的修养和情感差异而有所不同，但庐山山岭连绵起伏、山峰耸立的形态形式却非常鲜明突出。

自然美偏重形式的这一特点，不仅鲜明地体现在自然物的形态方面，还充分展现在变幻无穷的色彩和繁复多变的声音之中。大自然中的植物是构成大自然色彩美的最主要来源，繁茂的树木、丰富的草地为大自然披上了绿色的盛装，娇艳的花朵更是姹紫嫣红，它们共同装点着山川大地，为山河增添了色彩和生机。缤纷的色彩和茂盛的植被吸引了众多的飞禽走兽。动物的色彩也是大自然众多色彩的重要组成部分，灰褐色的老鹰、白色的海鸥、黑色的燕子、五颜六色的鸟类，还有色彩斑斓的斑马、虎豹、长颈鹿、野牛等，它们在广阔的原野上奔跑、在山川中跳跃、在丛林里穿行、在蓝天上飞翔，使这个多彩的世界更加绚丽和丰富。大自然不仅以其形态美和色彩美给人带来视觉上的享受，还以复杂多样的自然音响诉诸人的听觉感官。风声、雨声、雷声、鸟鸣、虫吟、马嘶、狼嗥……各种自然声音交织在一起，构成了一曲自然之声的交响乐。

自然美更多的时候是形、色、声的高度和谐统一，奇特优美的形状、绚丽斑斓的色彩、悠扬悦耳的声音相互融合，共同构成了如诗如画的自然世界。比如，在一片美丽的森林中，高大挺拔的树木形成了独特的形状，五彩斑斓的花朵和绿叶展现出丰富的色彩，鸟儿的鸣叫和风吹树叶的声音交织在一起，营造出一种和谐美妙的氛围，让人沉浸其中，感受到自然美的魅力。

二、诗性美：保持距离的静观美

早在1912年，瑞士心理学家爱德华·布洛提出了"审美距离说"，他认为创造和欣赏美的基本原则是与对象保持适当的心理距离。自然万物之所以能给人带来美感，往往与这种审美距离密切相关。当人与自然景观保持一定的距离，以静观的方式去欣赏时，景观便成为了人们情感投射与诗性同情的"审美对象"。

例如，桂林象鼻山公园的象鼻山，因其酷似一只站在江边伸鼻豪饮漓江甘泉的巨象而得名，是桂林山水的象征。远远望去，象鼻山犹如一只巨大的象矗立在江边，长长的鼻子伸入漓江与桃花江的交汇处临江吸水,形象惟妙惟肖,让人不禁为之赞叹。再如,安徽省黄山的北海景区,在北海散花坞左侧有一孤立石峰,峰尖石缝中生长着一株奇巧古松,盘旋曲折,绿荫一团,宛如盛开的鲜花。峰下有一巧石,形状如同人卧睡,因此游客称此景为"梦笔生花"。这种独特的自然景观,在人们保持一定距离静观时,能够引发丰富的联想和情感共鸣。

此外,在文学和艺术领域,也有许多体现诗性美的例子。画家蔡若虹曾讲述过自己对蒲公英的美感体验。原本她并不觉得蒲公英美,但在二月初春,天气寒冷的时候,她看到蒲公英从贫瘠的土地里最先冒出来,这种情景让她通过静观联想到了革命者不怕艰难困苦的干劲,从而产生了对蒲公英的美感。自古以来,艺术作品中常常赞美松、柏、梅、竹等植物,也是因为这些植物很容易成为人们情感投射与诗性同情的"审美对象",它们所象征的高尚品德能够赋予人积极向上的情绪。比如,在诗歌中,松树常常被用来象征坚韧不拔的精神,梅花则代表着高洁的品格。这些艺术作品通过对自然物的描写和赞美展现了自然的诗性美,引发了读者和观众的情感共鸣。

三、生态美:身心介入的浸润美

自然美体现于自然事物或自然界之中,当它为人们所欣赏时能够引发相应的情感体验与审美感受。这里所说的自然事物,大致可概括为两个方面:一是未经人类任何加工改造的自然形态,如蓝天白云、日月星辰等;二是经过人工培育或改造,但仍以自然生长过程或天然质料为主要特征的人工自然物,如湖光山色、林木花卉等。作为非人类加工和创造的自然事物之美的总和,它们为人类提供了美的物质素材,如色彩、光线、形貌质地、声音等"潜能",这些便是前面所提及的"物性美"。

21世纪是人类文明的生态纪,随着当代生态意识的觉醒,人们在与自然的"物性美"进行直接交流时,对生态所面临的危机有了具体而感性的体验。这种体验促使人们从人类生存的角度去思考环境问题,反思人与自然的关系,并以一种全新的心态和角色与自然交往。通过与大自然进行更深入的交往,人们学会领略大自然深邃的美。

生态美并不仅是自然本身外在形态的美,即"物性美",也不只是自然内在精神对人的审美价值,即"诗性美",而是整个世界,包括自然、人类在内的生态系统所呈现出的审美意义,是自然美的高级形态。

生态美的主旨在于破除人类的贪婪欲求,提升人类的精神境界,促进人类社会的和谐共生,使人类实现情感完满、精神健康、身心和谐的状态。生态美不仅从哲学层面引导我们对现实生存状态进行美的思考,还关注我们在改造自然的实践过程中观念和样式的反思。生态美以主体间的生态哲学为理论依据,是符合时代发展要求的新的美学理论。它超越了人类中心主义的局限，坚持以生态整体主义为原则，关注人类的生存状态和人与自然的生存发展，致力于构建人与自然和谐发展的良性循环。

生态美有助于人们形成正确的生态价值观和生态审美观，进而形成健康、积极的价值观，从而抑制人类过度的消费欲望。同时，人们可以通过审美的境遇去探寻人类的精神家园，从中获得情操的升华和人生价值的满足。例如，当我们欣赏一片美丽的森林生态系统时，不仅能感受到树木、花草、动物等自然物的物性美，还能通过静观引发对自然的情感共鸣，体会到诗性美。更重要的是，我们会意识到森林生态系统对于维持地球生态平衡的重要性，从而增强保护自然的意识，这便是生态美的体现。

课堂审美活动 11-1

谈谈自己对"自然美"的认识

一、活动安排

时间：15 分钟。

参与人员：全体同学。

工具：准备好活动工具卡 11-1 和笔。

二、活动目标

1. 深刻认识"自然美"的概念和内涵，精准把握其在不同自然事物中的体现。

2. 运用自然美知识分析自然对象，从多视角（如物性美、诗性美、生态美等）来审视"自然美"，提升审美和批判性思维能力。

3. 促进学生间交流合作，增强团队协作。通过小组讨论与汇报学会倾听与清晰地表达观点，拓宽对自然美的认知。

4. 建立"自然美"与职业发展的联系，理解自然美在园林、旅游、艺术等职业中的应用，为未来职业发展筑牢理论与审美根基。

三、活动步骤

1. 分组：自主组成学习小组，每组 5～8 人。建议不同专业背景（如建筑室内设计、旅游管理、艺术设计、新能源汽车技术等）的同学组合，从多学科角度探讨"自然美"，实现知识互补。

2. 小组成员结合课前预习的资料（如专业书籍、科普内容等）梳理自然美的物性美（如自然事物的质地、色彩、形态等外在属性之美）、诗性美（自然所引发的诗意、情感与想象之美）、生态美（生态系统的和谐、平衡与多样性之美）等相关知识，为后续的讨论和分析做好充分准备。

3. 小组讨论与记录：各小组依据从多渠道获取的资料展开深入讨论，思考以下引导性问题："哪些自然事物体现了显著的'自然美'？是通过什么元素展现的？""不同文化中'自然美'有什么差异？反映了怎样的文化内涵？""欣赏自然对象时哪些方面让你产生共鸣？""从职业角度，如何运用'自然美'提升工作成果？"。每位组员踊跃发言，畅谈自己对"自然美"的独特认识，并结合实例说明，将这些理解详实记录在"活动工具卡 11-1"上。

4. 小组汇报：各小组组长向全班汇报对"自然美"的理解。内容涵盖小组主要观点、结合实例的分析、与职业发展相关的思考及讨论收获。汇报需要逻辑清晰、重点突出，准确传达讨论成果。

四、评价标准

1. 内容准确性：对自然美知识的理解运用是否准确，观点依据是否充分，实例分析是否恰当。

2. 独特性：观点是否新颖独特，能否从不同角度结合知识看"自然美"，有创新性见解。

3. 逻辑性：汇报逻辑是否清晰，观点衔接是否自然，论证是否严谨。

4. 表达流畅性：组长表达是否清晰流畅，能否准确传达观点，语言及术语运用是否得当。

5. 团队协作：观察小组的协作情况，包括成员参与度、意见交流充分性、观点整合情况等。

活动工具卡 11-1

一起畅谈"自然之美"
1. 自然美对我专业职业发展的启示：
2. 自然美与其他美的主要区别：
3. 不同文化自然美对我职业的影响：
4. 我对自然美的独特理解（案例）：
5. 小组讨论新启发：

审美赏析：涤除玄鉴"大自然的鬼斧神工"

我国拥有丰富的自然资源，包括海洋、河流、湖泊、森林等，这些资源为中国的自然之美提供了无限的源泉。为便于大家学习，我们选取泰山、华山、桂林山水和石林这四种不同风格的自然景观来开展审美赏析。

一、泰山之美：钟灵毓秀，五岳独尊

泰山以雄伟壮丽的自然风景著称，兼具雄、奇、险、秀、幽、奥等诸多特色。其变幻多姿的美景以壮丽为著，苍松翠柏、三潭叠瀑、林泉幽咽等景致生动展现了物性美、诗性美、生态美的和谐交融，使之成为世界少有的历史文化与自然相结合的游览胜地。图11-2 为泰山十八盘的壮丽景象。

五岳之首——泰山　　泰山十八盘

图 11-2　泰山十八盘

（一）物性美：雄伟壮美的自然奇观

泰山的物性美主要体现在其雄伟壮美的自然景观上，独特的地理位置使泰山突起于周围的平原、丘陵之上，形成显著的大小高低对比，尽显"一览众山小"的宏伟气势。主峰高耸，山势累叠，富有强烈的节奏感，给人以"拔地通天"的震撼体验。

山上苍劲的松柏与巨石相互映衬，松石相依，更突显了泰山的阳刚之美。泰山的云烟变化万千，时而如轻纱般缭绕山间，时而如海浪般汹涌澎湃，气势恢宏，为泰山增添了神秘而磅礴的气息。尤其是在天气变幻之时，云雾弥漫，群山若隐若现，仿佛置身仙境。

泰山的日出日落景观更是一绝。当清晨的第一缕阳光洒在泰山之巅时，云海被染成绚丽的色彩，一轮红日从东方缓缓升起，光芒万丈，与广阔无垠的宇宙相连，让人顿生宇宙空间感，尽显"呼吸宇宙，吐纳风云"的豪迈气概。而日落时分，夕阳的余晖将山峦映照得金光灿灿，天地间弥漫着宁静而壮丽的氛围。这些元素共同构成了泰山以"雄伟"为特征的物性美，而这种自然特质与人文赋予的精神内涵相融合，使其成为中华民族精神文化的象征，寓意着稳重、坚强和崇高。

（二）诗性美：文化底蕴的诗意表达

泰山的诗性美源于其壮丽的景色与深厚的文化底蕴，通过历代文人墨客的诗歌和文学作品得以充分展现。

泰山的自然景观与深厚文化内涵，如同一座灵感宝库，激发了无数文人的创作热情。杜甫的《望岳》中"会当凌绝顶，一览众山小"，以简洁而有力的语言表达了诗人对泰山的敬仰之情，同时也寄托了对人生理想的不懈追求。诗句中，"凌绝顶"体现了诗人攀登高峰的决心，而"众山小"则通过对比凸显了泰山的雄伟和诗人开阔的胸怀。

李白的《泰山六首》运用丰富的想象和夸张的手法，如"天门一长啸，万里清风来"，生动描绘了泰山的雄伟与神秘，展现了诗人对自然的敬畏和对超凡脱俗生活的向往。诗中，李白将自己融入到泰山的壮丽景色之中，通过对天门、清风等意象的描写营造出一种空灵而壮阔的意境。

此外，诸如苏轼、王安石等文人也曾留下赞美泰山的佳作，虽其诗作中泰山主题不及杜甫、李白突出，但仍从不同角度呼应了泰山的文化意象。泰山承载着深厚的文化意义，历代帝王君主在此封禅祭祀，象征着对天地的敬畏和对国家繁荣的祈愿；文人雅士纷至沓来，游历其间，留下的诗文佳作不仅描绘了泰山的自然之美，更反映了当时的社会文化风貌和人们的精神追求。这些作品使泰山成为中国古典诗歌中的重要意象，展现出深厚的文化底蕴和人文精神。

（三）生态美：自然与人文的和谐交融

泰山的生态美体现在其丰富的植被覆盖、清澈的溪流，以及自然与人文景观的完美融合上。

泰山植被覆盖率达80%以上，森林茂密，宛如一道巨大的生态屏障，也是重要的种质资源库。这里绿树成荫、飞瀑流泉，漫步山间，清新凉爽的风拂面而来。静谧的山间小径、潺潺的溪水，与蓝天白云、古树绿荫相互映衬，构成了一幅清新宜人的自然画卷。

泰山不仅自然景观雄浑隽秀，人文历史也源远流长，文化遗产丰富。主峰玉皇顶海拔1545米，拔地而起，凌驾于齐鲁丘陵之上，尽显通天拔地之势，"一览众山小"

的高旷气势扑面而来。古松与巨石相映成趣，云烟与朝日交相辉映，山势突兀峻拔，气势磅礴。

泰山的人文历史与自然景观相互交融，相得益彰。古代的庙宇、碑刻等人文遗迹点缀在山林之间，与自然景观和谐共生，见证了泰山悠久的历史和丰富的文化内涵。

四季交替，泰山风光各异，却始终保持着雄浑、壮丽的特质。春天，万物复苏，泰山上绿意盎然，山花烂漫；夏天，骄阳似火，山林间却清凉宜人，飞瀑流泉增添了几分灵动；秋天，秋风送爽，漫山红叶如诗如画；冬天，一场大雪过后，泰山银装素裹，宛如童话世界。每个季节的泰山都以其独特的魅力让人流连忘返。

泰山的生态美不仅体现在其丰富的植被和清澈的溪流上，更在于其自然景观与人文景观的和谐融合，以及四季变换中展现出的不同风貌。这种和谐不仅体现在空间上的交融，更体现在时间维度的可持续性——四季变换中生态系统的稳定循环让泰山的美始终保持生机与活力。

二、华山之美：自古华山一条路，奇险天下第一山

华山，古称"西岳"，雅称"太华山"，地处陕西省渭南市华阴市，乃中国五岳之一。华山以险峻闻名，有"奇险天下第一山"之誉。其美不仅体现于壮丽多变的自然景观，更蕴含在丰富的文化底蕴、独特的登山体验以及千古流传的传说故事之中。图11-3为游客在华山西峰的游览情景。

跟随镜头来一场
华山历险

游客在华山
西峰游览

图 11-3　游客在华山西峰游览

（一）物性美：险峻奇绝的自然奇观

华山的物性美，集中体现在其险峻的地势、四季各异的自然景观、丰富的植被

等自然属性上。

华山以险峻地势著称于世，山势峻峭，壁立千仞，群峰挺秀。华山由东、西、南、北、中五峰组成，各具特色。东峰雄奇壮观，是观赏日出的绝佳之地；西峰险峻陡峭，形如莲花，故而又称莲花峰；南峰为五峰中海拔最高者，古人尊称其为"华山元首"，登上绝顶，天近咫尺，星斗可摘。华山的地貌独特，山势如刀削斧砍，岩石裸露，尽显大自然的鬼斧神工。

华山四季景色各有千秋。春天，山花烂漫，五彩斑斓的花朵点缀在山间，生机勃勃；夏天，云海涌动，云雾缭绕于峰峦之间，宛如仙境；秋天，层林尽染，漫山红叶似火，美不胜收；冬天，白雪皑皑，群山银装素裹，静谧而壮美。

华山的自然风光，不仅有壮丽的山峰，还涵盖了丰富的植被与多样的生态环境。山上72处悬空洞、20余座道观错落分布，千余篇诗歌、碑记等文化遗产留存其间，完美呈现了自然美与人文景观的交融之态。凌空架设的长空栈道，行走其上，脚下是万丈深渊，令人胆战心惊；三面临空的鹞子翻身，需借助铁索翻转而下，极具挑战；千尺幢坡度极陡，石阶狭窄，需手脚并用攀爬，稍有不慎便有滑落之险；百尺峡两侧石壁高耸，中间石阶仅容一人通过，抬头望去，天如一线，令人心生敬畏；苍龙岭如一条巨龙横卧山间，两侧皆是深谷，行走其上，惊险万分。这些险要之处，皆为自然与人文完美结合的典范，构成了华山独有的物性美。

（二）诗性美：文化底蕴的诗意流淌

华山的诗性美，源于其充满诗意的自然风光、深厚的文化底蕴以及古人诗词中的深情赞美。

华山的自然风光以险峻著称，玉泉院、百尺峡、擦耳崖、苍龙岭、云台峰、莲花峰、南峰等景点不仅自然景观独特，更充满诗意。南峰作为华山最高峰，给人以天近咫尺、手可摘星之感，这种震撼体验在古人诗词中多有描绘。

华山不仅是自然美景胜地，更是一座文化名山，蕴含着深厚的文化底蕴。它是中华文明的发祥地之一，"中华"和"华夏"之"华"皆源于华山，素有"华夏之根"的美誉。华山的文化宝藏中，道教文化占据重要地位。华山是道教主流全真派的圣地，拥有玉泉院、都龙庙等丰富的道教建筑，也开展着多样的文化活动。这些既是宗教信仰的具体体现，又成为古代文人墨客的灵感源泉，他们留下的诗词作品为华山增添了浓厚的文化氛围。

古人对华山的赞美，既着眼于其自然景观，也看重其文化象征意义。宋代诗人寇准在《咏华山》中写道："只有天在上，更无山与齐。"形象地描绘出华山高耸入云、无与伦比的雄伟气势。唐代诗人李白的《西岳云台歌送丹丘子》中"西岳峥嵘何壮哉！黄河如丝天际来。"以豪放的笔触勾勒出华山的峥嵘巍峨与黄河的奔腾壮阔，尽显华山的雄浑之美。这些诗词佳作生动展现了华山的美丽壮观，使其成为中国传统文化与自然美景完美结合的典范，诗性美尽显。

(三)生态美:多样和谐的自然画卷

华山的生态美,彰显于其丰富的生物多样性、完善的生物保护体系以及自然与人文的可持续共生。

华山不仅以险峻闻名,更因其丰富的生态多样性而备受赞誉。为切实保护华山及其周边地区的生态环境,华阴市建立了智慧秦岭生态保护专项整治大数据平台,通过实时监测、数据分析等手段对华山的生态环境进行全方位监管;华山景区则实施了生态环境保护管理网格,将责任细化到具体区域和个人,确保生态保护工作落到实处。这些措施共同维护了华山自然生态的美丽与健康。

华山地区生物分布丰富多样,拥有天然植被1300余种,植被覆盖率高达87%。丰富的生物多样性和高植被覆盖率使华山不仅是"奇险天下第一山",更是生态美景的宝地。在秦岭潼关段的玉石峪,白娟梅漫山遍野,苍翠绿叶间白花点缀,呈现出恬静素雅之美,这正是生态系统健康的生动体现。

此外,华山之美在季节变换中展现的生态活力更显珍贵。金秋时节,层林尽染的红叶与常绿植被相映成趣,既体现了物种间的共生关系,也展现了生态系统随时间循环的可持续性,让险峻的华山在自然规律中始终保持着生命的律动。

三、桂林山水之美:一城山水经典,千年诗画桂林

桂林山水是桂林众多旅游资源的统称,涵盖漓江、阳朔、象山、叠彩山等知名景点。这里以独特的喀斯特地貌、澄澈的江水、郁葱的森林和深厚的文化底蕴蜚声中外。桂林山水集自然风光、人文景观和历史文化于一体,是闻名遐迩的旅游胜地,吸引着无数国内外游客纷至沓来。图11-4为广西桂林市阳朔县兴坪镇山水风光。

桂林山水风光

图11-4 广西桂林市阳朔县兴坪镇山水风光

（一）物性美：水奇、山秀、洞巧的自然杰作

桂林山水的物性美，源于水奇、山秀、洞巧的完美融合，共同绘就了一幅幅令人流连忘返的自然美景。

水奇：桂林的水以清澈透明、碧若水晶而闻名，如漓江的水平缓曲折，蜿蜒有致，一尘不染，明洁如镜。这些水域清澈见底，不仅倒映着蓝天白云、游船渔舟，还映射出如梦如幻的青山、岩洞、天生桥、竹林等景致，仿佛一幅灵动的山水画卷徐徐展开。漓江水质清冽，水底铺满厚厚的鹅卵石，无泥沙杂物。荡舟其上，波光粼粼，水天相接，人仿佛置身画中，真正体验到"人在画中游，山水入画来"的美妙意境。

山秀：桂林的山婀娜多姿，清秀婉约，既不似"五岳"的豪迈粗犷，也不同于张家界峰林的夸张无羁。它们秀美而孤傲，挺拔中不失婉约，峭壁如削，在波光的映衬下仿佛在轻轻摇曳。这些山峰形态各异，千奇百怪，总能给游人带来意外的惊喜。象鼻山宛如一头巨象伸长鼻子汲取江水，形象逼真；独秀峰孤峰突起，陡峭高峻，气势不凡；叠彩山层峦叠嶂，色彩斑斓，犹如一幅壮丽的山水画卷。每一座山峰都有其独特的形态和动人的故事，完美诠释了桂林山水的秀美神韵。

洞巧：桂林的岩洞是自然之美的瑰宝，它们大多隐匿于陡峭崖壁下、山脚边，仿佛在静静地等待着游人的探寻，也因此有了一个独特的名字——"脚洞"。桂林的岩洞与山、水紧密相连，是水蚀与崩塌共同作用的结晶。阳光透过洞口洒入洞内，泄露了岩洞的美丽。芦笛岩内，钟乳石姿态万千，有的如擎天巨柱，直插洞顶；有的似仙女散花，轻盈飘逸；石柱、石幔、石笋相互映衬，在灯光的映照下五彩斑斓，宛如梦幻般的童话世界。银子岩中，晶莹剔透的石笋、石柱层层叠叠，仿佛是大自然精心雕琢的艺术珍品，令人叹为观止。这些岩洞被誉为中国最大的石灰岩洞穴之一，展现了大自然的鬼斧神工。

（二）诗性美：山水之间的诗意情怀

桂林山水的诗性美，体现在如诗如画的山水风光、悠久的历史文化、独特的民族风情和丰富的自然景观之中。

桂林的山水之美，首见于那拔地而起、形态各异的山峰，有的似人似物，栩栩如生；有的如诗如画，意境悠然。象鼻山、叠彩山等标志性景观，以及阳朔的十里画廊，皆展现了山的秀美和江的清澈。"江作青罗带，山如碧玉簪。"唐代诗人韩愈的这句诗生动地描绘出漓江的江水如同青色的丝带般柔美，桂林的山峰好似碧玉簪般秀丽，将桂林山水的神韵展现得淋漓尽致。

青罗碧玉间，桂林情韵深

此外，桂林的历史文化和民族风情也为这片土地增添了浓郁的文化色彩。乘一叶扁舟漂游漓江，看山水相依、云雾缭绕，仿佛置身于一幅水墨画卷之中；漫步阳朔西街，感受异国情调与本土文化的完美交融，别有一番韵味。桂林的山水不仅给

予人们视觉上的享受，更在心灵上产生深刻的触动。这种美，早已深深烙印在人们的记忆中，使每个人都对桂林山水怀有一份特殊的情感。无论是古人的诗词歌赋，还是现代的描述赞叹，桂林的山水总是能够唤起人们对美的向往和追求，如同一首悠扬的诗篇让人陶醉其中，流连忘返。

（三）生态美：自然与人文的和谐交响

桂林山水的生态美，不仅体现在其自然景观的生态系统完整性和历史文化的深厚底蕴上，更体现在对生态环境的持续保护和修复之中，共同铸就了桂林山水独特的生态魅力。

桂林山水以其独特的自然美景令人陶醉，清澈的溪流潺潺流淌，茂密的森林郁郁葱葱，古树参天的树林充满生机，静谧的庙宇古朴典雅，共同勾勒出一幅生动的自然画卷，让人真切感受到桂林山水的生命力和韵味。伏波山作为桂林的小众旅游打卡点，保留着宁静与纯净，为人们提供了亲近自然的绝佳机会，让人能亲身领略桂林的原生态之美。

桂林山水的生态美还彰显于其自然与人文的共生智慧。伏波山上的伏波山寺作为桂林最古老的佛教建筑之一，蕴含着独特的生态审美意蕴。每年春夏时节，江水暴涨，山麓阻挡急浪狂澜，使江水倒转回旋，展现出降伏波涛的磅礴气势。这种自然景观与山上的建筑、雕塑相互融合，既未破坏山体的生态肌理，又借助自然之势强化了人文景观的意境，构成了伏波山寺独特的生态之美。伏波山的东面临江回廊、伏波茶室和听涛阁错落有致，西面登山石阶蜿蜒而上，可至半山亭和山顶。登高远眺，桂林清秀如画的水光山色尽收眼底，人文景观与自然景致相互映衬、相得益彰，进一步增添了伏波山寺的生态美感。

此外，桂林在生态环境保护和修复方面成效显著。通过实施漓江流域山水林田湖草沙生态保护修复提升工程，桂林大力推进治乱、治水、治山、治本，漓江的生态环境得到显著改善。修复后的非法采砂点植被繁茂，矿山重披绿装，漓江河道恢复了往日的生机与活力。这些举措不仅维护了喀斯特地貌的脆弱生态平衡，更实现了"保护—利用—传承"的可持续循环，使得桂林山水的生态美更加纯粹，更加动人，也为这座世界级旅游城市增添了一张亮丽的生态名片。

四、石林之美：千姿百态，鬼斧神工

云南石林地处云南省昆明市石林彝族自治县，是世界地质公园、国家5A级旅游景区。其独特的地形地貌与丰富的自然景观使其被誉为"天下第一奇观"和"世界喀斯特地貌的精华"，完美呈现了自然之美与人文之韵的交融。图11-5为云南石林日落时分的景色。

日落时分的
云南石林

图 11-5　云南石林日落时分的景色

（一）物性美：喀斯特地貌的自然奇观

云南石林的物性美，主要体现在其独特的喀斯特地貌和丰富多样的自然景观上。

独特的喀斯特地貌：云南石林以典型的喀斯特地貌闻名遐迩，这里石峰林立、石芽丛生、落水洞星罗棋布、地下河暗流涌动，共同构成了千姿百态的自然景观。这些地貌特征是大自然历经漫长地质岁月精心雕琢而成的杰作，淋漓尽致地展现了鬼斧神工般的自然之美。石林中的石峰高度参差不齐，有的高达数十米，形态各异，有的如宝剑直插云霄，有的似宝塔庄严矗立。而石芽的分布密度也颇为可观，它们如同大地的尖牙错落有致地生长在地面上，见证着岁月的变迁。这种独特的喀斯特地貌是地球漫长历史演变的生动写照。

丰富多样的自然景观：石林景区由大石林、小石林、万年灵芝、李子园箐和步哨山五个片区组成，每个片区都独具魅力。大石林以高大巍峨的石峰和陡峭的青灰色石林景观为主，气势雄浑，仿佛是一座天然的石堡；小石林则呈现出疏朗秀美的石峰，与周围浓郁的绿意相互映衬，别具韵味。步哨山作为石林景区的制高点，山势险峻挺拔，登上山顶，极目远眺，一片林海松涛与参差错落的石林景观尽收眼底，令人心旷神怡。

（二）诗性美：自然与文化的诗意交融

云南石林的诗性美，体现在其独特的自然景观、深厚的文化象征和与诗歌艺术的紧密结合之中。

云南石林以其神奇的自然景观和深厚的文化内涵展现出一种独特的诗性美。石林的景观如诗如画，那神秘的剑光崖画仿佛在诉说着古老的故事；平静的平湖映照出石峰的倒影，宛如一幅静谧的水墨画；幽深的洞府开启，仿佛通往另一个神秘的世界。每一处景象都仿佛是一首凝固的诗，每一块

石林风景名胜区

石头都像是一句隽永的诗文。它们以清秀、雄浑、或安然或突兀的姿态屹立于天地之间，历经千百年的风雨洗礼，见证着人世间的沧桑变幻。

云南石林还承载着丰富的文化象征意义。大石林所呈现出的雄浑气魄恰似彝族撒尼人阿黑哥的雄健刚勇；小石林的清新娟秀则如同阿诗玛的温婉柔美。这些形象不仅是勤劳的彝族撒尼人生命不息的象征，更体现了人与自然和谐共生的深刻理念。

此外，云南石林的诗性美还体现在它与诗歌艺术的紧密相连。整个景区石峰密集，宛如一片石林盆地。人行其间，几步便被石峰阻挡，曲折迂回之后却又豁然开朗，别有洞天。这种峰回路转的景观，与诗歌中所描绘的曲折美、意外美不谋而合，让游客在游览过程中仿佛置身于一首首优美的诗篇之中，体验到一种超越现实的梦幻之美。唐代诗人刘禹锡曾有诗云："遥望洞庭山水翠，白银盘里一青螺。"石林的美景虽与洞庭山水不同，却同样能引发人们对自然之美的无尽遐想与赞美。

（三）生态美：自然和谐的生态画卷

云南石林的生态美，主要体现在其独特的自然景观、优良的生态环境、丰富的生物多样性和切实有效的环境保护措施上。

云南石林山峰峥嵘、怪石嶙峋，宛如大地的雕塑杰作。这里不仅有奇特的石景，还有美丽的湖泊、清澈的溪流潺潺流淌，更有隐藏在密林中的瀑布飞泻而下，以及碧水池塘如明珠般点缀其间，景色优美迷人，每一处景观都令人叹为观止。

石林拥有丰富的植被和多样的野生动物。茂密的森林郁郁葱葱，繁花似锦的草地如绿色的绒毯，各种珍稀植物在这里茁壮成长，如国家重点保护植物云南穗花杉等。野猪、猴子在林间穿梭嬉戏，各种鸟类在枝头欢唱，它们在这里繁衍生息，与自然环境和谐共生，构成了一幅生机勃勃的生态画卷。

石林彝族自治县四季如春，气候温润，雨量充沛，年平均气温保持在16℃左右，冬无严寒，夏无酷暑，是理想的旅游胜地和宜居之所。这里自然风景秀丽，森林覆盖率高，花草树木繁茂，空气中负氧离子含量极高，清新宜人，让人久居不厌。

为了保护这一方美丽的生态环境，石林彝族自治县采取了一系列积极有效的环境保护措施。加强对景区的监管，严格控制游客数量，减少人为活动对生态的影响；加大对森林资源的保护力度，植树造林，恢复植被；加强对水资源的管理和保护，确保溪流湖泊的水质清澈。这些措施有效地维护了石林的生态平衡，保护了其原真性和完整性，让这片自然瑰宝得以长久地绽放光彩。

> 课堂审美活动 11-2

运用审美知识，填写自然审美赏析体验表

一、活动安排

时间：25 分钟。

参与人员：全体同学。

工具：准备好活动工具卡 11-2 和笔。

二、活动目标

1. 灵活运用自然审美知识精准识别并清晰表达自然审美对象的美，有效提升审美感知能力。

2. 养成从物性美、诗性美、生态美角度深入剖析自然景观的习惯，全面提高审美鉴赏与分析水平。

3. 促进学生之间的深度交流与合作，增强团队协作精神，引导学生思考自然审美在专业领域的实际应用，为未来职业发展积累丰富的审美经验。

三、活动步骤

1. 分组：学生自行组成小组，每组 5～8 人，鼓励不同专业的学生相互搭配，充分发挥各专业优势，实现知识互补。

2. 复习回顾：小组成员共同复习自然美原理。重温物性美，如自然对象的属性美（物理、化学性质呈现的美）、变化美（随时间、季节等变化产生的美）、形式美（形态、色彩、质地、比例等外在形式的美）；诗性美，即自然景观承载的文化内涵、历史故事、情感等精神美感；生态美，强调生物与生物、生物与环境的和谐共生及对人身心的滋养。梳理分析思路与方法，为本次活动做好准备。

3. 选择与分析：各小组从赏析的自然对象（如泰山、桂林山水等）中选一个，从物性美、诗性美、生态美角度分析。组员结合对象特征、自身感受及与生活或职业的联系发言，组长记录重要观点和结果，填入"活动工具卡 11-2"。

4. 小组展示：各小组组长上台，向全班展示小组对所选自然审美对象的分析成果，阐述其在物性美、诗性美、生态美方面的具体体现，分享小组在讨论过程中的思考和收获。展示时间控制在 3～5 分钟，过程中积极与其他小组互动交流，耐心解答疑问，分享独特的观点和见解。

5. 教师点评总结：教师从内容的准确性（概念运用是否精准、分析是否合理）、全面性（分析角度是否丰富多样）、独特性（观察视角是否新颖创新）等方面进行点评；肯定各小组的优点和创新之处，明确指出存在的不足并提出切实可行的改进建议；总结本次活动中大家对自然审美的理解，强化知识的运用，鼓励学生在今后的学习和生活中持续关注自然之美。

活动工具卡 11-2

自然审美赏析体验表

美的类型	美的释义	美的发现（可从自然对象的具体特征、带给自己的感受、与生活或职业的联系等方面阐述）
物性美	客观存在的形式美，包括自然对象的属性美（如物理、化学性质所呈现的美）、变化美（随时间、季节等变化产生的美）、形式美（形态、色彩、质地、比例等外在形式的美）	
诗性美	保持距离的静观美，即自然景观所承载的文化内涵、历史故事、情感寄托等带来的精神层面的美感	
生态美	身心介入的浸润美，体现为自然生态系统中生物与生物、生物与环境之间的和谐共生，以及对人类身心的滋养和启示	

审美创造：探寻心中的诗意栖息之地

唐代文学家柳宗元曾言："夫美不自美，因人而彰。兰亭也，不遭右军，则清湍修竹，芜没于空山矣。"这揭示了美需要人的发现与参与，自然之美亦然，它呼唤着人们去亲近、去感受。请相同专业的2～3名同学自由组队，从多样自然景观中选一个景点或事物（如黄山奇松怪石、长白山壮丽雪景等），运用所学的自然审美方法去发现、欣赏和创造美。

一、活动主题

投入大自然的怀抱，感受自然美。

二、活动目标

1. 深度感受自然之美，激发对祖国山河的热爱，厚植家国情怀。
2. 熟练运用自然审美方法，提升审美素养，增强对美的感知与鉴赏力。
3. 强化团队协作，锻炼沟通表达能力，促进学生综合素质的全面提升，在自然中收获心灵滋养与成长。

三、活动途径

审美创造途径		
第一步	发现美：审美攻略准备	复习自然审美"三部曲"（物性美、诗性美、生态美）的相关知识，并用手机或计算机查阅资料，深入了解所选自然景观或事物的形态特征（如形状、色彩、质地等）、所属类型（如喀斯特地貌、山岳景观、水域景观等）、变化特点（如四季变化、昼夜变化等），以及其背后蕴含的文化意蕴（如传说故事、历史典故、文化象征等），为发现自然之美做好充分的准备
第二步	欣赏美：浸润探索发现	结合自然审美"三部曲"全身心地置身于所选的自然景观或事物之中，融入自然。从物性美角度观察自然景观或事物的外在形态、物质属性等；从诗性美角度感受其带给人的情感共鸣和精神启迪，联想与之相关的文化艺术作品；从生态美角度体会自然生态系统的和谐与平衡，以及人与自然的相互关系，深刻感悟自然之美
第三步	创造美：记录感悟体验	结合自然审美"三部曲"将所感悟到的自然之美进行凝练与提升，以具体的文字形式记录下来，实现正确审美观的具象化表达。可以撰写优美的散文、诗歌，或者进行深度的分析评论，展现对自然之美的独特理解与感受

四、活动成果

1. 记录与分享：在自然美欣赏时，组员凭借敏锐感官，用双眼洞察、心灵体悟，

以精准的文字将对自然景观或事物在物性、诗性、生态等方面的美感认知记录于"活动工具卡11-3"中。之后，组长组织交流讨论，成员各抒己见。组长汇总成果后，推选代表上台，清晰阐释自然美的具体表现，介绍分析思路，分享独特感受与收获。

2．PPT制作与展示：课后，每个小组制作一个不少于10页的PPT。PPT需要图文并茂、内容全面，包含对所选自然景点或事物的详细介绍，如地理位置、基本概况、特色景观等；运用自然审美"三部曲"的具体分析过程；小组讨论结果的汇总；小组成员个人的感悟与收获。小组自主推选汇报人，在下节课进行课堂分享。

3．评价标准：对于PPT展示和上台分享，从内容的准确性（对自然景观或事物的介绍和分析是否精准）、分析的深度（对自然美的理解和感悟是否透彻）、团队协作的体现（小组分工是否明确，协作是否高效）、表达的流畅性（汇报人及代表能否清晰、流畅地表达观点）等方面进行评价，以保证活动达到预期效果。

活动工具卡 11-3

记录自己发现感悟到的自然之美
自然景点或事物名称：
1. 物性美方面的发现（从形态、色彩、质地等方面描述）：
2. 诗性美方面的感悟（结合文化、情感等方面阐述）：
3. 生态美方面的体会（从生态系统、人与自然关系等角度分析）：
4. 发现感悟：